徐惠明 主编
王昌范 编著

# 上海总商会纪事

## 综述

上海人民出版社

# 前言

商会，人们对于这个名词并不陌生。当今社会商会组织已遍及各地，就国内而言，有全国性的商会组织，有各省市、各区县、各街镇的商会组织，有行业性商会组织，也有同乡性商会组织。然而，商会何时产生？最初的商会什么模样？组织商会有哪些人？他们在商会中起了哪些作用？商会以及商会中人对近代政治、经济、社会、文化产生哪些影响？时过境迁，很少有人追问这些问题。此次，上海市工商业联合会以通俗形式编写的《上海总商会纪事》试图解答这些问题。

近代商会，发端于上海。《辛丑条约》签订以后，清政府因与各国修订商约，谈判前，英方代表事先征询英国商会和在沪外国商会的意见，提出完备的修约方案。中方没有商会，也无处咨询，显得十分被动。为应付与英美各国谈判，清政府同意在上海先行组织商会，以备本国谈判代表咨询。1902 年初，上海商业会议公所在沪诞生，发起组织这个商会的是著名绅商严信厚、周金箴、朱葆三等人。他们召集各会馆公所的总董、会董 70 余人，订立章程，选址办公，共同磋商，为正在进行的商约谈判提供咨询。

商会的产生为晚清社会注入了生机，新生的商会契合“清末新政”所推行的一系列政治、经济、教育等改革措施，尤其是振商保商的举措，使得我国民族工商业有了萌生和发展的机遇。

历史的天空时雨时雾，时阴时晴。上海的商会历经晚清政府、北洋政府、民国政府，终于投入人民的怀抱、共和国的家园。1949 年 8 月初，在上海市各界人民代表会议上，工商界代表提出筹组工商业团体的建议，经大会决议通过。同月底，上海市工商业联合会筹备会成立。不久，上海市工商业联合会筹备会奉令接管了旧上海市商会和工业会。经过一年半的筹备整理，1951年2月，上海市工商业联合会正式成立，历史翻开了新的一页。

20世纪50、60年代乃至改革开放初期的工商联，它的会员主要是私营工商业者，现在称原工商业者。工商联的任务主要是贯彻党和国家的路线、方针、政策，引导、教育、鼓励他们"听、跟、走"——听毛主席话，跟共产党走，走社会主义道路，恢复生产、发展经济，投身社会主义改造，参加社会主义建设。

1991年，中央颁布《中共中央批转中央统战部〈关于工商联若干问题的请示〉的通知》，明确了工商联是统一战线性质的人民团体和民间商会，党和政府联系非公有制经济的桥梁，政府管理非公有制经济的助手。上海按照上述中央文件精神，1993年11月，中共上海市委批复上海市工商业联合会同时称上海市商会。

时代在前进，人类在进步，社会在发展。2010年9月，中共中央、国务院颁发《关于加强和改进新形势下工商联工作的意见》，为新时期的工商联注入了新的活力。新时期工商联的统战性决定了它的政治方向、政治地位和政治功能；工商联的经济性主要体现在它是我国重要的商会组织，直接服务于经济建设；民间性主要体现在它是人民团体，它的组织方式和工作机制不同于政府机构。统战性这个根本属性寓于经济性、民间性之中，三者互相促进，互为融合，相得益彰。2015年4月，经中共上海市委、市政府批准，原上海市商会更名为上海市总商会。8月，上海市总商会揭牌。

如果以历史的视角来看待上海市商会更名为上海市总商会，我们认为，这不是简单的更名而已，而是强化人民团体在社会管理和服务中的职责，是引导社会组织健康有序发展的真实体现，是有利于发挥上海市工商联、上海市总商会协同作用，推动行业协会、商会改革和发展。同时，也体现了工商联作为党领导的人民团体和商会组织，在商会协会深化改革新形势下主动作为、勇于担当的精神，有利于加强党对各类商会组织的领导，有利于发挥工商联组织对全市各类商会的指导、引导和服务作用，有利于深化社会组织管理制度改革、促进商会组织健康发展。从这个意义上认识，它为上海商会历史留下了难以磨灭的印记。

新时期工商联所联系的主要对象是非公有制经济人士。其会员有企业会员、团体会员和个人会员。以2018年底统计，全国共有会员473余万，其中企业会员284.2万户，团体会员6.3万户，个人会员183.1万人，个人会员中原工商业者会员2.2万人。各地各级工商联共有商会48916个，其中行业商会14726个，乡镇商会17770个，街道商会4456个，异地商会5514个，其他商会（含市场、园区、楼宇、村）4336个。特别指出的是，在国家“大众创业、万众创新”扶持政策的推动下，新注册企业快速增长，全国现有企业3474.2万户，而工商联会员有284.2万户。同样，在上海市工商联85759户会员中：私营企业会员74463户，占86.63%；团体会员411户，团体会员中行业组织65个、乡镇商会109个、街道商会104个、异地商会76个；个人会员1550人，个人会员中有原工商业者508人。工商联的会员数量得以长足的发展。

当今的上海市工商联（总商会）会员数量和力量与清末民初商会的几百、几千个会员数量和力量不可同日而语，其性质、任务和作用也完全不同。就作用而言，工商联（总商会）作为人民政协的重要界别，参与政治协商，履行参政议政和民主监督职能，发挥社会组织的聚合优势，搭建优质服务平台。在努力提升服务民营经济发展的能力和水平，在促进上海非公有制经济在上海创建具有全球影响力的科技创新中心过程中，将发挥更大的独特的作用，同时，也努力探索一条具有中国特色社会主义商会的发展道路。

编者

2020年11月

# 目　录

第一章

# 清末上海商会社团的涌现

严信厚（筱舫）

周金箴（晋镳）

朱葆三（佩珍）

1902 年清政府会办商约大臣吕海寰（前左四）、盛宣怀（前左五）参加中外商约谈判时合影

# 一、上海开埠后的商业发展和繁盛

## 1. 外商涌入和外商商会

1843 年上海开埠以后，各国商人和商行纷至沓来，商业贸易等经济活动日益增多。由于中国当时主要的出口商品仍旧是丝和茶等大项，这些商品产地江苏、浙江和安徽邻近上海口岸，这比原先一口通商时从广州出口，可以节省约 35%—40% 的运输等费用。因此，自 19 世纪 50 年代初起，上海出口货物在全国的比重逐年上升，很快就超过了广州。据海关档案记载，1853 年中国对英国的进出口货物额总值，上海跃居首位，为 1750 万美元，广州为 1050 万美元。1864—1873 年间，上海累计进出口货物额总值 8144.3 万美元，占到全国总值的 59.8%。① 停泊在上海外滩码头的外国商轮一批批涌入，日见增多，新设的洋行也接踵而至，外滩迅速成为洋行的集中地。据记载，最早来到上海的，是 1840 年的英商怡和洋行，接着又有太古洋行、宝顺洋行等纷纷到达，并出现抢滩之势，十数年间，到 1867 年时就已增至 103 家。

进出口贸易迅速发展，洋货源源不断输入，随之带来商业都市的日趋繁华，外商纷纷转在上海投资置业，开设经营百货等业的洋行。19 世纪 50 年代，据时人记载，就出现 40 家左右洋行，所销售商品原本多为英、法、德、美等国侨民服务，商品采购来源也全来自各国产品。因此，所经营的品种也具各国特色，如德商经营洋针、木纱团、花边等；英商经营呢绒、布匹、棉毛织品等；美商经营肥皂、洋烛、火油等；法商经营香水、香粉、香皂等化妆品；后到的日商经营毛巾、草帽、玩具等，一时有西洋货、东

① 张仲礼主编：《近代上海城市研究》，上海人民出版社 1990 年版，第 108—110 页。

洋货之称。19 世纪 60 年代，连接外滩向市内的南京路，已经辟筑成可行豪华马车的宽阔大马路，与它相交的四川路一带，因内侧平行的河南路开设了跑马场，而车马如潮，人流如织，成为上海最早的商业兼娱乐中心。

1870 年开设的英商福利公司也在这条路上，它是上海第一家美轮美奂的外商百货公司。1904 年，近代上海最大的环球百货公司英商惠罗公司，在南京路四川路交界处开业，它经营欧美等国高档百货商品，销售对象多为外侨和华人中的生活富裕阶层，初设立是一座 3 层英式砖木结构楼房建筑。上海分公司设立后的当年 12 月，因顾客盈门，人气旺盛，就决定在这里建造新公司大楼，委托英商玛理逊洋行的斯克特建筑师设计，大楼占地面积 1176 平方米，为一 5 层钢筋混凝土结构，建筑面积达 5685 平方米。1906 年工程竣工，大楼落成，辟底层做商场，有落地大玻璃窗、马赛克地坪等豪华装潢。二层以上全部用高级柚木地板铺地，南部也作商场，北部作出租写字楼。它的商品全为欧美一流时尚高档消费品，顿时引领了上海消费潮流，风靡一时。

外商早期在上海开设的工厂，以 1865 年设立的英商煤气灯公司为先，它先在汉口路，用户仅 58 家，次年迁新闸路；1881 年英商德律风（电话）公司创立；1882 年英商电灯公司设立于虹口乍浦路，1893 年由上海公共租界工部局收回自办；1888 年英商先设鸿丰纺织公司，继于 1895 年办老公茂纺织公司，1897 年英商又设怡和纺织公司。外商直接在上海设厂，便也风行一时，沿黄浦江下游杨树浦一带后成为外商工厂集中区。

随着贸易、商业、工业的发展，金融也一同进入了快速形成、成长的时期。因为这些产业的发展，需要银行机构为之办理结算、融资和其他各项金融服务。1847 年，据英国驻沪领事阿礼国（Alcock）于 1848 年向英国政府所作的《上海贸易报告》附件中所说，“上一年（指 1847 年）丽如银行经手输入的银元有 20 万元”。那么，这家英商丽如银行就是当年进入上海的第一家外商银行。同样据报告，同时期上海还只有洋行 24 家，西侨 134 人。而这家银行总行原设伦敦，1847 年在上海设立时系分理处，1850

年才升格为分行。它的中文名称应译称东方银行，而译为丽如，乃是古汉语中“丽如”两字即有“东方日出”的含义。①

上海丽如银行初开在四川中路，后营业发达迁外滩（近南京路）建造新楼。1851年获得英国政府“皇家特许证”，由于信誉高，在上海出售的英镑汇票，价钱高于其他洋行。1879年后因世界银价下跌，总行使用金镑和分支行使用银的“镑亏”问题无法解决，以致亏损日多，于1892年终告倒闭。它在上海外滩旧址，即后为英商麦加利银行。继丽如银行之后，19世纪50年代又有4家英商银行，分别是呵加剌银行（1854年）、有利银行（1854年）、汇隆银行（1855年）、麦加利银行（1858年）在上海出现。其中麦加利银行在上海具有强大的经营能力，并取得了很大的营业成功，于1892年另择新址外滩18号，并大兴土木建造豪华气派的新大楼，后一直居于在沪外商银行首位。1860年代上海又有汇丰银行、利华银行（亦称利彰银行）、利生银行和利升银行等5家英商银行和首家法商银行法兰西银行在黄浦江畔出现。

这一批批以欧美经营模式和风貌的洋行、工厂和银行等争先恐后地涌现，上海的外商人群队伍也日益增大。据统计，1843年上海有外籍人462人，1865年增至2300人左右，1890年后有4000人，1900年就突破10000人。来自英国、美国、法国、德国、日本、意大利、荷兰、俄罗斯等国，并形成了几个不同国家的风貌区。这就必然会为了交流沟通，以及为制订、修正各业经营、贸易等规则，仲裁、调解各项内外事务、争议，按照这些国家的制度、惯例组成的商会，使其成为代言人。1847年，上海就出现了第一家外商商会和明商会（又有“上海洋商总会”“上海西商总会”“万国商会”等译名），这一商会据现有的1863年改组时的资料所知：“本会吸收上海各国商人和商行入会。”它的会员已包括英国、美国、日本、荷兰、德

① 沈祖炜主编：《近代中国企业：制度和发展》，上海社会科学院出版社1999年版，第246页。

国、法国等国家企业或行业的团体会员。由于资料不足，现在研究和了解尚少。

1861 年，受人瞩目的上海英商总会在今外滩中山东一路 2 号处，即原兆丰洋行北端的一座三层英式洋房里建立。1864 年便又改建为一幢六层大楼，楼内会议室、娱乐室等项设施新颖齐全、美轮美奂，很快就成为上海英国侨民的聚会之处，成为上海轰动一时的新闻。继之而起的，便是 1866 年的上海德商总会，它先于福州路租借房屋成立，1880 年又转迁至广东路，1907 年在黄浦江进外滩的最佳地段黄浦路购地建造总会大楼，成为当年上海的标志性景观。由此，各国在沪商人还纷纷建立起行业或地方商会，以交流信息，沟通联络。凡遇到国际或中外经济风潮和商务交涉时，各国在上海的商会活动就更趋频繁，纷纷向本国使领馆提供各类经济信息及情报，提出有利于本国商人贸易、经营的建议。至 1904 年，中国创立商会制度时，在中国已有 6 个外商商会。这使当年中国商人在上海以乡谊、行规结成的会馆、公所，相比较而言，大为逊色，显得保守、封闭得多，也促使他们亟欲组成新型商会团体。1902 年，盛宣怀就曾深感上海“洋商总会如林”。郑观应也感叹：“各国每埠皆设商会，京都设商务总会，延爵绅为之领袖。其权与议院相抗，如有曲抑，许诉诸衙门，故商人恃以无恐。”①

这样，洋商商会就对中国建立商会产生了示范效应。所以有学者认为，若深一层推究，会发现无论是清末的章程或是民国的商会法基本上都是抄袭外国商会法，当时的政府官员、绅商又有多少法人观念；而且，规定与实际之间又存在多少落差，这是值得深思的问题。

## 2. 华商洋杂货、五金、钱业和沙船等各业的发展

实际上，在“自强新政”口号下的洋务运动推行几十年后，中国社会的经济结构已发生了相当的变化。在上海，这个“江海之通津，东南之都

① 郑观应：《盛世危言·商务二》，中州古籍出版社 2000 年版，第 303 页。

会”无疑是经济发展最快的地区。1844 年，它的年商品流通额为白银 3000 万两，仅占全国的 7%。同年，上海的外贸进出口量为白银 268 万两。到 1863 年，就猛增至白银 1 亿两。在此以后，上海的贸易发展更是突飞猛进。1865—1900 年，外贸进出口量从 12000 万（海关）两，增至 38900 万两，增幅达 221.5%。直接对外贸易货值从 5900 万（海关）两，增至 20400 万两，增幅达 245%。① 可以说，当时上海已接近成为一座近代化都市，被逐步纳入了世界经济体系之中。

上海开埠给中国商人带来了巨大的商机，上海开埠前本为“樯桅如林，商贾辐辏”的东南沿海富庶都市，开埠推动各行各业的发展更迅速、突起。尤其是进出口贸易带动的若干行业，其外商商品需在内地进入销售，出口外洋商品需在内地组织货源，由此从事进出口买卖的商行便大量在市内涌现。据统计，在 20 世纪 90 年代前后，即有 700 家以上，其中进口占多数约有 630 余家，出口较少约 120 多家，这当中洋货、五金煤铁、洋布 3 业占比例最重，竟达 581 家，占各行业总数比例 63% 以上。②

首先为进口洋杂货业。关于该业经营之兴旺，据史料载，尚在 1843 年上海开埠，便有广东商人捷足先登陆续抵沪开店，经营广货兼洋货，他们店面置有橱窗，讲究商品陈列，通称广货店，其中南市小东门的振大昌最为有名。1870 年前后，租界地区的南京路等商街已相当繁盛，各类洋货大量涌入，包括时钟、呢绒、绸缎、布匹、颜料、洋酒、洋火、洋烟、洋油、洋皂、洋伞等。广杂货店规模便迅速扩大，几年间就成一较大商行。如著名的何锦丰货铺，在上海初创时仅数百两银子资本，后陆续开设何瑞丰、何保丰等多家分号，到清末已积累资本十万两白银，在上海名噪一时。

作为货铺与洋行的中介商，由中国商人经营进口业务的商行，经营欧

---

① 以上资料引自潘君祥、陈立仪：《十九世纪后半期上海商业的演变》，《历史研究》1986 年第 1 期。

② 徐鼎新等著：《上海总商会史（1902—1929）》，上海社会科学院出版社 1991 年版，第 4 页。

美货叫西洋庄，专营日本货的叫东洋庄，并向全市零售商以及外地来沪采办洋货客帮进行批发经销。这些大的庄号，当年上海已有几百家之多，它们再转向一些中小型店铺批售，便形成小百货业。当年这些进出口大行转批商号、店铺多达万余家，小行也有五六百家，且呈现出种类繁多或专营某项商品的经营特色。如经营进口颜料的公和来等10多家颜料行，后就组织了上海洋货九业公所。

这类主营进出口贸易兼营批发的东、西洋庄，其经营商品大部分就转销到了全国各地。进口的洋货行庄一般是向洋行签有特约经销或包销合同，并对采购的商品预付半额货款的定金，国内向行庄批货的货铺，又要支付高于其数的定金。这些进出口行庄，多设在黄浦江边外滩洋行集中的金陵东路一带。他们利润丰厚，大行庄据称每年利润高达白银100余万两，一般行庄户也有白银10多万两，是华人中最先崛起的富裕阶层。①

其次是洋布业。它是向进口行庄批货之后，以“门沽零售”直接卖给消费者的。大的店号因资本雄厚，囤货充足也兼营批发。据资料载，1858年，上海专营洋布的大布店就有15家以上，1884年达到62家。当年《申报》就有“本埠生意第一获利者以洋货，洋货之中以洋布为最，洋杂货次之”的评论。② 当年进口“花蝴蝶”等洋绒布、洋花布，市场上风行一时，其每年销售额都在白银300万两以上，净利10余万两。

再次是进口五金业。上海第一家五金店老顺记洋杂货号，于1862年由叶澄衷在虹口百老汇路开张，经营五金、煤油、机器和罐头食品等商品，1870年后就开设了南顺记、义昌成记、新顺记等多家分号，遍及国内汉口、九江、天津、宁波、镇江、烟台等大中城市，其拥资百万，名显海内。③ 继之而起的是朱葆三开办专营大五金的慎裕五金行，它设于福州路

---

① 沈祖炜主编：《近代中国企业：制度和发展》，上海社会科学院出版社1999年版，第108页。

② 《综论丁亥年上海市面》，《申报》，1888年2月9日。

③ 张海鹏等主编：《中国十大商帮》，黄山书社1993年版，第142页。

四川路口，起初经营五金杂件，后兼从事五金机器等进口货买卖，商号营业范围日渐扩展，因商誉很好，朱葆三又被英商平和洋行聘为买办，积巨资后转投资工业、银行、航运等业，成为上海商界领袖。① 这一行业当年约有七八十家，但巨头很多，如周舜卿（廷弼）、祝大椿（兰舫）等。后多为上海商会的最早发起人。当年，上海由于进口贸易带动而取得较快发展的还有糖、烟草、木材、纸张、煤炭、棉纱及制品、西药、煤油等业。

另外，国内传统商业如丝、茶等，这时在出口商品中仍占重要地位。尤其在 1870 年后，国际上对中国的这类商品需求量上升，丝行和茶行都分别增加至 50 余家和 30 余家。1876 年，因法国、意大利等国蚕丝产量下降，中国丝国际价格猛涨，上海丝市场每包生丝价从银 330 两涨到 570 两，上海的湖州籍丝业巨商一时有"沪上巨商让丝商，百万金银进出忙"的"富甲天下"之说。茶业，据 1868 年辞去英商宝顺洋行代理茶业务并在上海开设宝源祥茶栈的徐润说："是年茶务甚好，洋庄畅销，均可获利……是年创茶业公所，请郁子梅先生办，初租屋于石路，后置地于老闸。"② 当时上海茶商即有浙、徽、苏、赣、湘、粤等帮口。

百货业，据记载 1894 年前上海百货零售商店即有 100 多家，至 1910 年前已有 200 多家，在租界地区较为集中。此时，还出现一些专业经营比较集中的街段，如兴圣街的绒线，昼锦里的香粉、绣品。在经营中重视服务态度和服务质量，注意发扬经营特色，特殊规格可定制，急用商品则随时联系工厂赶制。

钱业，作为上海最传统、古老的行业，始于清乾隆年间，开埠后由于内外贸易的发展，它承担的货币兑换的业务愈加繁荣。尤其这一时期出现的以专营借贷、融通资金为主业的汇划钱庄，使钱业的经营能力和作用大幅提升，在商界的影响日盛。1870 年前后，便出现了如严信厚创立的源丰

---

① 王昌范执编：《上海总商会的宁波人》，中国文史出版社 2010 年版，第 35 页。

② 徐润著：《徐愚斋自叙年谱（附上海杂记）》，香山徐氏校印本，1927 年 9 月合肥阚铎跋，第 14 页。

润票号等大钱庄，它总部设于上海，在北京、天津等国内各地有17处分号，是一个比较新式的钱庄网，经营国内汇总及商业存放业务，……范围广大，颇著盛名。”① 清末上海钱庄业已有南市和北市两个公所、会馆，据记载有会员钱庄共计100余户。其中实力雄厚的就有蔚长厚、天顺祥、大德通等十数家，并有徽帮、晋帮、宁波帮、绍兴帮、苏州帮等帮口。提到钱业和票号的兴盛，它还和沙船业的兴旺直接相关，这其中以兼营沙船、钱庄这两业发家的宁波小港李氏家族最具有代表性。

沙船是一种大型航海木帆船，一般船的载重量可达100余吨，在洋轮未来之前，它是中国海运的主力。清朝康熙年间解除海禁，上海的沙船业由于独特的地理位置，发展十分迅速，拥南洋、北洋、远洋、长江和内河5大航线，使上海成为国内的航运中心。上海开埠时，据记载著名的沙船商号就有24家，其中郁森盛（当年有郁半城之说）、王永盛、经正记、李久大记等数家已很具规模。据时人估计，每户都拥资银百万两以上。李久大即小港李家所设，以行驶北洋航运为主。经营沙船业，为了垫资购货，每到旺季必向钱业贷款，钱业为维护自身利益在利息及手续上订立很严的行规，李家就自办慎余、崇余、立余3家钱庄，② 通过使用连锁经营的策略，李家迅速成为上海的“宁波帮”巨商之一。

工业即制造业的发展，是上海开埠后起步最晚的，原因自然是它技术要求高，投入资本大，市场风险更难以预测。但上海商人中一些具有远见者，也很早涉足工业行业。据资料记载，在1890年前后，上海就有商人投资工厂达53家，其中包括机器、缫丝、棉纺、火柴、面粉、榨油、造纸、卷烟、印刷等行业，比较有影响者如经营五金号起家的叶澄衷的燮昌火柴公司、纶华丝厂；周舜卿的升昌铁行；投资丝行的黄佐卿的公和永、新祥、祥记等3家丝厂；当时真正涉足机器制造业的唯有方举赞办的发昌机器厂。

---

① 王昌范执编：《上海总商会的宁波人》，中国文史出版社2010年版，第22页。

② 戴光中主笔：《宁波小港李氏家族》，中国文史出版社2007年版，第6页。

这些工厂因创业艰难，几年后便仅剩 36 家尚在开工，投资总额为 634.9 万元，而多数厂的资本不足 1 万元。1895 年清政府甲午战败，强烈地激起了中国商人的实业救国热情，至 1902 年上海又出现新设工厂 23 家，总资本额为 867 万元，其技术和资本都还很幼稚。[①] 在开埠后上海的各行业投资中，工业制造业所占的比例是最少的，并在很长时期内难以改变。

然而，上海开埠毕竟为贸易、工商、金融等各行业创造了新的历史机遇，尤其是在外商涌入以及在思想、观念上所带来的种种冲击的背景下，上海商界表现出来的奋起直追、敢于竞争、善于学习等精神，都是令后人感佩的。

---

① 徐鼎新等著:《上海总商会史（1902—1929）》，上海社会科学出版社 1991 年版，第 23 页。

## 二、上海商业会议公所的发轫

### 1. 历史悠久的传统行会

由于各行各业的长足进步和发展，行业之间“以敦乡谊、以辑同帮”的各种联络、交流活动也日益增多。因此，上海传统的行会活动也十分活跃。行，作为一种商业组织，在中国最早出现于隋唐时代。南宋时期已基本定型。它是经商者聚合在某一地域，为维护商人共同利益而出现的，但必须经过官府的批准。上海自元以后成市，几经周折，由海运泊港而日趋繁荣。尤其从清初康熙年间解除“海禁”之后，设立海关，允准海上贸易，经济逐日复苏，这里便已是国内沿海、沿江贸易集散地，沿海苏、浙、粤、闽、鲁等各地行商、船东、水手纷至沓来；加之自明清以降，东南江、浙等省已成为国中经济最富庶、物产最丰富、文化最发达的省份，由此，上海的各类行业公所、会馆便大量出现。

从清顺治年间到民国初年，上海有实名可考的公所、会馆就有 255 个，其中又分为两类，一类为行业所建，一类为同地域商人即同乡所建。据目前所知，当年上海最早的公所、会馆为辽宁、山东商船东建立的关山东公所，其年代约在 1655 年前的清顺治年间。有准确纪年可考的是 1715 年（清康熙五十四年）建的商船会馆，它是由上海沙船业主在南市会馆街发起设立的。其后这类行会公所、会馆的组织，便一发不可收，1754 年有徽州、宁国商人的徽宁会馆；1771 年有上海和苏州、宁波鲜肉商在老城厢豫园建的肉庄业公所；1771 年有钱业商人设的钱业总公所；1783 年有广东潮州府旅沪商人筹建的潮州会馆；1797 年，宁波旅沪同乡设四明公所；1850 年，上海布庄业同人创布业公所。此后逐年增多，不胜枚举。

按当年习惯这些公所、会馆都曾命名堂号，如徽宁会馆叫思恭堂，鲜肉业公所叫香雪堂，钱业总公所叫晴雪堂，布业公所叫绮藻堂，药业公所叫和义堂，油豆饼业公所叫萃秀堂等。这些公所、会馆的组织及活动情形，据研究，于开埠前有近 30 家，开埠后增加至 150 家左右。①

另据 1926 年出版的《上海指南》记载，当时工商团体仍袭用会馆、公所名称的，计有会馆 60 个，公所 179 个，共计 239 个。② 现以档案中所存的上海最早的珠宝玉行公所——仰止堂为例，珠宝玉行业于清朝初年的康熙年间，也在上海老城厢的庙前街（今方浜路）马姚弄口，有了第一家玉器店澄明斋，后逐步由此向周边路段扩展，抵侯家路和侯家浜一带，大小店号有数十家。著名老店便有沈时丰、天和顺等。这些商家最初多来自于苏州阊门和吴县，时吴称为苏州帮。后有来自南京的金陵帮，以及本籍发端的本地帮。上海开埠后，尤其在太平军占领南京、苏州、杭州后，江浙富户携巨资涌入上海，商业渐臻发达，珠宝玉器店越开越多，成为鼎盛一时的热门行业之一，大小店号增至近百家。苏州帮、金陵帮、本地帮三帮商人，竞争更为激烈。尤其是原玉料采购，按行规仍由公所组织“公盘”竞购，情形同于“赌石”，所以行规操作更为繁复、严密。1873 年，珠宝玉行业在同业最集中的侯家路 25 号，购地建造了珠宝玉业公所，名其曰仰止堂。按行会惯例，珠宝玉器业世代祭祀的始祖是周宣灵王，所以在仰止堂中也建有祖师殿，供奉这位周宣灵王和清乾隆帝“褒倡玉业”的圣旨。

现上海市档案馆藏有当年奉上海县正堂裴堂谕建造的《起造玉业汇市公所报销清单》碑石拓片，将当年珠玉器公所仰止堂建造的经过和活动记述得很清楚，同时也将早期公所、会馆的活动情况得以反映。碑文曰：“起造玉业汇市公所报销清单。谨启者。吾业汇市始于同治十二年秋间，为因罗神殿茶室闭歇之后，吾业贸易无所棲身，是以邀集同业公议，陈情宪台

① 张忠民等著：《近代中国的企业、政府与社会》，上海社会科学院出版社 2008 年版，第 123—132 页。

② 沈祖炜主编：《近代中国企业：制度和发展》，上海社会科学院出版社 1999 年版，第 121 页。

另设公所，以便汇市交易流传百世基业，故具公禀，蒙宪批准始建殿宇，以成是业者耳！”

碑文拓片还将公所呈文刊录于后，其中尚有上海官府“前示禁妇女入馆吃茶”等谕令。据呈文，这次珠宝玉公所共集资、劝募洋3058元，购地建造了有厢房20间、内进厢房5间、殿房3间的仰止堂。集资时，当年还有日本珠宝玉器商人参加了公所劝募活动。如：京都玉成号捐洋15元，松古斋捐洋20元，德古斋捐洋15元。广东的粤商人数则就更多，参加捐助的店号便有十多家，共计捐洋数为171元。难得的是，碑文中还透露，未曾参加这一公所组建的珠宝玉同业商人，据上海县正堂裴堂谕：“如无公所，自应另为建造，不得混行牵扯。”故在这之后，上海珠宝玉器行又按上海县堂谕另建有一处公所振兴堂。而两公所后又于1876年（清光绪二年）合并为韫怀公所。由此可见，清末传统的公所、会馆仍按封建礼教，对女性有性别歧视；对国籍、地域并无明确的规定；而且以往“同城一业一会”的说法，尚可探讨。它的建立，必须奉堂谕允准，然无统一组织的禁令，基本是属商人自行组建。

至1870年后的清末光绪年间，由于解散和合并，尚在上海存在、活动的行业或地域两类公所、会馆约有70余个，其中行业如钱庄票号业、丝行及缫丝业、布业、洋布业、米业、油豆业、木业、书业等，地域如四明公所、潮州会馆等，活动还一如既往正常开展，有时在上海社会风潮中颇具影响，“反映了传统经济向市场经济的演变”，以及“各类市场组织、市场群体的普遍兴起”①。但同外商商会相比较，其地位和作用还有明显的差距。

## 2. 中外商约签订的契机

由于外国商会的示范和启发作用，清政府对于建立商会，振兴工商也有新的认识，认为可以“剔除内弊”“考察外情”。清商部设想把商会办成控制和管理地方商业的一个行政机构，并绕过省的官署在地方直接执行商

① 张忠民等著：《近代中国的企业、政府与社会》，上海社会科学院出版社2008年版，第133页。

部指示，从清政府角度而言，建立商会制度的目的主要在于对国家经济的振兴与管理。

恰好此时，又逢举国商界及其他社会人士关注的中外商贸谈判交涉事件到来，便触发了上海商业会议公所这一上海最早商会的建立。1902年（清光绪二十八年），应英国、美国、日本等国的要求，与清政府新签或修订商约。这些列强继中英《南京条约》、“辛丑各国和约”等不平等条约攫取中国五口通商、割地赔款等侵略特权后，又企图以商约进一步扩大在华倾销商品、占地设厂等权益。

1902年1月，清政府委任吕海寰、盛宣怀为派往上海的谈判商约大臣，准备与各国修订或新签商约。实际上，后直接负责与英、美、日等国谈判的是驻上海的会办商务大臣盛宣怀。盛宣怀（1844—1916），江苏武进人，字杏荪，号愚斋。他集清末大实业家、洋务官僚于一身，于1873年创建近代中国第一家股份制企业轮船招商局，后又发起中国通商银行等号称“第一”的多家企业创建，深得主持清廷朝政的李鸿章信任。1902年4月中英首在在上海正式开议，盛宣怀与英国外交部谈判代表詹摩·马凯谈判后，英国提出在华进口棉花和设纱厂的种种特殊权益，盛宣怀据理反驳，对方竟以在上海和明商会等处所，“日夕聚议，讨论研求，不遗余力”的24条款一揽子方案当场出示。① 加之盛宣怀原没有本国商会可备咨询，亦无商业法规可作依据，面对强敌准备从容，中方甚感被动。

如此局面，盛宣怀感到“设商会事已益不容缓”，授意上海道袁树勋和上海中国通商银行总董、汇兑业巨商严信厚及商界名人郑观应、朱葆三、施子英等，借修订商约之机会，设法图新图治，呈请清政府批准建立华商商会，以便“协力同群，悉心抵制洋商，确保华商的利益”。1902年2月22日，严信厚衔命仓促召集各业董事70余人聚议，遂宣告上海商界仿照

① 徐鼎新等著：《上海总商会史（1902—1929）》，上海社会科学院出版社1991年版，第39页。

洋商总会筹办总会，并受委担任总董兼总理。会上定总会名称为“上海商业会议公所”，到会者代表各业为公所会员。而后，又公议了由严信厚起草的6条暂行简章，其内容是：（1）明宗旨；（2）通上下；（3）联群情；（4）陈利弊；（5）定规则；（6）追逋负。会后，严信厚等人就以上情形以《上盛宫保遵饬议办商业会议公所禀》报告盛宣怀。

盛宣怀接到严信厚等禀报后，就与清督办商务大臣张之洞联名上奏《奏设上海商业会议公所折》。上清廷奏折中，盛、张比较中外商情，分析利弊，陈明切要，提出：“远视西制，近采舆论，商会之设诚非缓图”，不然“彼团结而我散漫，彼谙熟而我生疏，彼尽得要领而事事占先，我茫无头绪而着着落后”，“日复一日，驯至利权坐失”。同年8月，清政府降旨允准设立上海商会组织，特定名为上海商业会议公所，为修订商约，“准各帮精明老练绅商或各抒己见，或互证所知，开具节略，不拘形式”①。奉旨后，盛宣怀颁给上海商业会议公所木质关防一枚。

实际上，此时寻求何种途径连结清政府与工商界的关系，也是清政府所关注的。总理衙门早于1896年即在《奏复请讲求商务折》中明确表示，赞同在沿海各省会和商埠设立商务局。其中称：“通商为致富之源，必令上下相维，始克推求利弊。泰西各国以富强为首务，或专设商部大臣，其他公司商会，随地经营，不遗余力。中国各省商行自为风气，间有公所会馆，章程不一。地方官吏更不关痛痒，公事则派捐，讼事则拖累。商之视官，政如猛虎，……拟请饬下各督抚，于省会设立商务局，由各商公举一般实稳练，素有声望之绅商派充局董，驻局办事，将该省物产行情，综其损益，逐细讲求。”②

而其后商会的建立确实有赖于清政府及官府的推动。袁世凯曾说，泰西诸国“各埠均设商会，国都设总商会，以爵绅为之领袖，其权足与议院

① 徐鼎新等著：《上海总商会史（1902—1929）》，上海社会科学院出版社1991年版，第40页。

② 中国史学会主编：《戊戌变法资料》第二册，神州国光社1953年版，第399—400页。

相抗。并特设商务部专理其事。故商人有恃无恐，贸易盛而国以富强。”而中国“若不亟图整顿，恐中国商利外溢，将益重江河日下之忧。”①

1898年，清詹事府少詹事王锡蕃也曾奏请在沿江沿海各埠创立商会。于此，才有1902年盛宣怀趁中外商约谈判之际，清政府认可商会筹办实现的可能。这样，以上海外国商会为模式，创办一官办商业组织，在会务上多注重商务、商情和商学，并为商人聚会和讨论共同关心的问题提供一会所，正式呼之欲出。

上海商业会议公所创办和登台，使人始料不及的是在全国商界激起很大的反响，各地也都出现了一些效仿的新型商人组织，如商务会、商务分会等。应该说，这一衍变过程虽较缓慢、迟钝，但是向着近代商会制度方向迈进的努力是难能可贵的，并且若没有清政府的认可和机遇的推动，迈出这跨越性的一步或将更为艰难。

同时，必须承认清商部的设立，的确是为商会建立、出现的先决条件之一。1903年，清政府设商部，作为统辖农工商实业的最高管理机构。设立伊始，即宣称：“招商设立铁路、矿务、工艺、农务各项公司，先行试办。……所有商股获利或亏耗等事，臣部除奖励及饬追捕欠外，其余概不与闻，并不用‘官督商办’名目，亦不派监督、总办等员，以防弊窦。”

1903年4月22日，清政府颁布上谕：“通商惠工，为经国之要政。自积习相沿，视商工为末务。国计民生，日益贫弱，未始不因乎此，急应变通尽利，加意讲求。前据政务处奏，议复载振奏请设立商部，业经降旨允准。兹著派载振、袁世凯、伍廷芳，先订商律，作为则例。俟商律编成奏定后，即行特简大员，开办商部。其应如何提倡工艺，鼓舞商情，一切事宜，均著载振等，悉心妥议，请旨施行。总期扫除官气，联络一气，不得有丝毫隔阂，致辟弊端。保护维持，尤应不遗余力，庶几商务振兴，蒸蒸

① 《袁世凯奏议》，第343页；转引自章开沅等主编：《中国近代史上的官绅商学》，湖北人民出版社2000年版，第493页。

日上，阜民财而培邦本。”①

由于以上几个因素，有学者认为，从1895年到1898年，产生中国商会的条件尚未完全成熟。只是在庚子事变后，国势危机日重，1902年清廷下诏变革法制，这才为创立商会制度打下了立法的基础。

## 3. 上海商业会议公所的成立

1902年（清光绪二十八年）5月，尚在北京正式降旨之前，参加上海商业会议公所筹备的各业董事再次举行会议，这次会议的内容即公举总董、总理、副总理、议员和其他办事议董。由于总董兼总理一职，已有盛宣怀指定严信厚担任，其余总董、总理、议员、议董的选举也相对顺利。选任总董的另4人是唐杰臣、梁钰堂、陈润夫、朱葆三；除总理严信厚外，另设副总理2人为周金箴、毛祖模；议员有施子英、朱葆三、谢纶辉、陈润夫、梁钰堂、袁泳笙、苏宝森、唐杰臣、李云书、汪汉溪、袁子壮、王眉伯、张让三等13人；议董有郁屏翰、劳敬修、印锡章、林莲荪、杨信之、叶鸿英、夏粹芳、朱衡斋、朱吟江、胡稑芗、陈子琴、沈联芳、叶明斋、祝兰舫、周舜卿、朱葆三、陈润夫、苏筠尚、王子展、顾馨一、丁钦斋、沈缦云、唐露园、庞莱臣、施善畦、洪念祖、张乐君、傅筱庵等28人。从这28人中又选出郁翰屏等10人为理事议董，朱葆三等13人为交涉调查议董。②

严信厚（1838—1906），字筱舫，浙江慈溪人，17岁入杭州信源银楼充“信房”办理文书，后于天津办同德盐号，继创上海源丰润钱票号，颇为成功，于此时捐清候补道衔，出任上海惠通官银号经理。他与李鸿章、盛宣怀等多有交接，1897年中国通商银行创办，被任为首届九位总董之首。同时，他还创办过宁波通久源纱厂、上海同利麻袋厂等企业，他乐善好施，热心公益，还精通书画，被称为中国商会第一人。

---

① 《清实录·德宗实录》卷五一三。

② 上海市工商业联合会、复旦大学历史系编：《上海总商会组织史资料汇编》（上），上海古籍出版社2004年版，第50页。

被选为副总理的周金箴（1847？—1923），名晋镳，以字行，也是浙江慈溪人，早年经历不详，有曾为监生并补过江西广昌知县之说。后辞官投入商界，参与发起上海华洋华兴保险公司、大有榨油厂及宁波通久源纱厂等企业，他为上海商业会议公所的成立“力为提倡规划，迨公会成立，以君为坐办兼会董”。实际即主持日常事务之人，这固然与他多年宦海生涯有关，也是初起的商会组织必须有的。①

其他当选议员、议董的就现存资料来看，基本还是考虑并兼顾了行业和地域等诸方面因素。当选总董的另 4 人：唐杰臣，字荣俊，广东香山人，曾为怡和洋行、怡和纱厂等处买办，后投资招商局等企业，时任广肇公所总董；梁钰堂，字荣翰，广东高要人，是徽帮茶商头领，经营永泰源茶栈，曾任南洋筹捐彩票局总办；陈润夫，名作霖，以字行，江西清江人，是沪南帮汇业巨子，曾开设天顺祥票号，又投资南洋官书局等，时主持江西会馆；朱葆三，名佩珍，以字行，浙江定海人，投资五金洋货等业，又兼任英商平和洋行买办、中国通商银行总董，是四明公所主持人之一。② 这 4 人确实也为一时之选。议员、议董的籍贯现可考的，分别来自浙江、广东、福建、江苏、安徽、江西、山西、四川等省份；行业有银行业、汇业、钱业、丝业、茶业、五金洋货业、洋布业、花业、豆米业、铁业、木业、陶瓷业、国药业、洋药业、营造业、沙船业、航运业、典质业、机器业、纺织业、房地产业等。其中绝大多数人，都是现今研究各行业史中，不可或缺的人物。因此，上海商业会议公所的组成人员无疑具有相当的代表性。

同时，以上当选的商界巨子又很多拥有清政府的官阶头衔，如总董 5 人中有 4 人有二品或三品顶戴花翎候补道官衔，13 名议员中现有资料可查的也有 6 人拥有三品或四品顶戴花翎候补道、同知府等官衔。③ 当然这些官衔需

---

① 王吕范执编：《上海总商会的宁波人》，中国文史出版社 2010 年版，第 22　27 页。

② 上海市工商业联合会《上海工商社团志》编纂委员会编：《上海工商社团志》，上海社会科学院出版社 2001 年版，第 571 页。

③ 徐鼎新等著：《上海总商会史（1902—1929）》，上海社会科学院出版社 1991 年版，第 45 页。

分两类，一类是所谓的科举考试的“正途出身”，一类是经商发迹后通过捐官获得的职衔。然而，它证明作为中国最早的商会团体，还不能完全摆脱清政府的控制，是“绅”和“商”的结合体，它既要反映、维护商的要求、利益，又要服从清王朝及官府的旨意、谕令，这形成为它其后活动中的一根主线。

上海商业会议公所成立后，按照中国官府传统做法，又结合国外商会的运作模式，将领导机构分为权力机构和办事机构。权力机构沿袭官办商局、商所的组织模式，设 5 名总董及 13 名议员组成。办事机构是以 1 名总理、2 名副总理为核心，将 28 名议董分为理事议董 10 名，负责每周一到周五，每 2 人轮值到公所一天，处理日常会务。又设书记议董 2 名，常驻会所，负责会务记录、来往文书。再设会计议董 1 名，专管经费及帐目。还有便是庶务议董 2 名，负责各种行政杂务处理。最具新意的是设了交涉调查议董 13 名，他们秉承议董会和总董会的决议、决定，专门从事某项事务调查或交涉，这务须具社交和谈判能力。①

上海商业会议公所建立，对会员人数控制较严，仅有 75 名会员，并分成为行业代表会员和企业代表会员两类。此后入会的会员，基本是由各行业或区域会馆、公所推举出来的 1—2 名代表，所以又都是这些会馆或公所的董事、理事，自然也是这些行业或地域有影响的商人。据现可查考的会员情况，其中很多人也为行业巨子或商界头面人物，并有清政府官衔。如：严芝楣、杨廷杲、虞洽卿、邵琴涛、樊时勋、周湘云、孙多卿、干兰坪、李咏裳、曾少卿等人，他们作为代表会员参加公所，更使其反映了商界各方面的呼声。当然这些也都是商界大商人的代表。此外，公所也注意到了吸收一些大企业经理代表本企业入会，如轮船招商局即有 4 名会员。②然会员遇重大或相关事务，虽可不限定名额参与会议，但在会议上无决策表决

① 上海市工商业联合会、复旦大学历史系编：《上海总商会组织史资料汇编》(上)，上海古籍出版社 2004 年版，第 50 页。

② 徐鼎新等著：《上海总商会史（1902—1929）》，上海社会科学院出版社 1991 年版，第 44 页。

权。据资料，会员中浙江籍占比例较高，尤以宁波府属各县的商人居多数。

上海商业会议公所建立后，严信厚将自己在大马路（南京路）五昌里的房屋作为会所。①

促成上海商业会议公所建立的契机，是当年的中外商约修订，它对商约的签订后又起了何等作用呢？当年中外商界一致要求“裁厘加税”。因为厘金不仅对国内商人运输、行销货物成本增高，桎碍甚多，对洋货进入内地也十分不便。当然怎样实行这一措施绝非易事，裁厘事关地方军政衙署经济来源，增税洋商和华商又各有利害不同。经过吕海寰、盛宣怀和商务会议公所等达成共识基础上的一番折冲周旋，公所几上条陈，清政府“体恤商情”，认可“加税免厘为全约主脑，关系国计民生，至为重要”；则以此又与英国代表马凯舌战，双方自在进口、出口税收上各有盘算，经海关总税务司赫德调解，后终以“尽免国中之厘，洋货进口税百抽十二点五，土货出口税百抽七点五”的条件，于 1902 年 9 月签订了中英商约。继又于次年 10 月签订了中美、中日的有关通商行船的条约。上海商业会议公所在谈判过程中，维护了华商和国家的利益。

然而，清政府包括盛宣怀本人也并不愿商人和商会过多地参与朝政，对相关请求就“驳不准行”。故而，上海商会组织自一成立，就和清政府存在若即若离的矛盾。另外，它基本还是以和外商及官府有关系的大商人组成，更多的中、小商人被排斥在外，所以其建议、意见也难以符合全体商民的利益。尽管如此，它作为上海第一个商会，其意义是不可低估的。对此，有学者认为商会在清末民初的中国是最具有市民社会特征的组织，具体就反映在独立自治、契约规则与民主制度 3 个方面。②

对于上海商业会议公所来说，学者所评价这几点自其成立也表现得较为鲜明，即要求地方自治，革新市政，修路筑桥，推行新式教育、文化、

① 王昌范：《上海总商会：一座无形的桥》，《上海滩》2014 年第 7 期，第 20 页。
② 朱英：《转型时期的社会与国家》，华中师范大学出版社 1997 年版，第 112—113 页。

卫生慈善公益，与它几乎同步在上海开始的老城厢市政建设，公所议董、会员有很多系发起、参与者，再进而推动立宪，改良政治，实现民主；而实行契约规则，在行会时期，即有以行规、行约管束、制约同行商人的功能，新商业公所建立之初，议董便有设立商事公断的建议。

当然，除此以外，由于上海商人营商活动多处外人租界的特殊环境，他们目睹国权丧失、国民受辱，要求、争取司法自主的意识就更强烈。公所成立次年，上海公共租界华商就举行集会，控诉租界当局侮辱华商、华人的暴行，要求华商在涉讼问题上华洋一律平等，尊重华商、华人的人格、人权，商务会议公所也为之出面仗义执言，并此后一直参加并引领由此发端的租界华人参政运动。正是出于强烈的国家、民族意识，其后上海自清末到民国时期的商会团体，都在爱国运动中发挥了进步、积极的作用，形成了一个持久的传统，这是必须肯定的。

中外商约签订以后，中外贸易大幅上升，门户开放之势更锐不可当，商会的作用日益突出。1903 年 7 月，清政府设立了以载振为尚书的商部衙门，降旨强调“恤商”之策，清商部奏请颁布《商会简明章程》26 条，以推广“上海商业会议公所之成法”，劝喻各地商埠兴办商会，并强调：“商会者并非本部强令各商联合，不过使各商自相为会，而由本部提倡之，保护之，使商与官息息相通，力除隔膜之弊。”《商会简明章程》严格意义上讲是一部法规，它的颁布直接和简接地影响到上海商务总会历次章程的修订。①

1904 年 2 月，上海商务会议公所第一届总董、议董、议员和总理等任期满两年，按章程已届改选；同时，奉清政府的《商会简明章程》，公所又面临组织名称及机构等的改组，同年 5 月上海商务总会成立后，公所便结束了历史使命。

---

① 王昌范：《试析清末上海商业会议公所章程的作用和影响》，《近代中国》第十八辑，上海社会科学院出版社，2008 年 7 月第 416 页。

# 三、扩充改组后的上海商务总会

## 1. 上海商务总会的建立和机构设置

1903 年，清政府为推行新政，继而振兴商务，下旨在北京朝廷各部堂之外设立商部，作为统辖和推动国内农工商实业兴起的最高管理机构。随后，清政府又委派载振、袁世凯、伍廷芳等人为尚书和左侍郎，先编订商律，以为国中管理商务和商会的法规依据，然后推动“提倡工艺，鼓舞商情”，等这一切基本筹划有序，在设商部、订商律俱已完成即为事实后，正式批准商会建立，这样就有法律规范为先决条件。

清政府商部，除由载振任尚书，伍廷芳、陈璧为商部左、右侍郎，尚有唐文治、绍英分任左右承，王清穆、杨士琦分任左右参议。商部设保惠、平均、通艺、会计四司。载振为设商部赴欧、美及日本考察商务前，经上海时，接见上海商业会议公所的总理严信厚等人，询问了解公所情形，并多加勉励之语：“如中国能振兴商务，不患不能富强，惟俟君等努力。”新设商部制订了选择一批大商董为商部官员，协助考察商情、推广商会等在内的一系列施政计划。前曾未到职的上海商业会议公所副总理毛祖模被授予商部通艺司郎中官职，同年 11 月商部颁布《商会简明章程》(26 条）其内容包括商会的组建与名称、商董的资格与选举、商会的职责与任务等；其第二款明确规定“凡各省各埠，如前经各行众商，公立有商业公所及商务公会等名目者，应即遵照现定部章，一律改为商会”，第三款则又规定：“凡属商务繁富之区，不论系会垣，系城埠，宜设立商务总会，……如直隶之天津、山东之烟台、江苏之上海、湖北之汉口、四川之重庆、广东之广州、福建之厦门，均作为设总会之处。”① 对于这一章程的意义，被认为是

① 《东方杂志》第 1 卷第 1 期，第 304 页。

从法律的角度，保证了业商者组织商会的合法权利、地位，在某种程度上使商人的地位大大提高。

根据清商部这一章程，上海商业会议公所遂改组为上海商务总会。1904年（清光绪三十年）5月，上海商务总会正式成立。在成立大会上，通过了商会会员拟定的《暂行试办详细章程》，其中共有73条。第一条即表明："本会系上海原有之商业会议公所，今遵商部奏定章程，改为上海商务总会"，并"遵奏刊刻上海商务总会关防一枚"。会后又将此暂行章程向各国驻上海公使、上海洋商总会等通报。

依据上海商务总会《暂行试办详细章程》73条中第9条《选举之法》的具体规定："选举每年于年会后择期举行"，担任总理、协理、议董者的基本资格："须是品行方正者"、"在沪有实业者"、"谙习公牍、明白事理者"，并有资格"身为会员者"及"年在三十、四十岁上下者"等。上海商务总会以不公开的投票方法选举产生了17名议董，并由议董投票选出总理为严信厚（筱舫）；协理为徐润（雨之）、周晋镳（金箴），按照章程商务总会本只设协理一人，因首届照顾各方关系，便选任两人。其中严、周二人前已述及，徐润（1838—1911），字润立，号雨之，别号愚斋，广东香山人，早年入英商宝顺洋行当学徒，后升为买办，继开设上海宝源货号，经营丝、烟、茶等业，1873年起任轮船招商局会办及代理总办、开平矿务局会办等职，又曾创办过仁和水险公司、景纶衫袜厂、同文书局等企业。对此，他在自订年谱中记有："伦贝子出洋，二十二日到吴淞，二十六日与众商在澄衷学堂公宴，又与各官厅在张园公宴；春间奉商部札委上海商务总会协理又董理商学会。"①

自上海商务总会正式成立，按照它领导机构任期一年一届的规定，从1904年（清光绪三十年）5月起，历任人选如下：

---

① 徐润著：《徐雨斋自叙年谱（附上海游记）》，香山徐氏校印本，1927年9月合肥阚铎跋，第105页。

首任：总理：严信厚（筱舫）

协理：徐 润（雨之） 周金箴（晋镳）

第二任为1905年（清光绪三十一年）11月：

总理：曾少卿（铸）

协理：朱葆三（佩珍）

议董：祝兰舫 吴少卿 干兰坪 郁屏翰 朱志尧 谢纶辉 樊时勋 周舜卿 刘柏生 施子英 王子展

第三任为1906年（清光绪三十二年）11月：

总理：李云书（厚佑）

协理：孙荫庭（多森）

议董：徐 润（雨之） 陈润夫（作霖） 樊时勋（芬） 袁联清（鎏） 周金箴（晋镳） 谢纶辉 朱葆三（佩珍） 周舜卿（廷弼） 丁钦斋（骏照） 苏葆笙（德镳） 祝兰舫（大椿） 陈子琴（熏） 印锡章（有模） 丁价侯（维藩） 邵琴涛（廷松） 虞洽卿（和德） 席子佩（裕福） 刘柏生（树森）

第四任为1907年（清光绪三十三年）11月：

总理：周金箴（晋镳）

协理：李云书（厚佑）、议董 陈润夫（作霖） 樊时勋（芬） 周舜卿（廷弼） 袁联清（鎏） 朱葆三（佩珍） 祝兰舫（大椿） 丁价侯（维藩） 陈子琴（熏） 沈仲礼（敦和） 袁恒之（有道） 邵琴涛（廷松） 金琴荪（清镳） 虞洽卿（和德） 席子佩（裕福） 焦乐山（发昱） 苏葆笙（德镳）

第五任为1909年（清宣统元年）3月：

总理：周金箴（晋镳）

协理：严子均（义彬）、议董 陈润夫（作霖） 周舜卿（廷弼） 丁价侯（维藩） 樊时勋（芬） 陈子琴（熏） 席子佩（裕福） 祝兰舫（大椿） 金琴荪（清镳） 焦乐山（发昱） 王一亭（震） 郁屏翰（怀智） 吴庆弟（少卿） 林莲荪（世杰） 贝润生（仁元） 杨信之（兆鏊） 陈辉庭（猷） 沈缦云（懋昭） 席立功（裕成） 丁钦斋（骏照）

第六任为1910年（清宣统二年）2月：

总理：周金箴（晋镳）

协理：邵琴涛（廷松）

议董：周舜卿（廷弼） 丁价侯（维藩） 王一亭（震） 祝兰舫（大椿） 沈仲礼（敦和） 金琴荪（清镳） 丁钦斋（骏照） 席子佩（裕福） 杨信之（兆鏊） 沈缦云（懋昭） 林莲荪（世杰） 焦乐山（发昱） 倪锡畴（思九） 席立功（裕成） 庞莱臣（元济） 王子展（存善） 朱五楼（方幹） 陈润夫（作霖） 关炯之（炯）

第七任为1911年（清宣统三年）2月：

总理：陈润夫（作霖）

协理：贝润生（仁元）

议董：席立功（裕成） 唐露园（元湛） 朱五楼（方幹） 关炯之（炯） 王一亭（震） 杨信之（兆鏊） 周舜卿（廷弼） 倪锡畴（思九） 夏粹芳（瑞方） 庞莱臣（元济） 林莲荪（世杰） 陈辉庭（猷） 沈缦云（懋昭） 苏葆笙（德镳） 苏筠尚（本炎） 祝大椿（兰舫） 钱宗翰（琴西） 朱 均（衡斋） 陈永清（一斋）①

以上是上海商务总会共七任领导机构的人员概况，从现有资料看，基本上属当年一代商界巨子，在上海从事工商、金融业的各方要角，会员及会友也多为代表着不同行业或会馆、公所的头面人物，还有是在外商企业

① 上海市工商业联合会、复旦大学历史系编：《上海总商会组织史资料汇编》（上），上海古籍出版社2004年版，第94页。

中的买办，或在官营企业中的高管人员等。他们在相当行业或企业，甚至社会某一方面活动中都起举足轻重的作用，这也促使上海商务总会在清末各类社会活动和风潮中，包括中外关系交涉和维新变法、改良立宪及民主共和等，充当了十分重要的角色。同样，也因此在商会上层人士中产生了深刻的分歧，影响到总会领导的选任。以至从 1907—1909 年，周金箴未按总会原定章程连任三届总理，他自己也曾表示："惟念晋镳承乏会务一年，毫无裨益，比有身任多役，力难兼顾，仰恳宪恩，俯准辞任。"而北京农工商部却坚持："该总理经理会务，向称得力，既经续举，应即照案接充，俟禀到札委，毋得固辞。"①

上海商务总会成立之后，依据《暂行试办详细章程》，取消了原商业公所的总董制，采取了由议董分工，总、协理全权负责制。其办事机构设置有会计、书记、接待、庶务等各职，其中庶务又细分为分察、公断、调查、中证等职责。

1907 年（清光绪三十三年）4 月，在上海商务总会会员特别大会上，正式通过了《上海商务总会公议详细章程》(92 条)，此后又禀报清农工商部获准及备案。这一章程的通过，针对商务总会内部总、协理和议董之间的一些纠葛，使职责分工更为明确，它将议董所任职责明确为：会计议董 2 名，负责会内收支各项款目；书记议董 2 名，负责会内往还电文、公牍、书札收发条陈诸事；庶务议董 4 名，负责会内庶务及接待官场诸事；纠仪议董 2 名，负责议事时会场秩序、规则；调查议董 2 名，负责调查商业及会员、会友册籍；理案议董 5 名，监理钱债纠葛词讼诸事；中证议董 2 名，负责各契券、合同作证诸事。

上海商务总会在正式选举产生严信厚、徐润、周金箴为首届总理、协理及 17 名议董前的 3 月，原商业会议公所便从南京路五昌里公所址，迁移

① 上海市工商业联合会、复旦大学历史系编：《上海总商会组织史资料汇编》(上)，上海古籍出版社 2004 年版，第 102 页。

至虹口爱而近路（今安庆路）一座中西合璧的大宅院内，后上海商务总会会址也设在这里。

上海商务总会建立时首批会员人数，共有171名，并分为行业代表和企业代表两大类。行业代表称“合帮会员”，据统计有153名，企业代表称“非合帮会员”或“分帮会员”仅18名。①根据上海商务总会《暂行试办详细章程》提出会员的资格为：品行方正，在沪经商，明白事理，已是会友，年纪在30岁上下。同时，入会者每年须缴规定的会费才被认可为会员，各会馆、公所及行业每年公捐会费银300两以上者，可推举会员1人；捐银600两者，可推举会员2人；捐银900两者，可推举会员3人（然以3人为限）。企业入会为会员者同此规定。凡不能缴足会费而要求入会的营商者，只能作为会友；缴足会费但没有被同行推举的，经会员2人推荐可成为特别会友。

会员、会友和特别会友，均同样有讨论商务利益、考查商务利弊、申诉冤抑、请求公断争执、咨询商业法规、要求修正章程、参与选举议董等权利。而会员才具有被选举为议董、协理、总理等权利，会友和特别会友均没有被选举权。通过对会费数额的等差区别，实际上当年每年银300两的会费也非小数，客观上就排斥了中、小行业和中、小企业入会，或仅承认其会友资格。由于商务总会基本是以大商人为主体，他们一般又与官府或洋商有联系，自然对中、小商人的呼声和利益缺乏重视。尤其越临近清朝末年，国内政治动荡、争斗更加激烈，商界人士很多也倾向革命，商会内部的冲突也日甚，遂有会员退出会的活动。据1909年的商务总会会员同人录，尚有会员40人，经会议公认属“望重品优及捐巨款实力赞成本会”的特别会员23人，会友17人，特别会友31人，另有特别个人会友34人。至1911年（清宣统三年），会员、会友数就更趋下降，会员及特别会员共

① 上海市工商业联合会、复旦大学历史系编：《上海总商会组织史资料汇编》（上），上海古籍出版社2004年版，第106页。

48 人，会友及特别会友也共 62 人。[①] 这说明上海商务总会需要来一番更新和改造。

在清末到民国建立的近十年里，国内商会包括地域性或行业性这两类商会，令人注目地快速发展有 800 余总会和分会的商界网络，成为国内最大的社会团体。在这一过程中，商会团体曾经历了相当的组织变化，并日趋规范、成熟。虽然，变化的过程也有过曲折，并非完全得到各地官府支持，然而，清政府的竭力倡导和相应法规的出台，对商会的初创起了决定性作用。

## 2. 参与清政府《商律》等修订

清末中国商界和社会有识之士竭力推动商会的建立，其中一个重要因素，就是商会在清政府《商律》等经济法规的制订过程中，具有促进和联络商界的作用。尤其是在 1894 年甲午战争以后，面对亡国灭种的巨大危机，国内变法思想大兴，呼吁立法之声日盛，继而在 1898 年发生了戊戌变法（又称维新变法）。由于清政府顽固不化，因循守旧，维新派志士遭镇压，变法夭折，国内要求立法和实行法治的进程也被迫中断。但是，在内外交困、日渐衰亡的巨大压力下，清政府也只得被迫宣布实行包括立法在内的清末新政。这包括制订《商律》等经济法规，并含有关于组建商会的若干章程和制度。所以，以此来促进、保护国内外贸易等商业活动，维护正常经济秩序，便成当务之急，并在舆论上已形成很大声势。

1902 年，清政府下诏变革法制。次年 3 月颁布上谕："先订商律，作为则例。"这就为上海商务总会建立后，进一步推动《商律》等经济法规的制订，创造了立法的基础和必要条件。

从实际制订过程中的各项准备而言，清政府中伍廷芳等人认为："则公司条例，急应先为妥订，俾商人有所遵循，是以赶速先拟商律之公司一

① 上海市工商业联合会、复旦大学历史系编：《上海总商会组织史资料汇编》（上），上海古籍出版社 2004 年版，第 111—117 页。

门，并于卷首冠以商人通例。”1904年1月，清政府最早的关于经济法规制订的有关公司制度的《商人通例》和《公司律》颁布出台，因其中《公司律》明确规定：“凡凑集资本共营贸易者，名曰公司”，无论官办、商办、官商合办、官督商办（凡经营商业者皆是），均处于平等地位，“享一体保护之利益”，这已从法律上保障了商人作为股东身份应该享有的合法权利。随着这一公司法规的颁布施行，工商业者已经取得了一定的合法社会地位，成为国内商人的公司企业活动维权的法律基础。1906年，清商部又制定颁布鼓励民间发明创造、采用新工艺的《奖给商勋章程》和中国首部破产法《破产律》等，其中的《商务总、分会与地方官衙门行文章程》内容包括商会的宗旨、设立和地方官府之关系及与以前行会的联系等，规定地方官府对商会“无直接管理之权”，只有“提倡保护之责”。规定商务总会对司、道及以下各级衙门的公文均用“移”，仅对督抚大吏的公文用“呈”；商务分会对府、厅、州、县等各级衙门的公文均用“牒”，对司、道以上用“呈”，就从清朝公文规制上明确了商会的地位。①

然而对商会宗旨的实行，即“通商情，保商利，有联络无倾轧，有信义而无诈虞；剔除内弊，考察外情，为众商之脉络”，也即以法为据，维护正常的经济秩序，就需要一部包含总则、商行为、公司法、海船法、票据法等在内的完整的《商律》，予以进一步从法的定义上清晰而明确地作出法律界定。这样，从1906年起，清商部就在组织各地商会进行商情调查的基础上，聘请日本等国商法专家协助，着手准备起草《大清商律草案》，但是由于清政府各部堂相互之间既推诿又攻击的官场陋习，迟迟未出台。

然而，加紧制订《商律》等经济法规，是维护清末社会商业活动正常运转和健康经济秩序的迫切需要和重要保障，反之，政府就不能有效地推动商业经济发展。当时，由于商人在法律上未取得商业贸易、经营或投资

① 章开沅等主编：《苏州商会档案丛编》（第1辑），华中师范大学出版社1991年版，第36—37页。

等权利的保障地位，势必经常遭遇各种势力包括官府的留难与桎碍，甚至无奈只得托庇于外商所办洋行，或是依附于官督商办的洋务企业之下。当年华商以个人名义附股于外商洋行者十分普遍，为数甚多，有人估计资本银累计在4000万两以上。因此，上海商务总会建立后，积极推动修订《商律》，为商人及早摆脱这种“无法之商”的困境而积极奔走。

1907年（清光绪三十三年）4月，由“状元商人”张謇等倡议发起，有上海商务总会议董李云书、周金箴、周廷弼等参与，被称为“江浙绅商开明之士”组织的全国预备立宪公会成立。又以社会经济困穷，由于商业不振，由于法律不备，致函上海商务总会、上海商学公会等全国各相关团体，要求上海商务总会出面召集各地商会，举行调查商业习惯和拟定商法草案的会议，并讨论商法制订等事宜。对此，上海商务总会也声称：“商法必须商人协议，亟宜讨论。”因为在诸多商事纠纷中，虽在总会章程中已有：“凡钱债纠葛商会允予理处者，由总、协理交于理事或理案议董，先邀两造详询原委，……后由总、协理、议董公同集议，以作调解”，并于会章中制订出《理案章程十条》附存。①但因缺乏政府的法律和法理依据，往往难以确保调解公正。而商会会员在与非商会机构、人员或外商、官府交涉时，更因缺失法律保障，致使华商或者遭受外商的欺凌，或者遭受官府的诬陷，难辨是非曲直，导致利益受损，名誉遭难。

因上述各缘由，上海商务总会为“预备立宪公会之触发，又生无限之感念”，认定“商法之制订，势在必行”。1907年9月，上海商务总会向国内各埠商会及海外华商会发出邀请书，拟在上海举行特别大会推动商法的制订，呼吁清政府关注，获得了商界人士广泛响应。

当年10月14、15两日，这一商法特别大会由上海商务总会和上海商学公会共同主持，假座上海愚园举行，出席大会的74名代表分别来自全国

① 上海市工商业联合会、复旦大学历史系编：《上海总商会组织史资料汇编》（上），上海古籍出版社2004年版，第90页。

各地的88个商务总会、分会及公所、分所，远在海外的新加坡、三宝垅、大霹雳埠、长崎等埠的中华商会也派代表出席大会，此外，还有黑龙江等省30多个商会以书信形式加入大会的讨论。大会经过代表的提案、讨论，甚至辩论，就商法起草问题做出了三项决议：（1）提出制订商法的三点理由，华洋贸易中，洋商有法律保护，而华商没有；商人的商业行为无法规可依，便无公平可论；政府颁行的法令中，往往无视商民，故商民不应放弃参与制订商法的权利；（2）确定商法的内容为公司法、契约法、破产法、商行法、票券法、海商法及总则；（3）聘请专门编辑人员成立编辑所，广征意见，具体进行编纂事宜，请预备立宪公会承担主持的责任，各商会负担编辑经费，并推举评议员，行使评议商法草案之权。

10月16日中午，上海商务总会假座张园盛宴招待各埠商会的代表，各界来宾300多人出席，上海代表沈仲礼、新加坡代表林文庆、预备立宪公会代表马相伯在宴会上发表了振兴商务的演说。全体与会商界代表公认，此次特别大会是中国商界前所未有的一次盛举。时人评价，甚至有“登高一呼，众山皆应之势”。

对于这次大会的意义，预备立宪公会于下一年年例大会时仍报告：“故于上年发起拟订商法草案一事，及今一年，公司法即将告成，若明年上之政府，竟蒙采用，奏准颁行，则公司一部分现已增订完备矣，今天下工商实业，何以不待公司而后兴，公司发达则商人利赖何可限量，此本会振起商界区区之微志也。”上海商务总会在这次商法特别大会成功举行的基础上，由参加会议的80多个商会联名发起，通函各处，组织全国性的华商联合会，其宗旨：“（1）为入本会各会交通总机关，未入会各会设法联合；（2）谋商会办法统一；（3）调查华商商务，图公共利益，去其阻碍。”华商联合会于1909年在上海成立，所办《华商联合报》（1910年改名为《华商联合会报》）辟有时事社言、记闻、通信、学务、商情、实业、调查等栏目，办刊方针惟求“上自国家之一切商政，下至社会营业情形，旁及五洲各国商事竞争之现状”。上海商务总会借助这一报端，介绍了许多国家的经济政策和法规，报告各地商情和各业统计资料，对促进修订《商律》贡献颇大。然而由清商部扩组的农工商部进展不尽如人意，至1910年方将《大清商律草案》修订为《商法总则》《公司律》上、下两编并提交清资政院审读讨论，但未及议决，辛亥革命风潮已起，终胎死腹中。

## 3.“在商言商”初创各类商事活动和机构

上海商务总会成立后，按照章程宗旨之规定：“应观察保护商务大概利益，并萃集思虑，议论商家大宗利益之事，并立设法杜除弊端，申雪冤枉，增长善事，通达上下声气，厘定实行规则。”议论“商家大宗利益之事”，“在商言商”，设立各类商事机构，即成为商会的基本职能。成立之初，商务总会初步确立的职责是：“一、代商人向官府申诉；二、报告商情；三、裁决华商与洋商之纠纷；四、认真执行商业簿划之统一和商业之登记；五、产业之保护；六、商品陈列所之设立；七、外洋商务之考察；八、版权意匠权（即知识产权）和特许权之许可。”① 为执行上述职责，上海商务总会第三次禀定章程九十二条中，就于议董中设立庶务、调查、理案、中证4项专职，各进行交涉官府、调查商业、监理纠葛、监察合同等事务，并在此基础上设立事务部门，后发展为各类专门商事机构。

上海商务总会最早设立的商事机构，是为组织会员参加各类商业展览会的商品陈列所。这也因国内商界有识之士和清政府提倡于前，1898年，张謇等就撰文呼吁：“开赛会以振兴商务。”1905年，清商部制订颁布了《出洋赛会通行简章二十条》，鼓励华商出国参加国际性商品赛会，要求各省商务局和各地商会组织赴赛，同时建立商品陈列所、考工厂、劝工会、劝业会、物产会等机构，开展商业展示活动。随后北京、天津、武汉等地商会就设立了京师劝公陈列所等机构。上海于1902年商业会议公所成立，就有升设商务院、工艺所的议论，但未能上议事日程。1908年，上海有商

① 上海市工商业联合会、复旦大学历史系编：《上海总商会组织史资料汇编》（上），上海古籍出版社2004年版，第64页。

界人士发起上海试办商品陈列所，并于报纸刊登了章程，商务总会予以支持，但仍未见有付之行动。其时，上海沪南商会部分商董也有发起南市劝业博览会之议，后也没有正式出台。究其根由，就是上海商务总会成立以后，国内各类社会政治风潮频繁，亦难如愿开展。

这样，上海商务总会就转为积极参与并支持其他方面发起的商品展览活动，这就必须提到1908年（清光绪三十四年）的南洋劝业会。1908年4月，由两江总督端方等地方大员策划，以官商集资的形式，计划在总督府所在地南京举办一次大型的商品博览会，命名为“南洋劝业会”。8月，端方特派商道道员陈兰熏来上海，为此事游说，上海商务总会为他举行了欢迎集会，陈兰熏详述了南洋劝业会的筹办各方案，要求所辖各省在奏报清政府批准后，迅即组织力量分别成立办理本省的物产会，请农工商部派审查委员赴各省评定优劣，择优送南洋劝业会参赛，并希望上海工商界踊跃参加集资认股，参与赛会。筹划中的赛会预算为洋50万元，官商各半。

陈兰熏来沪以后，上海商务总会总理周金箴偕同议董虞洽卿一行9人，专程到南京谒见总督端方，磋商南洋劝业会事宜，当即认定了商股15万元。一同谒见的南京商界人士宋雨棠也认定5万元，并由官商双方商定其余的5万元请其他苏、浙、皖各省商会认定。上海商务总会还表示，如果这余下的5万元不能筹齐，仍然可由本会认集。随后，官商双方作为股东推举13名董事，组成南洋劝业会董事会，南洋劝业会由端方任会长，郑孝胥任主任副会长，上海商务总会议董虞洽卿也任副会长，总理周金箴，议董朱葆三、严义彬、丁价侯、苏葆笙、陈子琴、祝兰舫、席子佩等7人出任董事会董事，实际即上海会董主持了事务。该董事会设立在上海，具体负责筹款、为展览主会场工程招标、承办主会场水电招商、征集各省参赛展品及组织转运到南京等诸多事宜。随后首期参股款筹齐，便着手勘察会址，董事会选定南京北丁家桥紫竹村一带700亩地方圆为赛会主会场，庞大的建设工程也迅速招商落实。由于赛会规模宏大，1908年又追加预算20万元，官、商双方各追加10万元。

1909 年（清宣统元年）3 月 26 日，由上海商务总会出面，在福州路“一品香”举行报界招待会，《新闻报》《中外日报》《时报》《神州日报》《舆论日报》《时事报》《申报》等都有记者出席。总理周金箴报告主题：“劝业会乃中国创举，普通人民知者甚少，全赖各报鼓吹，使出品既多，观摩者众，易达开会之目的。”劝业会事务所帮办向淑予详细介绍了劝业会的组织情况，希望记者们如同宣传政治改良、教育改良那样，热情宣传此次劝业会，为经济改良而极力提倡。各报记者情绪高昂，上海商务总会还先后向各地各埠商会发出函电，并在大报上刊发广告，号召华商踊跃参赛。其间，上海商务总会还协助发起了南洋劝业会上海协赞会，由李平书（钟钰）任总理。后又成立上海出品协会，王震（一亭）任总干事长。从 9 月 18—30 日，上海参展厂商在南市陆家浜路中国图书公司内举行了出品展览会，作为南洋劝业会上海展品的预展。①

1909 年 8 月 28 日，清政府正式批准举办南洋劝业会，任命接任端方的两江总督张人骏为会长。1910 年（清宣统二年）6 月 5 日，南洋劝业会在南京隆重开幕，张人骏致开幕辞，称此会“取通商、惠工、务材、训农诸端，征聚各物汇聚一时一地，使吾国人参观，互相证知，收集思广益之效”。5000 多宾客出席了开幕式，当日开放的有教育、工艺、机械、武备、农业、卫生及直隶所设的各陈列馆共 7 所，其他各省、各府的陈列馆有 14 所，陈列海外华侨商人赛品的暨南馆以及陈列欧美各国赛品的 3 所参考馆，也在此后相继开馆展出。至 10 月中旬南洋劝业会闭幕，各馆展出了各类赛品共达 10 余万件，分 24 大部，444 种类，尤以农副产品、工艺品、教育用品、家用商品为多。上海就有 125 家厂商参赛，送展的赛品与内地省、府的赛品比，代表了当时中国工业制造品的最新水平。参观的人数也达 20 万之众。南洋劝业会在展出赛会的基础上，还进行了大规模的审查评奖活动，共评出一等奖 66 件，二等奖 214 件，三等奖 428 件，四等奖 1218 件，

① 冯绍霆著：《李平书传》，上海书店出版社 2014 年版，第 309 页。

五等奖 3345 件，总共有 5271 件展品获奖。其中，上海参展的机制工业品虽为数不多，但代表了中国经济近代化的方向。① 有学者还高度评价它："对促使工商业者思想观念的转变，推动中国资本主义工商业的发展均产生了积极的作用。"②

上海商务总会在积极参与、并实际负责南洋劝业会筹办的同时，还组织会员厂商参加了 1910 年的比利时布鲁塞尔国际博览会、1911 年的意大利都朗工业展览会。布鲁塞尔国际博览会中国馆面积甚广，据当年报纸刊载："当会场正中及紧要之地，俱为上海商会所陈列"，并"各货均为外人所称羡"。由此可见上海商务总会对此之尽力。都朗工业博览会上海参展厂商更为热烈，尤其是丝业所送展的丝和绸等丝织品，以品质优良、图案华丽等优胜处，与日丝、洋丝一决雌雄，夺得多项"优等"、"最优等"等奖项，使华丝在国际市场有了一席之地。

上海商务总会积极参与支持这类商品陈列、展出等商事活动，为其培养了此类人才，积累了相关经验，为民国后上海商品陈列所的开办打下了基础。

此外，上海商务总会于清末承担的华商道契代办事务，也是为商人服务所做的实际工作。1845 年（清道光二十五年），上海道宫慕久未经朝廷批准，颁布《上海土地章程》，允许外国人在上海租赁土地，租地手续是由外国人先与业主订立租借契据，而后呈报该国领事馆，托领事馆转送上海道台查核盖印，再交还各方收执。此租地契据即称作道契，道契租期明确、编号有序、四至清楚，可以向银行和钱庄抵押贷款，也可作为开业保证金，需要时也可转让，因此，1889 年上海道设立会丈局专办此事。同时，中国人的田单（地产证）无编号、无四至，还可为多人分割执有，则不能作贷款抵押物。因此，大多数华商就想将田单转换为道契，便请外国人出面置地，而后

① 徐鼎新等著：《上海总商会史（1902—1929）》，上海社会科学院出版社 1991 年版，第 106 页。

② 朱英：《端方与南洋劝业会》，载《史学月刊》1988 年第 1 期。

向外国领事馆注册代办申领道契。于是出现了所谓道契"掮客"，许多外国洋行如德和新、瑞和等，外国律师如马利逊、高易、通和、迪百克等以经办道契而谋利，也导致中国人所置的地产，名义上反都为外国人所持有。

为了制止这类洋道契，上海商务总会于1907年（清光绪三十三年），呈文江苏巡抚请批示办理华商道契，终获谕准。按照原洋商租地办法，凡华商置地产，可将原业主执业田单原契，先送上海商务总会编号注册，然后再转呈会丈局及上海道台衙门核准盖印，置换成华商道契。并确定华商道契范围，为凡可请领洋商道契地区，皆可转换华商道契以外，所有上海城厢及城墙基地，以及宝山辖境内有些指定地区，皆可领取华商道契。但由于当时洋道契是由持有侵略特权的外国领事馆加盖印章的，华商道契反不被中国商人所重视，因此代办后经手者份数不多，至1912年仅办理不足百余宗。这一情形到民国初年爱国运动日益兴盛，方有所改变，于是有上海总商会华商道契处的设立。

上海商务总会为加强自身在商界和商务活动中的能力，从创立之初，因议董中多人都曾在银行供职，对银行的"为今日实业计，必先银行，为银行计，必先营储蓄而兼商业"的重要性都有深刻之了解，所以就有自设银行的动议。1907年的商业法修订特别大会期间，商务总会正式发出创立中国华商银行倡议，得到国内广州等埠及海外新加坡等地华商响应，当时拟定的华商银行总资本为1000万银元之巨，分为200万股，每股5元。上海商务总会作为发起人拟认股200万元，广州商务总会也表示认股200万元，新加坡和泗水两地华商各认股100万元，其余各国华商也自10万至50万不等分别认股。从1909年起，上海商务总会会员李征五和曾任总理的李云书等，到南洋和国内沿海各埠为银行认股竭力宣传和落实。据估计当时能募集之数在570万元上下。1910年6月，上海商务总会发出招股事宜启事，定于6月21日在上海举行首次股东筹备会议，缴认股额并讨论办法，然而由于这时清末社会政治危机已一触即发，金融恐慌又如火上加油，原定股东大多转观望，会议流产，这一华商银行就束之高阁。这本是上海商务总会最有价值的一桩事业，可惜中途夭折。

上海商务总会自成立后，依照会章所定“维持公益，改正行规，调息纷难，代诉冤抑，以和协商情”的条款，以及会章所附《理案试办章程》十条，由会员所选举出的理案议董，对会员中商业纠纷进行调解仲裁。据记载每年都在数百起以上，如认为会中调解仲裁不公的，还可向地方官控告，商会据实情移复官府查办。对于正当商业经营、销售有伤害的假冒伪劣等行为，上海商务总会一面请求官府告示明令严禁，对犯案者以法惩办，一面也联合有关公所、会馆制订自律行规，如于茶叶商业就订有《公议货样一律通告》等行规。对丝业，也与丝业公所联设丝检所，规定“由丝商自行研究，采取切实防范措施。”

因协调与行会的关系本是商会活动的重要内容，况且行会就是商会的主要成员之一。据1908—1911年的上海商务总会同人录，各年的行会代表均还多于企业代表。[①] 所以，商务总会和这些行会联手协作，从维护行业经营规范和商业道德着眼，进而维护整个社会经济秩序，更属于它义不容辞的责任。在这其中，商务总会参与做了大量具体、繁复、琐细的工作，充分体现了中国商会不仅以行帮、会馆为渊源、为依托，而且甚至为基层组织的独特地位。

## 4. 发起华洋义赈会等慈善公益活动

中国商人历来有“言商仍向儒”的传统，尤其是中国近代，很多商界人士是把兴办实业作为“救国济民”之路，因此在许多行会会馆、公所章程中，都有赈灾济贫、兴学修路的规定条文，并立碑刻石为记，至今留下许多碑刻题记。上海商务总会建立，议董和会员中就集聚了一批乐善好施、热衷于公益的慈善家，他们由经商创办企业积累了财富，再“取之于民，用之于民”，反哺于社会，所以由总会出面循国际公例，发起创立一公益

① 李达嘉：《商人与政治：以上海为中心的探讨（1895—1914）》，台湾大学历史所博士论文，第118页。

性慈善机构，便也成为会中共识。1910年（清宣统二年）夏秋之际，千百年来一直危害江淮流域人民的洪灾又再度逞凶，发生特大水患，江苏、安徽两省的长江、淮河沿岸哀鸿遍野，灾黎无数。上海商务总会议董沈仲礼、朱葆三、祝大椿、丁维蕃等会同在沪英国商人福开森，联合发起成立华洋义赈会，以借助国际力量，专事赈灾劝募救助灾民。

福开森（1866—1945），加拿大安大略人，1902年获美国哲学博士学位，1888年在中国南京办汇文书院，后在上海任南洋公学监院，办《新闻报》，喜爱中国文物收藏，热衷慈善事业，与江浙绅商颇多交往，时任两江总督端方幕僚。这次苏、皖洪灾，在上海的中外人士于当年11月11日假座张园，宣告华洋义赈会成立，推举出华洋董事各8人，福开森为外方会长，沈仲礼为华方议长。其他商务总会议董朱葆三、丁维蕃为华方董事。华洋义赈会设事务所在三马路（今汉口路）新闻报馆楼上。义振会成立当日，就有商界人士捐款，表达对灾民关怀之情。

1911年（清宣统三年）8月，华洋义赈会二次增选董事，华洋双方各有10人担任，上海商务总会的总理陈润夫、协理贝润生，及前任商务总会议董虞洽卿、邵琴涛、苏葆笙、袁恒之均被选举为华方新董事，华方董事多为商会人员。事务所也迁移至二马路（今九江路）礼和洋行楼上。

华洋义赈会自成立后，多次召集会议协商，并一再致电、致函清政府、各地方官府和商会，以及英、美、法、德、日各国政府和商界，报告洪灾灾情之惨重，灾民流离失所、嗷嗷待哺之情切，请求各方筹借及劝募义款，又将拟就的《劝赈刍言》在国内外报刊《申报》等报广为刊发。刍言大意为：一劝各店铺、行栈将春节酒宴费转为安徽救灾；一劝祝寿人家将亲友所送贺分及宴客酒席费转为安徽救灾；一劝婚嫁喜庆人家节俭开支转为安徽救灾；一劝官场升官得肥缺者酌量提成转为安徽救灾；一劝各店铺行栈生意获利者酌量转为安徽救灾；一劝为先人资冥福者将念经超度之资转为安徽救灾，等等。这样，在华洋义赈会的发动下，由上海各商会团体共同努力，各报刊及轮船码头、铁路站前、繁华市口等公共场所树立的广告牌，都为这场大赈灾宣传鼓动，摇旗呐喊，一时形成很大的声势，国内外慈善人士为救灾捐款捐物、抢运救灾的物资等作出了贡献。

华洋义赈会董事会为救灾赈灾，每周开会一次研究灾情，调整赈灾办法。上海商务总会担任董事的议董和广大会员行业、企业等，都带头积极捐款。从华洋义赈会成立到1911年7月的10个月时间内，共收到中外捐款洋152.6万元，据报告支出为144.8万元。进入中华民国，上海总商会成立后，华洋义赈会便正式成为独立的从事募捐赈灾事业的慈善团体。

1910年（清宣统二年）9月，上海公共租界工部局因区域内发生传染病疫情，制订并发布了《检疫章程》，随即在租界区域内进行鼠疫等传染病查验。因当时许多华人居民的文化程度尚低，在中西方卫生理念上存在差异，开展检疫时又正逢发生金融危机，引发商场恐慌，部分商店歇业或罢市，商民被连日市景萧条造成店铺租金、流动资金短缺，正一家家度日如年，一筹莫展。因而，检疫公告发布后，租界居民更加恐慌，以至于到处商店闭市，一遇街头琐事就群聚围观，人心十分动荡，租界当局巡捕上街，都荷枪实弹，一时间酿成了所谓“检疫大风潮”。

当时，租界各华人团体的领袖集会商议，决定联名致函租界工部局，提出华人“自设医院帮同检查”的办法，获工部局同意。这样，各团体就请上海商务总会出面，邀集各业董事与工部局西董代表会商具体办法，议定由华人自设医院，派精通中西医学的华人医士在华人中自行查疫，并为消除被查地段妇女的疑虑，派出女医生随行同诊。当时确定由华人自行查疫的范围，由南至苏州河，北至海宁路，东至铁马路（今河南北路），西至北西藏路（今西藏北路）这一界内地区，其余各路段就不在查疫的范围内，查疫期限确定为一个月。上海商务总会总理周金箴要求工部局出具安民告示，将查疫详情公布于众。同时又经过会商，还决定由商务总会议董沈仲礼、苏葆笙、邵琴涛分别为设立的华人医院加紧办理筹款、制定章程、聘请医生。随后，上海商务总会向江苏巡抚发出呈请筹款函电，立即得到批复，允准由江海关税拨银1万两，作为医院开办基金，并电令上海商务总会迅速开办，不得延误，委沈仲礼总理一切，并责成商务总会邀集各业领袖劝捐。

11月13日，这所华人医院董事会成立，择定当年宝山县界内天通庵（今闸北区天通庵）蜀商公所西首，补罗居花园（原主人张子标）的11亩7分地为院址。11月24日，医院正式宣告成立，定名为上海公立医院。商务总会议董沈仲礼、周金箴、邵琴涛、苏葆荪、陈炳谦、劳敬修、虞洽卿、贝润生、丁价侯、杨信之任上海公立医院办事董事。1911年3月18日，上海公立医院在天津路80号设立分院，6月又迁往北京路浙江路口。①

上海商务总会在加紧筹备公立医院同时，又于5月20日由江苏巡按所拨“上海防疫费”银1万两中，划出一部作基金，再经向会员、议董中募捐，又在法租界徐家汇福开森路（今武康路）202号余村园地方，开办了“中国防疫医院”，仍由沈仲礼总理一切。这两所医院的开办，前后商务总会共募集捐款约5万银元。1912年上海商务总会改组为上海总商会后，上海公立医院和中国防疫医院独立于商会以外，成为上海最早由华人开办的医院。

上海商务总会成立后，作为新型商人团体，已经关注与经济、环境等密切相关的区域内河流开发、整治和保护问题，对于被称为“母亲河”的苏州河的治理权，因其涉及上海全体市民共同利益，上海商务总会也积极参与其中。尤其是英、美等列强根据1901年的《辛丑条约》第11款的强权规定，在上海设立由它们把持和管辖的黄浦江河道局（简称浚浦局），以“经管、整理、改革水道各工”。而在细则中又规定该局组成人员除外国人海关总税务司、各国领事代表2人、工部局1人、公董局1人、外国巨轮船东外，中国方面仅有清官府及上海通商总局（即商会）2人。

1905年（清光绪三十一年），这一洋人把持的浚浦局在上海建立。新成立的上海商务总会因洋人极不欲华人参与，竟无代表与闻其间。而该局依据章程，不仅负责疏浚黄浦江、苏州河河道，还掌握自江南制造局起至扬

① 上海市工商业联合会《上海工商社团志》编纂委员会编：《上海工商社团志》，上海社会科学院出版社2001年版，第230页。

子江口止的沿河道两岸的“涨滩公产”，这当然是必须力争的中国权利。所以，上海商务总会获会议列席权后，就不断对洋人作为提出质疑。1912 年 6 月，上海浚浦局增设“浚浦顾问局”，确定该顾问局由 6 人组成，其中 5 人为在上海进出口吨位数最大的 5 个国家的代表，1 人由上海总商会选派，由该顾问局共同订定河道疏浚办法等事务。这件事，上海总商会议董会认为，系“关乎权利，不可放弃”，便选派议董唐露园出任浚浦局顾问，唐为维护中国和华商利益于会议多所交涉。这一事涉国家主权及上海公益职权的取得，是和上海商务总会于清末起多年抗争的经历和经验是分不开的。

上海商务总会作为清末商会团体，开展了大量社会公益活动，许多对开埠后的中国来说具开创性意义。这样，其活动不仅一时解社会之困，还传播了一种新的理念，并贯穿整个国家的近代化过程中。商务总会自成立起就表现出关心社会慈善的公益情怀，也开创了中国工商团体的优良传统。

## 5. 融资救市维护金融市场

上海自开埠经济日趋繁华、兴旺，尤其从 19 世纪 70 年代以后，受清政府“振兴商务”新政的影响，工商贸易各业虽都屡遭挫顿，但仍呈快速增长、发展之势。当然，其基础依旧极为薄弱，一是因向列强割地赔款，民间资本积累甚少；二为各业经营，包括银票、钱庄等业仍旧观念陈旧，视野狭小，完全依赖传统关系借本牟利，这就不能适应时代，尤其是新型银行业的发展需要。所以，在表面繁花似锦的背后，又都潜伏着巨大的危机。

首先震动上海的金融危机，是祸起于 1907 年的上海广德泰商号，它是当年因“滥用炉银”事件导致破产的辽宁营口东盛和的分号。广德泰也在上海利用钱庄，做“银拆”行情涨落的投机，并联系和牵动着一批钱庄，包括担任顺康、会余两钱庄经理兼商务总会议董的谢纶辉，谢在上海钱业是有影响的人物，这就导致了市面恐慌，银拆大跌。上海商务总会闻讯，一面以罚款等处罚对谢伦辉等严究；一面函请上海道多次告示，对操纵银拆，买空卖空的不法行为及商人，将予以查禁究责。这才使投机之风稍有收敛。

1908 年（清光绪三十四年），上海的一些棉花、棉纱行业大商人，如经营人和永花行的吴祥麟、玉麟兄弟及徐国祥、朱陈初等人，还有煤商业巨头慎恒泰经理兼任上海商务总会议董的刘柏森，均因经营已出现亏累，还指望兼做股票投机以补欠扳本，结果当年的股票投机更是出师不利，一泻千里，致使许多家商行负债累累，资不抵债，经理人只得或潜逃或破产，导致与他们有巨额资金借贷关系的上海南北市钱庄，也出现倒账局面。钱庄所放款本是向在沪外国银行拆借而来，它们为免受倒账拖累，纷纷紧急撤回放款，紧缩银根，一时猛然收回数额达银 500 万两之巨，上海市面便危机四伏，一片风声鹤唳，随时有崩盘之风险。在这种危难时刻，上海商务总会以财产相抵，与上海道联合担保，向英商汇丰银行借银 230 万两，向清政府江苏藩库借银 70 万两，共计 300 万两，分别交于上海北市钱业会馆和南市钱业公所统筹，用以调剂金融，挽救市面。① 经此一番努力，事态很快平息。

1909 年（清宣统元年）末，上海发生了史称“橡皮风潮”的橡皮股票投机事件。这个橡皮股票风潮，缘起于 1900 年初，国际市场因美国等大量进口橡胶制品等使其价格暴涨，英国滑头商人麦边迪等在上海组织兰格志公司进行炒作，还发行了一种“橡皮股票”，大量商人、商行跟风吃进，以致疯狂到每股价格溢价 10 倍，每 10 股价值银 1500 两的惊人高峰。到 1910 年初，风潮愈演愈烈，恰逢此时，美国政府宣布限制橡胶制品进口，国际市场价格暴跌了一半，上海橡胶股票几近崩盘。上海商人、钱庄呈漩涡状更大范围、更快速度地亏累倒闭，连外国银行见状对此也唯恐躲避不及，纷纷行釜底抽薪之策，一致决议变更钱庄抵押庄票的期限，将历来通行的 10 天期限缩短为 5 天，这就使众多已陷于危机中的上海钱庄和商行雪上加霜。

---

① 徐鼎新等著：《上海总商会史（1902—1929）》，上海社会科学院出版社 1991 年版，第 116 页。

上海商务总会面对此严峻局面，一方面联络各行业会所及商人包括有利害关系的在沪外国商人举行会议，共同抵制外国银行缩短庄票期限的做法，要求它们宣布将这一新规定推迟一个月实施，实际上就是迫使其无限期地拖延下去；另一方面会同上海道、钱业董事、英国驻沪副领事、怡和洋行及汇丰银行的大班共同磋商，拟向外国银行团借银350万两，由时任和继任的上海道员负担保之责；再另从上海道库中提借银150万两，这样共计合银500万两，以此来稳定上海市面。然而，在向上海外国银行团谈判借款具体事项时，外国银行团所要求条件非常苛刻，如需在借款中先扣除钱庄前所欠债务，另加年息4厘，还务必半年一付，在5年中偿还本金等。即使借款到手，并不能实现挽救市面危机的愿望。

这样，延至当年10月，市场金融恐慌，市面萧条艰困无丝毫缓解，上海商务总会召集议董、会员特别大会，再次共议挽救市面之事。议董中钱业代表林莲荪、颜料业代表贝润生建议总会电呈清政府北京军机处、度支部、农工商部及南京两江总督、江苏巡抚等，请求大清银行、交通银行筹款500万元交上海商务总会以救济市面，共挽时艰。大会当即通过决议。由度支部的干预、协调，大清银行拨银100万两到沪，可惜未解市面危机。于是，上海商务总会由30名议董共同签字，于1911年1月17日再次与英商汇丰银行商谈订立以资产抵借洋款的合同，这份合同双方所开列条件，竟是以拟借银200万两，到手现银却只有53万两。如此，对当时上海市面维持所需的2000万银两，真可谓是杯水车薪。由此，商务总会挽救市面的这一番苦心，不仅没有成功，还遭到了清政府及江苏省官府的责难。1910年12月17日，清农工商部下令撤换上海商务总会总理周金箴，斥其："商会周晋镳等于沪市危迫之际，不能妥筹因应，随声附和，贻误时机，请旨饬将该总理撤退另举。"①而报章等舆论也并不理解商会诸人的苦心，讥讽

① 上海市工商业联合会、复旦大学历史系编：《上海总商会组织史资料汇编》(上)，上海古籍出版社2004年版，第105页。

为“其最可恨者，则莫如以国家名义借洋款，还商欠，违背条约，扰乱世面，……实为商界一大耻辱也。[①]”实际上，这次“橡皮股票风潮”引发如此大的股灾，既有外国投机客作祟在前，也有中国商人缺乏相应的市场知识，以及国家的法律不健全等各方面因素，但对上海商界的教训是深刻的。

至于上海商务总会这次挽救金融危机的失败，一方面使清末社会陷入更深的经济动荡和风潮之中，并间接导致它的灭亡；另一方面又使更多上海商会、商界人士转向新的阵营和立场。

① 徐鼎新等著:《上海总商会史（1902—1929）》，上海社会科学院出版社1991年版，第128页。

## 四、清末社会风潮中的商务总会

### 1. 倡领反美“华工禁约”运动

近代中国，欧美列强利用坚船利炮，强迫清政府签订了一系列不平等条约。这些条约成为掠夺中国权益，奴役中国人民的枷锁。1894 年（清光绪二十年），美国政府与清政府的出使大臣杨儒签订的为期 10 年的《限制来美华工保护寓美华人条约》(亦称“华工禁约”)，就是一个严重损害在美华人利益，使华工遭受歧视和迫害的不平等条约。到 1904 年（清光绪三十年），该条约期满，旅美华侨和国内民众一致强烈要求美国政府废除此约，但美国政府拒不理睬，完全无视中国人民呼声，怯弱的清政府打算于 1905 年与美新派任驻华公使威廉姆·柔克义续约。自 2 月起，上海《申报》、《时报》等报道了美国政府强迫清政府代表签字画押的新闻，并警醒国人“此约若成，辱国病商，损我甚巨”。在美华人和国内民众一片哗然。5 月 10 日，上海商务总会于新迁靶子路会址，率先召开各业商董特别大会，商讨抵制签约的办法。会上，议董曾少卿登台发表慷慨激昂的演说，提出以两个月为期限，若到期，“美国不允将苛例删改而强我续约，则我华人当合全国誓不运销美货以为抵制”。曾少卿（1848—1909），名铸，以字行。福建同安人，是在上海经营南洋米业进口、福建纸业和江西瓷业出口的巨商。他登高一呼，到会的议董和会员、会友无一不举手赞成。会上还公议分别致电外务部、商部要求坚拒签约，并电请南洋、北洋大臣合力抗阻，再通电全国 21 个重要商埠即汉口、宜昌、镇江、天津、重庆、烟台、南京、九江、芜湖、安庆、泗州、广州、福州、厦门、汕头、梧州、长沙、沙市、香港、杭州、苏州等地的商会，要求齐心合作，共行抵制。在会议中，主持会议的总理严信厚、协理徐润等人对抗议取如此强硬立场面露难色，曾少卿见状，挺身捶胸再一次激昂表示："此公益事，并无风险，即有风险，亦不过得罪美人，为美枪毙耳。为天下公益死，死得其所，由我领衔可也！"因此，这分致各方的三个通电，均署"沪商曾铸等公禀"，义正词严地声明是"伸国权而保商利"。

曾少卿等通电发出后，上海各会馆、公所等工商行业团体及各界社会团体，纷纷起而响应商务总会的通电，在上海相继组织了有千人、百人规模的集会，请曾赴美国游历的人士将在美亲眼目睹的华人被虐待、欺辱的惨痛事例，告之于与会众人，各报章予以登载后，社会舆论同声声讨，并纷纷提出抵制美货的办法。

5 月 16 日，美国驻沪总领事罗杰斯照会清上海道袁树勋，要求安排与上海商务总会领导人会面。5 月 21 日，商务总会总理严信厚，协理徐润，坐办周金箴，及议董曾少卿、谢纶辉、苏葆笙、李云书、邵琴涛一行 8 人同赴美驻沪总领事馆会见美公使柔克义和驻沪总、副领事罗杰斯、杰佛逊。美方在会见时声称，美国政府排华实为误会，而且中美续约签署要等待美国下议院批准，为时尚在 6 个月之后，上海商务总会议决抵制事宜，实有碍于两国的良好关系。曾少卿当即代表同行者，表示了两个月的期限坚决不变动的强硬态度。于是，双方会面不欢而散。为打开僵局，5 月 25 日，商务总会协理徐润，坐办周金箴，议董沈仲礼、施子英、曾少卿、朱葆三、谢纶辉、苏葆笙、李云书 9 人出面，宴请美国在沪官员及商人。会上，双方既都表示友好，但又坚持己见，尤其在两个月期限的问题上，仍然没有达成丝毫妥协。此后，双方又有一些信函接触，可僵局也无改变。

7 月 20 日，上海商务总会提出的两个月期限已到，这天上午，曾少卿最后一次独自拜访美驻沪总领事罗杰斯，欲听其有无新的表态。罗杰斯认定，即便改约也得等待 6 个月后的美下院审批，请曾少卿转劝中国商民不要强难美国。曾少卿毅然告之称："人各有权。"当天下午，商务总会就召集上海各业公所、会馆商董大会，正式讨论实行抵制美货办法。会上，与会商董们就如何抵制美货的操作办法，展开了一番争论，达成了"宜速定一不订美货之办法，其已订之货，宜切实调查，标明牌号，疏通以后，不得再订，庶不致强人以所难，做到真正不用美货地步”之共识，坐办周金箴提出由各埠各业之巨商自行签名，承诺不订美货，与会者表示赞同，当即有 7 个行业的商董签名表示不订美货，他们是：铁业祝兰舫、陈瑞海，洋布业邵琴涛、苏葆笙，洋货五金业朱葆三、丁钦斋，面粉业林纯泉，机器业祝兰舫、项如松，火油业徐文明、丁钦斋，木业曹之贮。其中洋布、火油、面粉等业都是经销美货的主要行业。① 大会还一致通过决议，由上海商务总会通电全国 35 个商埠，宣布抵制美货行动正式开始。开会当日，上海的钟表、印刷、煤炭、报关和航运等共 70 多个行业相继宣布不购、不售、不代办美货；刻字业、邮政业等印制和传递了大量抵制美货的传单，四下张贴；许多团体或地区纷纷举行集会抗议。抵制美货运动在商务总会的倡导下，以上海为中心，迅速在全国各城市如火山爆发一般大扩展，一时间形成了声势浩大的洪流。如广州、汉口、苏州、杭州、营口、长沙、南昌、开封等地都出现了集会、游行的人群和队伍，各地商人热烈捐款及组织力量，自发汇编了中国市场上销售的美货品种、牌号、商标在内的小册子，同时还将美国各业洋行的行名录汇编入内，借此让中国商民广而知之，全体拒买拒用，达到确有成效地抵制、打击美货的目的。这次抵制美货确实展示了中国人民的爱国热情。

这样，美国政府便惊恐万状，多次向清政府施压，不惜恐吓性的外交照会，畏葸怕事的清政府也只得一面电令两江总督衙门处置、管束曾少卿，一面向全国发布禁止抵制美货的上谕。同时，上海商务总会内部也发生了分歧，它虽然发动领导了这次抵制美货运动，然而具体的抵货措施又缺乏明确的界定，难以操作实施，便使运动成了仅以一场“精神感染”的“纸上抵制行动”。那些依旧在经营美货的商人却成了得益者，并暗中与运动唱对台戏，这迫使商务总会在 8 月初的集会上，作出了“不订美货与不用美

---

① 《中国抵制禁约记》，载《近代史资料》1956 年第 1 期，第 10—20 页。

货须分辨明白，未可同时而语”的决议，并以总理严信厚、协理徐润、坐办周金箴的名义在报纸上发表公告，要求各业董事调查已订已买的美货，列出清单到商务总会注册，贴上印花贴，继续允许销售运行。这样，运动的声势就转入了低落。加上各种中伤、威胁曾少卿的流言蜚语腾嚣市间，甚至要暗杀曾少卿的传闻也四野弥散。8 月 11 日，曾少卿发表了令人扼腕、催人泪下的《留别天下同胞书》，被迫退出运动。自 9 月后，这场由上海商人一马当先的爱国抵制美货运动，仅又维持了十多天，便逐步走向了逆转和沉寂。但这场运动所具有的一呼众应、狂飙勃兴似的爆发力与震撼力，说明中国人民维护主权和尊严时的力量之深广与强烈，以至清政府终于未敢贸然同美国续签限制华工条约。

## 2. 争取“优待体面华商”和租界“华人参政”

西方列强利用不平等条约和种种非法手段，把上海租界建成“国中之国”之后，就一步步侵夺和蚕食中国包括立法、司法和选举等主权，在租界内对华洋居民实行不公平、不公正的待遇，两个租界设立的管理机构工部局、公董局基本被洋人把持，租界华人只有交纳税捐的义务，没有任何参政的权利。以致华洋之间发生纠纷，也包括商人间的争议，租界内的洋商如因纠纷控告华人，只需一纸便函递交给捕房，捕房便将被告华商捉拿拘押，一路上拖拖打打，有时同流氓窃贼铐在一起，使当事华商体面扫地、受尽屈辱。如果华商控告洋人，租界当局几乎不管不问，非但不讯问、拘拿，甚至将华商拒之门外，以致华商在租界内告状无门。这样一些外国流氓“冒险家”，就为所欲为地发生欺凌华人的事情。对此状况，租界内华商自然都心存不平，要起而斗争。

1903 年（清光绪二十九年）11 月 13 日，上海租界华商自发举行会议，集议如何为租界华商在涉讼问题上争取公平待遇。讨论结果是请商会出面交涉，这样就由当时的上海商业会议公所，向商部代为呈文报告下情，商部出面和驻沪英领事交涉，公共租界工部局会议对公正处理华商案不得不作了一些规定，如“凡捕房拘拿有体面人，准该人知照商业会议公所函请捕房释放，明晨自行到堂”；“凡商业会议所应有租界内各业华商每年公举董事几位，办理保全华人体面，并别项有益之事”等等。实际上，这一“体面华商”的称呼，还是含有蔑视的意味。

随着租界华商的增加，这类纠纷和冲突更日益频发，而租界当局关于公正对待涉讼“体面华商”的规定，能够举出例证的微乎其微，巡捕房根本无视，甚至华商涉案的遭遇更加险恶。洋商一个报案电话，捕房不问青红皂白，就把华商拘押，连财产也当即查封。如遇到是星期六，当事华商就得被押上两天，待到星期一再讯问处理，华商就要被折磨两天，不仅肉体、精神受损，又谈何人格？而且，这种侮辱仅是针对华人的。

为了欺骗舆论，捕房在将扣押华商押往会审公廨时，在送达的传票上还注上“传到交保”的字样，让审判官误以为是传到后随时交保的，而实际上已被拘押在捕房一日或二日。这种种歧视、凌辱华人的情形，使遭遇的华商在没有被判决以前，就已人格受辱，还有何“体面”，进而谈什么信用。同时，到会审公廨诉讼还必须聘请洋人做律师，这使华商须花一笔高额的费用，由于审判权仍是洋人把持，华商难以据理力争，多数败诉。这使向以体面与信用为经商之本的商民，又纷纷向商务总会呼吁，请求进一步交涉。

正好1905年（清光绪三十一年）12月发生了“大闹会审公廨”事件。所谓会审公廨，是1869年（清同治八年）依据上年清上海道与英、美两国签订的《洋泾浜设官会审章程》而设立的，又叫会审公堂，这是列强完全利用不平等条约，攫取中国司法主权的非法行径。它由华人和英、法、日、意等国若干人担任会审官，实际审判权为外人掌控。洋人对涉案华人任意羞辱，毫无尊重。1899年，它设在北浙江路七浦路口，俗称“新衙门”。

事件的起因是，一名广东籍妇女黎黄氏携子女和女佣15人，在做官的丈夫亡故后由四川乘招商局轮船，经上海回广东，租界巡捕上轮以拐卖人口口实企图敲诈。遭拒绝后，租界巡捕将黎等带回会审公廨审讯，英会审官和英领事判有罪，华会审官金绍城判须查明真相。12 月 15 日开庭后，查明确非拐卖人口，金判无罪释放，英领不同意，英巡捕还打骂金，激起旁听华人抗议。于是当日冲砸老闸捕房，发生了围殴巡捕事件。

实际上，在“大闹会审公廨”事件发生当天，商务总会便召集会董商议，对租界当局提出在工部局设一华人董事的要求，随即派代表多次与租界当局交涉，11 月 24 日上午，双方会面时，初步就组织华人咨询委员会达成了协议。当时交涉中，工部局董事会同意这一华人委员会只能由绅商参加，不允许清政府官员参加。商务总会听到这一原则性表态，立即推派议董虞洽卿等 7 人组成咨询小组，着手筹建租界华商公议会。

然而，对事件的处理，并不如人们所预料。上海广肇公所等商人团体又表示了强烈抗议，甚至许多商店还举行罢市声援。上海商务总会也于会审当日召集议董商议，议董中虞洽卿、朱葆三等人态度明朗、坚决，愿出面代表交涉，要求租界当局和监狱立即无条件释放黎黄氏。这样，英驻沪领事迫于舆论压力和上海市民的一再抗争，无奈只得把黎黄氏交给广肇公所后释放，事件于此才得到解决。由此，上海商务总会就正式开始进行租界工部局华人委员会设立的工作。

1906 年（清光绪三十二年）2 月 8 日，上海商务总会选举产生了上海租界华商公议会，议会有 7 名办事董事，按照与租界当局商定的原则，可由绅商参加，但不得是清朝官员，7 名董事都从商务总会产生，他们分别是议董虞洽卿、朱葆三、周金箴、谢纶辉以及会员吴少卿、郁屏翰、陈辉庭。同时，经商务总会和其他华人团体协商，又从这些协会和商务总会中选出 41 名董事，其中有 16 人是商务总会议董。华商公议会选举出来后，又由董事公举吴少卿任总董，郁翰屏为副总董。公议会租下南京路 39 号、40 号洋房为会所。对于华商公议会的选举产生，工部局董事会常董会于 2 月 14 日对此表态承认和发表了欢迎的讲话，并决定组建一个对应的工部局小组委员会与华商公议会进行接洽和协调。上海租界华商公议会董事会经几次开会讨论，于当年内起草、拟订了章程草案，内容包括题名、明义、名位、选举、权限、经费、杂章等 7 节共 28 款，宗旨是：以和平之志愿、灵敏之手腕，协调华洋关系，维护租界上华民、华商的正当利益。① 这说明华商公议会的宗旨，完全是光明、正义的。

然而，事与愿违，上海商务总会希望华商在租界享有参政权利的公议会，仅命蹇时促地短短持续了一个月。3 月 12 日，上海租界纳税人会召开，由于纳税人会议是租界的最高权力机构，董事会通过的议案还要由它表决通过才生效，而这个会议仍是洋人占据大多数，对华商极其排斥，尽管参会华商进行了激烈争论，但会议还是作出了否定的决议，这样华商公议会只能暂束之高阁。而华人维护国家主权，坚持租界参政的斗争，始终没有放弃。

## 3. 清末立宪中发起“地方自治”和“国会请愿”

1905 年的抵制美货、反对续签中美“华工禁约”运动，虽因清政府的妥协和阻挠失败，但曾少卿作为上海商务总会议董，引领商民敢于抗争的爱国精神，还是得到了商会内外民众的称许。在 1905 年的商务总会领导机构改选中，他取代严信厚被选为总理，商会由此在清末社会各项爱国、进步运动中发挥了更大的作用。

继反美爱国风潮而起的，是张謇等人倡领的预备立宪运动。张謇（1853—1926），江苏南通人，清末状元，1899 年办大生纱厂，有“棉纱大王”之称，被誉为“讲中国纺织业不能忘记的人”。自 1901 年起，他鼓吹君主立宪，试图走改良的道路使中国进入资本主义。1906 年（清光绪三十二年）7 月 14 日，清政府迫于压力下诏宣布“预备立宪”，张謇、郑孝胥等人积极发起组建“预备立宪公会”。11 月 1 日该公会在上海成立，正交任商务总会总理的曾少卿和接任的总理李云书，协理孙荫庭，议董徐润、

---

① 上海市工商业联合会《上海工商社团志》编纂委员会编：《上海工商社团志》，上海社会科学院出版社 2001 年版，第 256 页。

周金箴、朱葆三、苏葆笙、虞洽卿、周舜卿、刘树森、丁价侯、邵琴涛、印锡章、樊时勋以及会员荣宗敬、荣德生、郁怀智、夏粹芳等都分别担任该公会的会董，因此这次运动被视为江浙绅商为主体的运动。在预备立宪运动中，尤以“地方自治”和“国会请愿”产生了深远的影响。

所谓“地方自治”，当年张謇等人视其为“立宪基础，首在地方自治”。它包括：“实业、教育、水利、交通、慈善、公益诸端。”在清政府宣称要立宪前后，胡惟德等大臣就奏请颁行地方自治制度。上海当时有人就发表了《地方自治私议》一文。恰逢此时，上海商务总会议董曾少卿等正领导开展反美抵货，由“故言报国，当以自治为第一要义”，引申到“地方不兴，交通不盛、实业荒怠，教育破陋，疫疠时作等弊端”，上海城厢内绅商领袖郭怀珠（诵茗）、李平书（钟珏）、莫锡纶（子经）等人就集议发起创设上海总工程局，以整顿地方，立自治之基，得到上海道台袁树勋支持。1905 年 11 月，上海城厢内外总工程局成立，由李平书任领袖总董，袁树勋把一部分道台衙门市政权委托该局，局设议事会、参事会，商务总会总理、协理的曾少卿、朱葆三都为该局办事总董，议董苏筠尚，会员王一亭、李咏裳、干兰坪等近 10 人为该局议董、参事等。总工程局成立，在上海城内开筑道路、设立路灯、兴办学堂、疏浚河道、编设警察等，为上海的商务发展和实业的振兴，起到了改善投资和社会环境的作用，也推动了各项事业的进步。当然，由于上海租界的市政权是外国人把持的，上海商务总会试图以华商公议会名义参与而遭拒，该局的意义也仅限于华界地区。

于“地方自治”后，张謇就联合全国立宪派人士发动、组织了全国范围的“国会请愿运动”，试图通过召开国会，建立责任内阁，对清政府实行政治制约，结束专制政体。1907 年 9 月，清政府谕令设资政院作为议院基础，接又颁布各省咨议局及选举议员章程，上海绅商均感振奋。但江苏咨议局成立后，全为官员，一切奉两江总督之命，对商界利益并未重视。实际上清政府也不愿真正“开国会”，交出权力。于是各省咨议局组成联合会，发起“国会”请愿运动。

1910年（清宣统二年）5月，上海商务总会发表了《联合海内外华商请愿国会公告书》，表明以商界人数之众，实力之强，足以成为推动政府改革的重要力量，并且提出工商界人士要摒弃“在商言商”的传统习惯，以不问国事为耻，公告书要求工商界人士以海内外联合的力量，投入国会请愿运动，并成为各界请愿的强有力的后盾，目的是要“齐人心、兴实业、足财用、张国势”。

5月18日，上海商务总会同沪南商务分会、松江商务分会联合集会，推举商务总会议董兼沪南商务分会议董的信成银行协理沈缦云为国会请愿代表，进京请愿。沈缦云（1868—1915），原姓张，名懋昭，字缦云，以字行，江苏无锡人。1906年创设信成银行，曾任上海城乡内外总工程局议董，后加入同盟会，是上海商界一位有影响的爱国民主志士。5月22日，商务总会等上海各界共15个团体的1000多人，在泥城桥预备立宪公会内为沈缦云北上请愿举行隆重的欢送茶话会，会上还组织了签名和捐款。次日上午9时许，商务总会同其他商人团体又为沈缦云登程北上举行欢送仪式，总理周金箴亲捧请愿书，鞠躬授予沈缦云。由上海商务总会引领，内地及沿海的商会闻风而动，纷纷响应国会请愿的呼声。沈缦云北上路经天津时，天津商务总会会长王竹林等为之召开欢迎和送行大会，津埠100多绅商与会，沈缦云即席应邀演讲，并宣读上海商会的请愿书，辞气激昂处掌声雷鸣。

沈缦云到达北京城后，与各省先期抵京的150多名各界请愿代表会合。6月18日，他在三份请愿书上列名，一是以商会代表的身份列名于请愿国会全体代表的《上政府书》；二是以各省商会请愿代表的身份联合呈请的《各省商会国会请愿代表沈懋昭等呈请代奏书》；三是以上海商务总会代表的身份会同苏州商务总会代表杭祖良递呈的《请速开国会书》。在北京期间，沈缦云还以上海商务总会国会请愿代表的身份，直接与清政府首席军机大臣、庆亲王奕劻等军政重臣对话，但朝廷仅一味搪塞，并无改革真意，沈深感失望。接着，沈缦云再次会同各省咨议局请愿代表、天津立宪派领袖孙洪伊等递呈了《上摄政王书》，强烈请求“速开国会，实行宪政”。清摄政王载沣一面发布上谕，改“九年召开国会”提前为“三年召开”以为拖延，一面谕令各地督抚严禁请愿，调军警弹压惩处，甚至强制发配请愿代表押送新疆，企图以暴力将请愿运动镇压下去。① 沈缦云等各省请愿人士被迫离京，许多人因此而走上了反清革命道路。沈回沪后，除向上海商务总会总理、议董等报告在京实况外，也和于右任等革命党人进一步联系，使一部分商界人士后来投入到了辛亥革命洪流中。

清末新政中的“地方自治”呼声，在商会内部也激起了强烈反响，上海地方商会组织极其活跃。上海商务总会成立后，南市老城厢各行业领袖开会商定，在南市设立分支机构，以便于就近开会讨论各有关事宜，如遇重大事件，仍由商务总会主持决策应对。1906 年（清光绪三十二年）10 月由上海商务总会等呈报商部，获批准成立，正式定名为上海沪南商务分所。沪南商务分所设立后，因当年南市老城厢仍为上海华商活动中心，事务日益繁忙，1909 年（清宣统元年）分所选举王一亭为总理，同时更名为沪南商务分会，并呈报商部核准及请颁发印鉴图记。沪南商务分所成立之初，先租赁南市施家弄丁姓屋宇为议董聚议、办理会务的会所。王一亭任总理后，迁往南市毛家巷（今毛家路），以年租金 1200 银元的价格租借夏氏所建造屋宇，作为沪南商务分会会址。沪南商务分会在王一亭的主持下，因他具有明显的民主共和倾向，这里很快便成为革命党人活动据点。1908 年，他和李平书成立南市体操会，后联络 5 个由老城厢内外总工程局掌握的商人体育组织，组成上海南市商团公会。南市商团就设立在沪南商会，由于总工程局设立得到上海道批准，南市商团所需枪支弹药，都由清政府供给，但其后却成为辛亥商团起义的一支重要力量。

## 4. 组建商团和推动上海光复

1905 年（清光绪三十一年）12 月大闹会审公廨案发生时，公共租界内

---

① 章开沅著：《张謇传稿——开拓者的足迹》，中华书局 1986 年版，第 201 页。

因华人围殴巡捕，导致了巡捕罢工。租界当局曾请由英、美等各国商人组成的万国商团上街，出来维持社会治安。但因外国商团团员与租界内华人居民语言不通，时常发生摩擦，使租界内商家对买卖、贸易等都深感不便。当时，担任该案交涉代表，又是上海商务总会议董、道胜银行买办的虞洽卿，通过与华比银行买办胡寄梅、花旗银行买办袁恒之等商量，认为维护租界华商利益，保护租界华人生命财产为当务之急，应即创设、组织一华商体操会，宗旨为："非振作尚武精神，无以资自卫而保富强。"实际就是于体操会社名义下，组织人员集操训练，以备维持治安不虞。

1906年（清光绪三十二年）5月，华商体操会经过酝酿，选出了由商务总会议董、会员参与的会社领导人和办事职员，他们是：会长虞洽卿，副会长袁恒之，会计员楼心如、胡寄梅，监督员李云书、顾企韩、叶子衡、邵琴涛，评议员祝兰舫、袁联清，干事员朱仲宾，书记员陈伯刚。从以上名单可知悉，其中多人是商务总会议董或会员，所以其经费来源也由这些人支持赞助。

同时，华商体操会颁布了章程共34款，其内容之详尽、完备也可称无可挑剔，它确定会社宗旨为"健身卫生、尚武强身"，并对会社名称、会员入社资格、会社职员、队员着装、操练要求及训练场地等都明确作出了规定。实际上华商体操会也是完全仿照当时的洋商体操队而来。华商体操会社宣告正式成立，当年一时应召而集的队员就有300多人，一部分为商界人士正在大中学校就读的子弟，一部分为商家公司或店号青年职员、店员，但都有一定文化基础，身体健康，人品正直。有烟、赌等恶习者遭拒绝。这些应征青年被分编成四个步兵队，每队60人；一个骑兵队，有30人；还有一个军乐队30人。华商体操会社由聘定圣约翰大、中学的毕业生陈既明、郑松生、徐通诰、石运乾担任教官，训练场设在浙江路海宁路的一个广场空地，并购置了军装、枪械，开设了健身房，每天利用商余开展队列、出操、格斗等军事化训练，训练时队列齐整，军容威武，市民围观喝彩。这样，很快在租界内外被一些学校、团体或机构效法，以强身健体为号召掀起一股体操热。

在此之前，又经虞洽卿等人分头筹划，在南京路高阳里 4 号设立筹备处办公场所，共同出面商请上海商务总会总理担任名誉会长，并通过商务总会向各行业公会筹措组设、训练、器械等经费款项，会董、会员多人捐助，后由发起筹备人虞洽卿、袁恒之、胡寄梅和李云书等人起草拟定章程，正式确定操练场地和聘定训练教官以便备案，同时在《申报》刊登启事，号召商界青年有志向人士报名参加。

华商体操会社因有商务总会的经济资助，加上虞洽卿等人的严格管理和教官的严格训练，队列出操口令声嘹亮，精神面貌非常出色，以致每次出操时，操场四周都会引来众多百姓驻足观看，并有叫好声。在当年的上海，其社会影响和效果，已不仅仅局限于体育健身范围内。于是，在当年年末，虞洽卿、袁恒之便致函公共租界工部局总董，正式提出申请加入万国商团，编成为万国商团中的中华队，以尽共同保护租界治安等责任。经过几次交涉，工部局董事会提出 6 项要求作为考核条件："（1）华商体操会应遵从西人商团练兵之章程操练之法，所使用传令之辞一律则用英语；（2）简派外国军事教官二人为体操会操司令官，并授特别之教练；（3）未授职任之将、校、兵人员应先操练二十次，经在事将、校查验后，始得注册姓名入队；（4）该会之会友，应有寓居租界之体面华人为之保证；（5）该会会友之数以一百人为额，如其数减至五十人以下，则该会当即解散；（6）该会只能于操练及任事时执持军械。"接纳华商体操会社的条件如此苛刻，甚至还含有歧视华人的成分，很多会社职员和学员表示难以接受，虞洽卿则劝说大家先不要为此僵持争辩，一切等跨入万国商团队列后，再逐一和租界交涉改变。

1907 年 3 月，经队列反复等操练，再经考核挑选，在原华商体操会社队员中选出了 83 位队员，由虞洽卿亲自为全体队员作担保，在南京路工部局市政厅（现新雅酒楼旧址），正式签约加入万国商团，被编为万国商团中华队，由工部局委派洋人教官柯必特、葛雷烈、萨义克 3 人担任正、副队长，其余的200余名队员则为中华队的候补队员。华商体操会编为万国商团中华队，一方面对队员的体能和军事素质训练更加规范，因当时的清军训练在许多方面还是传统的旧军训练，中华队的训练从队列到枪械都已完全近代化了，并且在编入万国商团后，军事素质各方面都毫不逊色于洋人，使外商不得不刮目相看。另一方面，租界有了一支中华队，对提高华人地位也有相当促进。

万国商团中华队成立后，出操、比赛均取得好的成绩。1909年，首次参加“脑维斯杯射击比赛”，以135分的最佳成绩赢得冠军，工部局公报也称“中华队表现极佳”。这就有利于它与当时华界各区纷纷建立的体操会、商团竞相呼应，互通声气，一时成为风尚。万国商团中华队中不乏同盟会员和爱国进步青年，这就为在形势转折时作了充分的准备。如当年由另一些商务总会会员及华商发起组织的沪北商团体操会，后团队所需的服装、军械，则也由万国商团提供或借用，活动经费也部分由上海商务总会承担，其队员训练、考核成绩优秀者，也被确认具有商务总会的“特别个人会友”之资格。这大大推动了当时体操会、商团的建立发展。

1911年（清宣统三年）辛亥革命前夜，因江苏、浙江、湖南、湖北、四川等地保路运动风起云涌，国内遍地饥荒、灾情，民众反抗斗争如火如荼，而腐败的清王朝还不思改革，竭力维护皇族专制统治，革命形势已一触即发。全国各界精英人士不论是革命党人，还是立宪党人，都在为谋求国家、民族的救亡图存，准备做最后一搏。这时，上海的情况也是如此，商界和各界人士纷纷行动起来，对清政府已极度失望，亟望时局出现转机。此前，上海商务总会议董沈缦云在北上赴京“国会请愿”失利后，满腔义愤地返回上海与李平书参与立宪，和地方自治的人士一起转向鼓动革命，认为非武力推翻清朝则中国不可救。这对原被称为“绅商”的商务总会议董、会员们冲击很大。据后人研究，这一时期参加同盟会的商界上层人士就有沈缦云、王一亭、李平书、叶惠钧、朱葆三、虞洽卿、李云书、李征五、李薇庄、王晓籁等数十人之多。

3月22日，上海沪北商团体操会同上海南市商团公会，联合组成全国商团联合会，李平书任会长，沈缦云、叶惠钧任副会长，虞洽卿被推举为名誉会长。实际以上商界人士都已和同盟会有联系。对于合组全国商会联合会的目的，沈缦云曾公开在商务总会说，以便“由上海发函各处，劝导组织商团会，使各处商团成立，再行组织义勇队，以达人自为兵之目的”，实际就为革命起事做应变准备。

同年5月1日，李平书、沈缦云、叶惠钧3人以全国商会联合会名义发布紧急文告：“我国至今日，警报飞传，边烽四起，半壁河山，风云如墨，若不广结团体，民自为兵，将使荼锦庄严之大陆瓜分豆剖于从容樽俎之间。……人人入会，以演操为正当之事业，为国为应尽之义务……万众一心，出生入死，使动地惊天之候，一变而为风平波静之秋。”

1911年（清宣统三年）10月10日，武昌新军打响了反清起义的第一枪。11月2日，正在武昌起义的革命军与南下镇压的清军于武汉血战时，清政府又调5艘军舰沿长江自汉口东下，停泊在吴淞口外，目的是要紧急装运上海江南制造局生产的大批枪械弹药，提供给武汉前线的清军为镇压起义用。消息被报刊所泄漏，上海各界急欲阻止。同时，革命党人又放风说，这些兵舰又是清军为防止上海突然生变，前来镇压上海地区已成燎原之势的反清浪潮。所以，上海一时人心惶惶，导致银行、钱庄接连倒闭、歇业。

商务总会立即向英、美、法等国驻沪领事发出公函，以“清政府遣兵来沪，扰乱治安，外人生命财产，华民百万生灵势必同遭其厄”为理由，请求“派外国兵舰一艘，驻扎吴淞口，以阻清政府兵舰入口；苏州河亦由西兵驻守，以遏来兵”。这样，各国领事立即召开会议协商，实际上他们对清政府的前途也断定为十分暗淡，难有回天之力，保护自身的利益必是首要之策。随即，调遣德国兵轮开赴吴淞口，阻止清军南京水师入黄浦江港口；继又派出一队水兵在苏州河上巡逻，以阻止清军由河上水路从苏州调兵前来上海。

与此同时，上海各界精英也纷纷投入行动，策划举行起义，以响应武昌。同盟会中部总会陈其美、宋教仁、谭人凤、于右任等领导人齐集上海，与上海商界、报界人士多方协调。由于上海工商都市的特点，商界人士对城市的命运、趋向具有举足轻重的作用，李平书等人后被称作是上海光复的实际主持者。

经周密筹划，陈其美、李平书、沈缦云等人都主张商团先行发动。于是，商界各商团武装于11月3日午后，被秘密调集到沪军营操场，由联席会议任命的上海商团总司令李英石，向团员颁发枪支弹药，李英石并以军民代表的身份宣布上海商团投入反清起义。接着，当场将操场上悬挂着的一面清双龙旗撕成碎片，随即升起一面为起义标志的白旗，李英石命令全体团员待命准备战斗。当晚，由商团总指挥部下令："商团全部出发，攻打制造局正门和西栅。"商团全队武装即火速开赴战场投入战斗，顿时上海城内枪声大作，火光冲天，商团由体操会开始已训练有素，战斗逐显优势。至次日晨六时，以上海商团为主力的起义军，攻克了清政府在上海最后一个军事重地江南制造局，协助陈其美等上海革命党人成功地光复了上海。

11月7日，上海沪军都督府成立，上海商务总会议董、会员有多人出任要职，虞洽卿任顾问官，沈缦云任财政总长（后由朱葆三继任），王一亭任商务及交通部长，顾馨一任上海市政厅副市长，李征五任沪军光复军统领，穆湘瑶任上海警务长。闸北市政厅成立后，上海商务总会议董、会员钱贵三、沈联芳分任正、副市长，虞洽卿出任闸北民政长。

上海光复后，为了继续北伐推翻清政府，上海及浙江、江苏等地民军组织江浙联军，攻打清军盘踞的南京。当时上海商务总会为沪军都督府垫银180万两，其中120万两银系充联军宁沪杭及扬州各军军饷，曾任上海商务总会协理的李云书、征五兄弟都曾任江浙联军总司令部军需总监。南京攻克，孙中山评价为："开南北统一之基，革命大局，因以一振。"南京后为中华民国临时大总统府所在地。当时，商务总会与沪南商务分会等商界团体，为支持革命，多方劝募经费，一次选择经济实力较强的会员商铺筹借款项，就筹得银27万两，以供军政府应用。据事后统计，辛亥革命期间，沪军都督府曾向上海商界筹款、借款达银300万两之巨，都是通过上海商务总会向各业筹集的。

1911年11月初，武昌起义消息传到上海，上海革命党人也在密谋光复起事，商务总会中一些以浙江籍为主，已倾向于民主共和并与革命党人建立联系的议董、会员，认为总会总理陈润夫等对革命反应迟缓，行动不力，与革命党人貌合神离，对清王朝依恋不舍。于是，他们脱离商务总会自行集议，提出清政府已为革命所倾覆，那么遵前清商部章程组织建立的商务总会，及所颁发的印鉴，也已在国民中丧失效力，应予取消。因此，他们议决另设立“上海商务公所”以取而代之。

11月28日，他们便又召集各行业会所代表集会，正式选举朱葆三为上海商务公所会长，林莲荪、贝润生为公所副会长。随即，上海商务公所就向沪军都督府呈请备案，沪军都督府接受呈文并予以立案，指定位于闸北的铁马路（今河南北路）天后宫（原清政府使臣行辕）作为上海商务公所的办公地址。

接着，出任上海商务公所会长的朱葆三便接任沈缦云为沪军都督府财政总长，他与虞洽卿、朱衡斋、傅筱庵、朱晓南等上海商界人士共36人，组成财政研究会，以作为沪军都督府财政决策的智囊机构，上海商务公所便成了该研究会的所在地。财政研究会中有很多同盟会人士，他们借此沟通沪军都督府与上海工商界的联系，上海商务公所因此而博得了“革命商会”的美誉。

上海商务公所另树一帜后，对商务总会大加攻难。首先，它指斥商务总会以年缴会费银300两，才能有资格成为会员的规定，是一种买卖会员资格的行为；其次，指责商务总会对议董的责任和权力完全失察，毫无勤惰绩能的考查和权力制约规章，致使议董大多不称职；第三，严斥商务总会办事拖拉，忙于应酬，使商界对重大事件和建设缺乏应对；第四，认为商务总会议事常争而不休，议而不决，已丧失感召力。凡此种种，商务总会已必须废除。

以上攻难，说明在上海商务总会内部分歧之深已非一日。当然根源还是在民主、共和理念上的差异，另组商务公所的朱葆三、虞洽卿等人已基本站在了孙中山为首的革命党人一边。以总理陈润夫为代表的商务总会另一些商界人士，还是坚守“在商言商，思不出位”的传统观念，对革命风潮仍持持重的态度，但也为新政权筹募捐款出过力。所以，沪军都督府成立后，并没有把它视为敌对力量，并未采取强制取缔或自行解散的手段。

1912 年 1 月 1 日，中华民国临时政府在南京宣告成立，孙中山当选为临时大总统，定年号为中华民国元年。孙中山在和平统一的大局下，又提出发展实业等一系列大政方针，得到了国内各界人民包括商界人士的拥护。国内也出现了一些振兴实业的新气象。

在这种形势下，上海商务总会表现出了抛弃前嫌、开创新业的气度，率先提出统一上海两个商务机构的主张，公开发表了《并合商务总会、商务公所改良办法意见书》。意见书回顾历史，认为商务总会虽创建于清末，但在国内开维新风气之先，为商人团体之首，而且规模甚大，影响甚远，组织健全，基础稳固，故而吁请商务公所应仍秉持“在商言商，思不出位”的思路，趁中华民国新建，“现届星云复旦、汉土重光、气象一新”的时机，实现两会合并，振刷精神，力图进步，共挽商困。并且又具体提出了合并的首要步骤为定名、选举和落实经费等重大事项。①

上海商务总会的这一意见书发表后，得到了商务公所响应，双方都表现了求同存异、务实向前的明智态度，表明了中国商界人士成熟、稳健的作风。两会所分别召集原有联系的各行业、各商帮的商董、会员会议，经过一番讨论、表决，基本达成共识，即以“上海总商会”的名称，合并上海前两商会组织，以商务公所的办公地闸北天后宫为新建总商会的会址，

① 上海市工商业联合会、复旦大学历史系编：《上海总商会组织史资料汇编》（上），上海古籍出版社 2004 年版，第 130—132 页。

原商务总会章程暂行延用，新章程待重新起草经中华民国政府批准后公布。1912 年（民国元年）2 月 29 日，上海总商会以在国内各大报登报形式宣告成立，这正式揭开了上海总商会历史的篇章。

而被誉为上海“众商业之代表”的商务总会，还是留有了很大的社会影响。如 1907 年上海商务总会发起的讨论商法草案大会，全国各地商会都积极响应，甚至连海外新加坡、长崎、海参崴等华商总会也踊跃派代表参加，甚至有“振臂一呼，风合云从”之誉。其意义已越出商界，被评为民间发动的国内第一次大规模集会，正式奠定了上海商界在全国商界执牛耳的地位。

应该说，自清末以来，商会以法定的商人团体身份遍布全国各大中城市甚至县城，作为当地商界的代言机构，亦是政府对商人进行管理的重要媒介。中国商会从一开始，便充当着民间和官方联系人的角色，在某种程度上也成为官府和商民之间的一种纽带。就商会与官方密切关系和其成员的社会地位而言，商会又多少带有半官方机构的意味，其领导人和部分会员都具有准官僚的社会和法律地位。

当然，近代中国新式商会是新式商业发展的结果，但又和整个社会发展变迁相关联。如果没有新式商业的产生，新式商人将无从谈起。具有近代意义的新式商人，自然与新的资本主义生产方式有着密不可分的联系。但必须强调商会依附的经济基础，是资本主义经济，而在中国它还连着封建主义经济，所以就不难理解最早的会董们是一批有功名的绅士，即使没有科举正途，会董们也会通过捐官获得官衔。

可以说，商会制度从创立时起，就是具有强烈独立意识的社团组织。与其他形式的社团比较而言，它是当时清政府最为重视也倡导最力的新型商办民间社团。从后来的实际情况看，商会也是近代中国最具社会影响、市民社会特征也最突出的新型商人组织。①

① 高旭晨：《简述中国商会制度的建立》，《法制日报》2003 年 4 月 17 日。

第二章

# 民国肇元与上海总商会创建

虞洽卿（和德）

宋汉章（鲁）

聂云台（其杰）

上海商务总会议董与官员、会审公廨谳员合影。前排左三周金箴、左五宝子观、左六聂榕卿，二排左二孙梅堂、左五金琴荪、左六潘澄波，后排左二虞洽卿、左三朱葆三

# 一、上海总商会正式成立

## 1. 总会、公所由并立走向统一

辛亥革命是中国历史上具划时代意义的伟大事件，它推翻了清王朝，结束了两千多年的封建专制统治，使民主共和意识更深入人心。孙中山领导的中华民国临时政府颁布的《临时约法》和一系列社会陋习改革，促进经济、教育、文化等各项事业发展的法令、文告等，都推动了中国社会的进步，提高了国民的觉悟。这自然激起了上海工商业者和团体内部的反响。上海光复过程中，一部分商界精英和商团勇敢地投入斗争，并在革命风潮中参加和担任沪军都督府等新政权的工作。同时，他们也活跃在当时政坛，参与发起了共和建设会、中华民国预备会、商界共和团、中华进步党等政团的建立。据资料，当年商界要人参加过同盟会，任过革命政权要职，后又参加国民党的有不少人。还有不少商界人士参加了以上团体，尤其参加了由商界领袖张謇等人在原立宪党人基础上建立的政团，在国内商界也颇有势力，这就影响到上海商界人士在民国初年的政治抉择。在这一形势下，由上海商务总会议董朱葆三等人重新组织了商人团体上海商务公所，尽管之后它和原商务总会重新组建统一的上海总商会，但是它的创建初衷和在革命中的作为，还是顺应了历史潮流，起到了进步作用。

因此，自 1912 年 2 月 29 日起，《申报》等各大报纸连续数日登载《上海总商会第一广告》，称："民军起义，上海光复，原有之商务总会系旧商部所委任，例应取消，商界又重新组织临时商务公所。现在民国大定，政治统一，应即规定办法，于 2 月 27 日邀集各商董会议，公定名称为上海总商会，以昭统一。"此广告还特别表明了"原有之商务总会系旧商部所委任，例应取消"，以示完全服从民国法统的原则立场。所以，上海总商会在1912年3月29日发布的《通告并附修改章程》中再次强调："民国大定，政治统一，则凡恢复商务，维持会事，自应勉策进行，已尽兴商保商之义务。"① 根据这个包括"入会、会费、选举"3大程序在内的《通告并附修改章程》，其要点有以下方面：（1）各业会馆、公所团体入会者，会费仍照旧章，惟原以各业会董一人代表为会员，现由各业普遍选举产生；（2）团体会费出至银一百两以上者得举会员一人，多至十人；（3）商人单独入会者，会费分三种：一百两、五十两、三十两。五十两及以上者为会员，三十两者为会友，会员有选举权和被选举权，会友有选举权。这些基本内容与清末商务总会相比，明显有两大进步：一是会费降低，有利于大小会、所或商人个人入会；二是强调了在下属团体会、所内实行普遍选举的原则。由于总会、公所在合并时，曾进行了长达两个月的争论，所以这涉及"入会、会费、选举"三方面的修改，实际也是其后总商会的基本组织原则，在先征询了原商务总会、商务公所会员的去留意愿后，随后向会员、会友发出议董选举票，并择定5月5日为上海总商会第一届议董选举日。

## 2. 总商会的第一任会长、议董和会员权利及会址等

1912年5月5日下午3时，上海总商会在铁马路天后宫召开第一次会员、会友大会，投票选举总商会首届议董，大会当场开出选举结果，依得票最多的31人为首任议董，得票最高者是贝润生，为150票，入选者票数最少者为陈子琴，得48票。

5月12日，31名当选议董举行首次会议，互选总理、协理，选举结果以周金箴得票最多，被推为总理。周以年老力衰推辞，经议董挽留就任。6月1日，全体议董及总理、协理举行了正式就职礼。依据新制订的总商会章程，首任当选期为1912年6月至1914年5月，两年一届，当选人姓名

① 上海市工商业联合会、复旦大学历史系编：《上海总商会组织史资料汇编》（上），上海古籍出版社2004年版，第135页。

如下：

> 总理：周金箴；协理：贝润生、王一亭；议董：朱葆三、杨信之、陈润夫、林莲荪、苏筠尚、李云书、郁屏翰、祝兰舫、顾馨一、周舜卿、丁钦斋、叶鸿英、叶明斋、胡稑芗、沈联芳、沈缦云、唐露园、朱吟江、夏粹芳、庞莱臣、印锡章、施善畦、洪念祖、张乐君、傅筱庵、朱衡斋、劳敬修、陈子琴。

上海总商会新当选的总、协理和议董于6月22日召开了第一次常会，规定常会以后每两周的周一、每月的第一周周六、第三周的周六举行。每次会议为两小时，遇特殊情形可延一小时。议董31人，有3人任总协理，另28人有10人为理事、2人为书记、1人为会计、2人为庶务，余13人为担任交涉、调查各事。总商会对会员利益也比前清商务总会有更明确规定，依照章程对会董职位具有选举权与被选举权，以及对所议事件具有表决权。同时，会员在经营活动中，可以得到总商会的如下服务：

> （1）会员可以委托总商会答复官厅、或其他团体、或个人所咨询的商业事项；
>
> （2）会员可委托总商会调查或证明商业事项；
>
> （3）会员可委托总商会办理华洋文契的翻译、检定和商业登记；
>
> （4）会员可委托总商会办理商品查验或商事公告事项；
>
> （5）会员可委托总商会调处本会区域内的商事争议；
>
> （6）会员可委托总商会办理商事清理事项；
>
> （7）会员可委托总商会办理出洋游历护照或介绍等事项；
>
> （8）会员可委托总商会办理实在被巫或宽抑、依法保障等事项；
>
> （9）会员可商借总商会议事厅，并可在总商会商业图书馆阅览图书，在商品陈列所陈列出品，向商业夜校介绍学生，得到《上海总商

会月报》的免费赠阅；

（10）总商会会员，遇有民事案件，不受临时法院（会审公廨）拘票之惩罚。①

上海总商会的会址也再次明确设于上海沪军都督府所拨铁马路（河南北路）天后宫原清使臣行辕处。9月14日，在总商会第六次常会上，就开始讨论改建新会舍。会上有议董提出，上海总商会创全国商会之先声，促进了国内商业的繁华和商务的进步，在各地商会中具有领袖的地位。作为有全国商务楷模地位的总商会，它的办公、议事、开会厅堂应该更宏大、壮观一些，而不宜在开大会时还需借别处的场所。既然沪军都督府已将前清的使臣行辕拨归总商会使用、管理，而且其地点又居市中心适中处，这正是建造总商会议事大会厅堂的良机。这一提议，得到多数议董响应。后经常会议董公决，决定向各业筹捐款项，尽早建造议事厅堂。

1913年2月15日，在上海总商会召开的第二届会员大会上，据总理周金箴报告：在倡议发出之后，议事厅堂建筑费捐款已收到银6250余两，国库券2680余元，各业已认捐银1.9万余两。将要建造的议事厅堂，要在即将举行的全国商会联合会召开时启用。以此已拟定择日动工。会议继续有议董建议，既然建筑图纸已经审定，即可先行兴工，而不足之款，即请各业会、所分头催收劝募，以便早日落成。大会最后公决：2月18日下午2时破土动工。工程后按会议所定时间顺利开工。3月19日，在该年第五次议董常会上，又决定由总商会立即付清应给建筑场地原住户的动迁费用，以便加快议事厅堂工程的进展。常会还公举沈联芳、夏粹芳、朱吟江、贝润生4名议董担任工程监督员。

该议事厅堂工程总预算为银6.4万两，尚不包括围墙、马路、阴沟、

① 上海市工商业联合会《上海工商社团志》编纂委员会编：《上海工商社团志》，上海社会科学院出版社2001年版，第227页。

电灯、自来水、装潢等项目。第二届会员大会后，虽又陆续收到若干各业捐款，但仅为银2万余两，与工程所需缺口尚巨。这一建筑虽还在建成中，却已在上海产生了相当的影响。可惜，正当总商会同仁为此而殚精竭虑时，中华民国几乎同命运的上海总商会，却在实现会、所统一后，进一步谋求全国商界大联合的关口，竟又一次遭遇了更严重、更突发的危机，并使它再度面临着分裂、解体的严峻局面。这就是1913年7月发生的“二次革命”，即民国后爆发的第一次“南北战争”。

## 3. 出席民元工商会议，倡导全国商界大联合

1912年9月，袁世凯于北京出任民国临时大总统后，北京工商部发出召开全国临时工商会议的通知书，以及要求各省、各地慎重选举会议代表的通电。对于会议，它声称：“民国初建，肇成共和。共和也者，以平和实利为精神者也。欲达此平和实利之目的，舍振兴实业更有何道之从。本部组织更新，职司所在，岂敢稍宽其责?”就这一会议来说，袁世凯也表示了一定重视，说明他对争取、笼络商界人士也是颇为经意的。上海总商会自袁世凯政府在北京建立，也采取了拥护和合作的立场。其原因一为国内军政各方、社会各党团包括孙中山本人都采取了“南北统一”的调和立场，而作为商人团体的总商会，自然更渴求有一稳定局面谋得经济发展；另外，袁世凯上台后宣示的“民国成立，宜以实业为先务”的国策，更符合上海总商会所代表的商人利益。

所以，上海总商会于9月29日召开了特别会议，专门讨论北京工商会议的事宜。会议推举协理王一亭，议董印锡璋、沈联芳作为正式代表出席。而工商部为表示对上海的特别关注，还邀请上海总商会总理周金箴，议董朱葆三，著名实业家聂云台、朱志尧和荣德生等作为大会特别代表出席会议。10月15日，民国建立后首次全国临时工商会议在北京开幕，新任命的北京实业总长、有全国商界领袖之称的张謇出席，会议共有代表152人，其中商会代表77人（包括国内商会64人、华侨商会13人），其他工商团

体代表45人。此次会议时间长达一月，至11月15日结束。会议宗旨和内容包括兴利除弊、改良制造、推广贸易、联络商情和捐除障碍等方面。因此，各地商会代表对会议也抱有热切期望。

会议前，上海总商会王一亭等3名代表在会员中征求给大会的提案和意见，包括制订商会法、设立工商访问局、设立工商银行、推广纺织业、设立交易所、茶叶出口和保育政策、丝业出口贸易、实行免厘加税等促进工商发展的诸多诉求。王一亭还于会前同汉口总商会代表宋炜臣、盛竹书联络，设想提出建立中华全国商会联合会，作为推动全国工商业领头机构的议案。因此，会议开幕后气氛还是相当热烈，共收到提案、议案100余份。其中有若干意见当场得到与会官员"均得部中嘉许"的回复。

会议中最为人关注的是王一亭等在11月13日会议上的发言："苟有全国商会联合机关，则商情可以联络，调查易于着手，至政府施行之商政与议订之商法、商税、商约等项，其利害关系全国者，尤得广征意见，协力筹维，然后商人之障害可除，商业之振兴可望。"此提案在国际商业竞争日趋激烈的环境下，要求通过全国商会的联合机构，能使中国商人"将外国商业之如何情形，我国输出入之如何情形，详细调查，共同研究，以为竞争抵制之备"，这显然是有利于维护中国商人权益和经营发展的。此动议一经提出，当场签名附议的就有天津、吉林、黑龙江、高阳、陕西、安徽、武昌、杭州等41家商会的64名代表，占到出席代表总数的40%以上。随即，王一亭等就拿出事先和汉口商会宋炜臣、盛竹书等商量后拟就的组织章程草案，供表示附议代表讨论。

11月20日，附议的商会代表70余人再次集会，通过了王一亭等提交的章程及五项决议草案：（1）定名为"中华全国商会联合会"；（2）联合会机关设在北京，总事务所设在上海，分事务所设于各省、各侨埠；（3）各省分事务所由各省自行组织；（4）1913年9月在上海举行第一次全国大会；（5）总事务所的开办费由上海总商会筹垫，待第一次大会召开时，由各地认还。

对于上海总商会的这一倡议，在北京工商部正式会议前召开临时会议时，袁世凯曾接见会议代表王一亭等人，而上海商界代表也有不以为意未去“领受”接见者，如荣德生等。①袁世凯为笼络上海总商会等国内商界团体和人士，即曾当面同意按上海代表团王一亭等提案，组织全国商会联合会，将该会真正办事机关总干事所设在上海总商会，实际上即允诺了上海总商会在全国商会中的特殊的领袖地位。②而王一亭等对整个会议的观感和印象，却深觉：“唇枪舌剑，空发议论，相互指驳，并不于商业上有所依据。”③

王一亭等代表回到上海后，立即积极投入全国商会联合会的筹备事务。在12月21日的总商会议董常会上，会议推举总理周金箴及协理贝润生、王一亭3人为中华全国商会联合会总事务所总干事，并议决全体议董共同担任干事，承担相关的筹备义务。

1913年1月18日，经呈报北京工商部批准备案，中华全国商会联合会总事务所印章正式启用，这就意味着全国商会第一次大会的召开开始进入启动阶段。然而，同样也由于南北形势的突变而搁浅了。

① 《乐农自订行年纪事》，载《荣德生文集》，上海古籍出版社2002年版，第63页。
② 陈祖恩、李华兴著：《白龙山人王一亭传》，上海辞书出版社2009年版，第59—61页。
③ 上海市档案馆：S37全宗—1—37卷《上海丝业公所函牍》。

## 二、在“二次革命”中亲袁拒孙

1911年12月—1912年2月的上海南北和谈，达成了和议：清帝退位；孙中山辞南京临时大总统，袁世凯就总统职。上海总商会虽声明拥护“民国大定，政治统一”，但对国内的政治纷扰仍忧心忡忡。为应对复杂局面，上海总商会于1912年7月6日的第2次议董会上，便通过了“凡集会、结社等与商务上不相关涉之团体活动，本会概不与闻”①的决议。议董夏瑞芳、协理贝润生还提出了：“无论如何正当团体，不应以商会全体名义赞同，全体名义须先开会议决”②的原则。这样，上海总商会章程中的“在商言商”和“全体公决”的会规，在相当程度上更能发挥其内部相互制约的作用。

袁世凯政府在北京执政后，南北政争的焦点首为“善后大借款案”。此案名义上谋求的是如何解决民国初年的财政困难。其中，袁世凯政府谋求列强扶植，列强强化对中国控制的意图也昭然若揭。孙中山和国民党等竭力反对，企图通过国会否决进行抗争。不过，国民党筹募国民捐及收回纸币等主张，不但在操作上流于空谈，而且对上海商界也显然不利：“湘鄂纸币发行已至五六千万”，“近闻赣纸币亦已达千万，浙纸币也欲增发一倍，上海为通省巨埠，各省钞票辗转，终必以沪为壑，沪上各商万难赞同。”③相反，袁政府的“善后借款案”，则已表示由：“财部来电，允将前商务公所所借款汇丰押款500万元于大借款内代为扣还。”④自然，上海总商会便

---

① 上海市工商业联合会编：《上海总商会议事录》（第一册），上海古籍出版社2006年版，第6页。

② 同上，第6—7页。

③ 同上，第8页。

④ 同上，第110页。

倒向袁世凯政府一边。

继之而起的，是孙、袁彻底决裂的“宋教仁案”。在国民党于上海举行的追悼会上，总商会中国民党籍要人，协理王一亭，议董沈缦云、叶惠钧等，都也发表了激烈的言论。然而，总商会还未曾有过正式的团体意见。并且，从另一事态可见端倪，同为总商会议董的贝润生、林莲荪、王菊如等人，以及由他们所主持的金业、钱业等 5 会所，于 1913 年 4 月 23 日联合函请总商会，并转电北京袁大总统：“速将此案（即宋案）早日讯结，以靖浮言，而维商务。”同样令人失望的是，总商会并未将此函电提交议董会讨论。

5 月 7 日，继续由金业、钱业等 5 家会所以及绸业等 3 公会，再度联合致函上海总商会，要求将上述意见通电袁世凯政府和全国各省。由于以上 8 会所、公会的议董，在总商会中已占据议董相当席位①，加之国内政治形势也更呈乱象，当日总理周金箴便召开了特别会议，讨论以何种立场正式由总商会名义发表通电。特别会议表决通过的通电称：“商人在商言商，不知附合，若有破坏而无建设，乱靡有定，胡所底止。”②这对南北政局的确产生了重大影响，表明它已有倒向袁政府一边的政治态度。

据记载，讨论中协理王一亭曾经要求：“将电稿字句相互研究，务期妥议尽善。”然而遭多数议董否决：“酌易二字即可完稿。”会议表决时，也确实仅有数人弃权，表决获得通过。5 月 8 日，长江沿岸南京、镇江、安庆、芜湖、九江、汉口、宜昌、沙市、重庆、成都等 10 余商埠商人组织的旅沪商帮联合会，便呼应此电，呈文袁世凯：“禁止讹言，以维大局”，指斥：“上海少数之人，权利私见，托名全国公民，……有意破坏大局。”③实际上，该商帮联合会本和总商会某些议董有密洽，因为上述沿长江各商埠，

① 上海市工商业联合会、复旦大学历史系编：《上海总商会组织史资料汇编》（上），上海古籍出版社 2004 年版，第 140—141 页。

② 上海市工商业联合会编：《上海总商会议事录》（第一册），上海古籍出版社 2006 年版，第 94 页。

③ 天津市档案馆等编：《天津商会档案汇编》，天津人民出版社 1992 年版，第 737 页。

均为国民党的武力根据地即讨袁策动地，一旦开战，他们自然共同忧虑："必致市面不宁，危机迭见，全融阻滞，百业萧条。"①

如对当年各种舆论，作一客观分析，这场战争于酝酿中，孙中山的武力讨袁说，于国内各方各派中处于少数。在国民党内，黄兴等众多要人便以"法律解决"说持异议。另一大党进步党人则一致反对，包括在商界、政界声望甚高的张謇。面临此局面，即便是手握实权的一些国民党要人，自始至终也犹疑不决，反复无常。相反，作为对立面的袁世凯，便显得老谋深算，成竹在胸。他在舆论上竭力作出维护大局保护商人的姿态，在暗中却加紧调兵遣将，力求一举荡平。他对商界人士及其利益也摆出一副保护者的面孔，笼络有加。

1913 年 7 月 17 日，江西、江苏等地硝烟已起，上海也一触即发。上海总商会于此后几天中，接连 3 次召开议董特别会议，讨论应对方针。当日讨论的议题则为"保卫地方维持商业案"。耐人寻味的是，总理周金箴请假，两协理之一的贝润生主动请另一协理王一亭主持。由会议记录看，会前国民党籍议董曾有所协商。开议后，王一亭先请国民党籍的议董苏筠尚报告上海保卫团组织事，苏便称万不得已，已由沪南商会等 4 团体组织保卫团，推李平书为团长保卫治安。继之，王一亭又加说明，保卫团纯为地方治安起见，所闻驻制造局的袁军也采取保守主义。接着，议董杨信之提议总商会是否有权商请袁政府不再派兵南下。再后，便由议董沈缦云报告南方（即国民党）现时组织情形。最终，王一亭便提议公决本会是否参加保卫团？并推几人合力办理？②综合以上数人一唱一和的谈话，他们似以先声夺人的谋略，达到鼓动总商会加入保卫团的目的。据其他史料看，该保卫团幕后有陈其美密谋策划，企图来劝诱袁军撤退出江南制造局。

由于这一心照不宣的背景，总商会中持异议的一些议董当即反击。郁翰

① 天津市档案馆等编：《天津商会档案汇编》，天津人民出版社 1992 年版，第 737 页。

② 上海市工商业联合会编：《上海总商会议事录》（第一册），上海古籍出版社 2006 年版，第 118 页。

屏说，各公所今日有公函，要求请工部局董事维持治安。夏粹芳更一针见血、毫不留情地责问王一亭：本会加入保卫团，请说明该团主义何在？沈仲礼从旁助阵：保卫团能使双方和平解决，本会便积极加入。原本将会议主持权特意谦让给王一亭和贝润生，愈加咄咄逼人地说，请沈缦云君转告陈英士幸勿逼迫北军（即袁军），免致冲突，南北不冲突，地方治安、商业即不致受害，此为沪上商界所要求者也。① 这样，会议上的争锋双方，阵线已泾渭分明。而且，议董中双方力量的对比也一目了然，倾向孙中山的已处劣势，后由王一亭提请赞成加入保卫团者举手，举手者仅沈缦云、王一亭、苏筠尚等几人。

7 月 21 日，上海战事岌岌可危。总商会再次召开特别会议，改由周金箴主持。沈缦云、王一亭、虞洽卿等均出席。苏筠尚先介绍保卫团在南市水厂与袁军谈判要求撤离遭拒的情况。周金箴征询议董意见，若上海县议会拟定的劝双方停战办法遭拒怎么办？众人议论纷纷，表示无良策。郁翰屏传递消息说，西商屡言深恨此次之乱，言中国商人如均不赞成此战，伊等即有办法。贝润生随即提议：请领事团居中作证调停不开战。印锡璋担忧：内乱请领事团居中作证恐于主权有碍。傅筱庵认为，我等在商言商，形势急迫，以保商为正途。这时，夏粹芳又单刀直入地挑明要害，认为须先明宗旨，究竟南北各商对此次独立是否赞成？抑系反对？请宣布再议办法。周金箴当下请以起立举手表示赞成态度。表决结果所有与会者，包括王一亭、沈缦云等皆起立举手。② 苏筠尚也态度一变，提议通电各方，南北有先启衅开战者即为乱党。会议公决通过，并即按此意通电全国各方。这一戏剧性局面，一是由于总商会内部互相偏袒孙中山、袁世凯的力量甚为悬殊；二是整个战争形势已显然对南方讨袁军不利。实际上，就会议上讨袁人士势单力薄的情形看，这也正是国内政坛这两股力量对比的缩影。关于这次会议，当年《申报》曾有总商会王一亭、沈缦云因主张独立与贝

---

① 上海市工商业联合会编：《上海总商会议事录》（第一册），上海古籍出版社 2006 年版，第 118 页。

② 同上，第 120 页。

润生、严廷桢激烈争执的报道。近年有研究者认为可信。① 而从上述记录来看，独立问题确曾提及，但未讨论过，非《申报》所载。

隔日，总商会第3次召开特别会议。周金箴报告同贝润生、夏粹芳去英驻上海总领事处商议保卫商业事，请英美等国劝阻南北双方和平解决。英领事却以外交辞令回答，称袁世凯政府可以电告，南方讨袁军因外国使团均不承认，所以不便对话。实质上，即表明了英美等国支持袁政府，压迫孙中山的态度。夏粹芳在会上也宣读了他所代拟的致领袖领事函，要求对讨袁军据点的闸北："惟南北毗连，一旦事所难料，亦请贵领事迅作筹商，于事前如何弥补之请迅处。" ② 从连续3次的会议记录看，以前尚未被人关注的便是夏粹芳在会议关键时刻所起的作用。结合此后租界当局透露，确曾有"某商人怕讨袁军打来，乃向捕房告密"，并派兵于7月27日将"退入闸北的讨袁军蒋介石等207人缴械，并施以警戒" ③，从这样的情形看，夏粹芳和总商会所提出的"处理闸北"建议是极为重要的。夏粹芳后被人暗杀，也有人认为起因即系陈其美讨袁军余部的报复。④

夏粹芳作为总商会的议董，他在这次政争中的活跃和被杀，是牵涉到总商会与袁政府关系的一个重要方面。议董中国民党籍人士多属于沪南商会，王一亭为该会首任会长，会员中多有辛亥上海商团起义骨干。夏粹芳属于闸北商界选出议董，闸北为上海丝业集中地，有各类丝行、丝厂上百家。丝业公所会董沈联芳、杨信之、黄擢臣都又兼总商会议董，沈联芳还是全国商联会干事、闸北商团会长、闸北市政厅副厅长，其恒丰丝厂等产业均在闸北。同样，夏粹芳的商务印书馆也在闸北。自身产业的安危使他们表现果断坚决，并不怕冒风险请外国租界当局派兵干涉。当日会议结束，

---

① 徐鼎新等著：《上海总商会史（1902—1929）》，上海社会科学院出版社1991年版，第175页。

② 上海市工商业联合会编：《上海总商会议事录》（第一册），上海古籍出版社2006年版，第123页。

③ 近代中国丛书研究会编：《陈英士传》，近代中国出版社（台北）1984年版，第93页。

④ 李新、孙思白主编：《中华民国人物传》（一），中华书局1978年版，第291页。

夏粹芳等就放话外国兵进闸北势所难免，甚至在闸北散发传单，呼吁商民配合外国兵。所以，民国初年上海总商会一度亲袁，除整体渴望有一安定国内环境可发展实业外，还有议董更出于对自身企业安危的关注。

“二次革命”失败，袁世凯政府获胜。上海总商会内国民党籍议董王一亭、沈缦云、叶惠钧等或遭通缉或辞职下台。对于辞职并退党的王一亭，前曾有他“变节求饶”之说。① 据他对会中另一议董邵琴涛所言：“此次沪乱以前，不惜牺牲一身，双方奔走，以求弥兵息战，……不料事与愿违，只得坚辞引退。”由此可见，对武力讨袁他本有“弥兵息战”的难言之隐，而再以此责其变节更未免过苛。

耐人寻味的是，上海总商会对自身“亲袁”立场并无认同感，于事后表露得尤为充分。1913 年 9 月，北洋工商总长奉袁世凯令，以上海总商会于全国首先拒乱，应将出力之人择优呈报受奖。作为曾抵制讨袁军的总商会议董们本该深感荣幸，但却异常冷淡。周金箴表示，非一二人之私见，辞谢。钱新之也称，决无受奖之理。连傅筱庵也说，奖章万不得要，金融望予维持。后公决：“众皆举手辞奖。”② 这种情形只能做出一种推测，上海总商会虽反对国民党讨袁战事，但与袁政府又想保持一定距离。并且，正是这种保持距离的心态，在袁帝制激起民变时，他们又倒向反袁一方。

应该讲，总商会在“战与和”这一最关系切身利益的问题上，作出的选择是经过权衡的。即便在反对讨袁战事之时，总商会对袁政府的许多政策仍是不满意的。他们反对战乱，完全出于自身利益，这也是倒向袁政府的最主要动因。当然，所产生的影响和作用是不容低估的，一是作为国内首屈一指的商人团体对社会舆论的引导；二是对租界当局采取不利于讨袁军举措，起到了直接推手的作用。所以，袁世凯以大总统名义授予了上海总商会“夙著信义”的牌匾。这一褒奖，就袁来说，多少是含有怀柔和笼络意图的，上海总商会在袁帝制失败后也一直以此为辱。

---

① 丁日初：《二次革命中的上海资本家阶级》，《近代史研究》1985 年第 6 期。

② 上海市工商业联合会编：《上海总商会议事录》（第一册），上海古籍出版社 2006 年版，第 132 页。

## 三、引领商界活动，维护商界利益

### 1. 中华全国商会联合会正式成立和活动

1913年9月，袁世凯政府在镇压了孙中山发动的上海、江苏、江西、安徽等地国民党人的“二次革命”后，除对商界人士表示安抚、笼络外，也在经济、工商政策上采取了一些有利于发展的措施。这其中最大的举措就是请国内商界最享有人望，也是在孙、袁斗争中倾向袁的张謇出任农商总长，10月10日袁世凯亲自派军舰到南通接张謇到南京，遂转由津浦路北上进京就职。对此，张謇称：“光复而后，国体改革，以为自治中一切实业、教育之障碍，渐可解除，重承大总统再三之命，促就农林、工商之职，私计实业之事万端，我国民智待开，必有法律而后有准绳，有技术而后有规划，有经济而后有设施。故拟首订法律，次事查勘，次设劝业银行。”张謇虽和上海总商会一些人士见解不尽相同，但大体是一致的，在总商会祝贺张就任电中表示出了殷切的期望。

所以，上海总商会于“二次革命”风波平息后，加紧进行原定的各项商界活动，其中影响最大的是1914年3月15日中华全国商会联合会第一次大会的筹备和召开。大会会场设于上海闸北爱而近路（今安庆路）的纱业公所内，国内各省、各埠及海外侨商的会团、个人等共有代表170人，上海总商会和各分支商会、行会的代表共有45人。大会当天，宣告中华全国商会联合会成立，并开票表决通过会长、议董等选举办法。次日上午，与会全体代表通过投票表决，以152票赞同选出上海总商会总理周金箴为联合会会长，分别以124票赞同、85票赞同选出北京工商部次长向瑞琨、上海总商会协理贝润生为联合会副会长。这次大会从3月15日至4月11日共进行了28天，会上与会代表发言踊跃，一共提出各类议案154件，其中上海代表所提出的就有24项，议案内容涉及了全国商会联合会章程以及商会法、税则、商律、币制、商报、商标、贸易表册、粮食等24个方面。大会气氛如此热烈，反映了商民急切获得发展良机的渴望。大会于4月11日闭幕后，全国商会联合总会当即决定派出湖北、奉天、北京等地总商会的代表，晋京向北京农商部汇报大会情况，并就推进商业、振兴实业等重大问题向袁世凯政府请愿。

然而，就在中华全国商会联合会成立不久，1914年9月，北洋政府颁布了《商会法》(60条)，继又于11月颁布了施行细则20条。这正是张謇出任农商总长后，首订法律之实行。而新颁布的这部《商会法》，在制订时，因缺少和各地商会的沟通，或许张謇本对商会的组织就有他的见解，所以新《商会法》使原各地商会有削足适履之感。如第三条规定，各省城、各商埠及其他商务繁盛之区得设立商会，但这条条款的施行细则又表明，只有在各省省城可设立商会联合会（即总商会），每县级区域只能设立一个商会，并隶属省城的商会联合会。这样，就使原来因工商事务繁简不等而设立的地区商会，包括各商业大埠如上海、汉口、天津、广州、重庆等地设立的总商会，以及刚成立不久以上海为总事务所的中华全国商会联合会，均属不合法。而该《商会法》第59条还限令："本法施行前所成立之商务总会、分会及分所不合于第三条之规定者，由本法施行之日起，以6个月为限，依本法改组商会。"

这样，这一《商会法》一经公布，就遭到以上海总商会为首，还有天津、汉口等通商大埠总商会的群起反对，纷纷指责这一《商会法》与商人期盼已久的愿望是南辕北辙，一时间函电群集同致上海总商会，请上海总商会出面领衔，依事实向袁世凯政府提出修正《商会法》的有关条文。由此，北京农商部和上海为首的各地总商会形成对峙之势，并陷入僵局，这就又影响了全国商会联合会活动的进一步展开。但全国商会联合会的出现，表现了举国商界希望共同联合，团结一致，维护利益的意愿，也反映了民国后商界地位提高的新气象。尽管它在许多方面，包括实际活动还不尽如人意。而这一《商会法》的出台及引起的争议、风波，使它迅速又归于沉寂。

## 2. 总商会议事厅落成为上海商界活动中心

1913年2月18日下午2时，上海总商会议事厅破土动工。在3月19日的第五次常会上，上海总商会又决定付给建筑场地住户动迁费用，以加快工程进展，并公举沈联芳、夏粹芳、朱吟江、贝润生担任工程监督员，上海总商会议事厅工程便进入了正式施工。

议事厅工程初步预算为银6.4万两，且不包括围墙、马路、阴沟、电灯、自来水、装潢等项目费用，此后陆续收到各行业会所捐款仅银2万余两。及至“二次革命”南北开战，一时人心动荡，工程也略形停顿。1914年9月23日，在总商会各项工作又井然有序的情形下，议董会决定再次召开会员大会筹募议事厅建筑经费。这次会员大会议决3条：（1）对已认捐未缴各户设法商催；（2）对未认捐各户由全体会员和会友分别劝募；（3）如尚有不足钱款由总会设法借垫。当年11月21日的第二十三期议董常会上，因议事厅即将落成，但工程经费缺口尚大，多为总会借款垫支，协理朱葆三提议以总商会名义出售无利息公债票，以5年为期限，分年抽还；并请各行业会所在入会会费外，再加几成专款，另外专门存储，以备清偿垫支借款。朱葆三提议的这一议案，经议董公决后获通过。

1915年5月22日，经第十期议董常会议决，由贝润生、沈联芳、朱吟江3名议董按照合同对工程验收，为了议事厅有合适的通道，决定与毗连的广益堂对换地皮以建造马路。同时，又向英商太阳保险公司投保议事厅产业保险，计房屋银6万两，器具银1万两，共投保银7万两，总商会每年须付保险费银315两。

1916年初，以议事厅为主体的总商会大楼竣工，大楼共有三层，一楼为车库和办公室，二楼为大议事厅，三楼为议董会和总协理办公室、会议室。楼顶是一个面向苏州河南，可观河景的露天大阳台；楼外有宽畅的庭院，植满花木；城堡式大门高大雄伟，装饰有四根罗马式石雕圆柱，兼有中西合璧的建筑装潢和雕塑风格，拱形门洞设有两道铁门，门内西南角竖有建造纪事碑及碑亭。这在当年上海无论是其特殊地位，还是建筑特色，都是一处十分引人注目的建筑，尤其他又雄踞于横穿市中心的河南路桥北堍的要道口，就更显其据以要津的地位。工程建筑完毕经决算总计花银12万余两。

是年3月18日，上海总商会议事厅大楼举行揭幕典礼。新任沪海道道尹周金箴代表北京农商部总长参加典礼。出席者还有江浙沪军政要人冯国璋代表马榕轩、浙江护军使杨善德代表赵联璜、江苏巡按使齐燮元代表、江苏财政厅代表周庆莹、上海县知事沈宝昌、上海会审公廨官员、上海税务所所长吴静山、南北报关公所代表以及外国官员、商人等各界代表共千余人。总商会议董沈联芳代表朱葆三总理报告议事厅建筑始末，并回顾了清末商业会议公所创办以来，开辟中国商会先河的历程。江苏巡按使代表、浙江护军使代表、江苏财政厅代表等相继致颂词。周金箴道尹、沈宝昌知事先后发表演讲。当天，这在上海被引为盛事，苏州河北岸河南路一带因交通阻塞，租界巡捕房派出数十名巡捕前往维持秩序。

11月18日和12月2日，上海总商会召开第二十三、二十四期议董常会，讨论筹发总商会公债以弥补事业经费的亏欠，经议决共筹措银8万两公债，以一半弥补议事厅建设费用，一半用于兴办商品陈列所。所发总商会公债券为银50两一张，共发行1600张，分4次售完。同时议决公债券每年分4期拨还本息，在12年内偿清。

这两次议董常会还制定了《上海总商会入会各商业借地开会简章》，其主要内容是：（1）本会议事厅及常会厅，凡有入会各团体及入会各商号因商事开会者得借用，非入会与商业无关者、有碍禁令者一概谢绝；（2）借议事厅开会，须十日前备函致会，详细说明开会宗旨，待本会复函准许，方可登报通知开会；（3）借地开会以先后为序；（4）会场租费视团体大小、会期长短为每天20元至40元不等；（5）开会期间，有损坏会场财产的，组织者应负赔偿责任；（6）会场服务人员可由总商会免费提供，也可由组织者自行雇佣；（7）除会场现有设备外，组织借用者另有需要，得自行负责添置。①这一简章对保护和有偿使用这一商界公用财产，都体现商界人士的独特创新思路。

1915年，总商会议事厅工程正日夜赶工，上海公共租界工部局竟登门提出要总商会每月交纳议事厅（办公楼）房捐银1000两，遭到总商会的坚决拒绝，因为这本是中国政府官产，由上海官府拨给商会使用，与外国租界毫无干系。1916年，江苏省财政厅清理官产处也致函上海总商会，提出拟将天后宫地基收归官产，再向总商会出借，这也被总商会据理力争而未能如愿，因同样的理由，总商会会址前天后宫既已拨归商会使用，江苏省财政厅就无理由收回另借，实际他们的用意只是一个，就是以地皮来盘剥商界。

上海总商会议事厅大楼落成，既标志上海商界地位的提升，又招来很多商界或社会重要会议、活动在这里举行，从而使它一度成为上海民众运动的中心之一。

## 3. 健全和制订总商会领导机构、章程及办事细则等

1912年2月29日，上海总商会宣告成立，后于5月5日召开第一届会员大会，选出首届总理、协理和议董，会中的各项章程和各类机构也初见轮廓。正俟继续完善时，民国初年南北政争引致战事爆发，待袁以武力平息事态，会中事务亦受影响。北京政府以熊希龄任总理组织所谓“人才内阁”，以张謇任农商总长，国内局面稍趋稳定，上海总商会各类活动也日益活跃。

1914年4月，正临总商会二年一届的第二次会员大会选举，在该月上旬，总商会按惯例将议董候选人名单及选举票分送至各业公所及企业，请会员投票。4月18日下午大会正式召开，会员、会友聚集一堂，在首任总理、协理的监督下开筒唱票，当即选举产生了第二届议董会，获得最高票

① 上海市工商业联合会《上海工商社团志》编纂委员会编：《上海工商社团志》，上海社会科学院出版社2001年版，第229页。

数的是朱葆三，为120票。继于4月25日，举行第二届议董会第一次会议，选举产生了总理、协理，当选人如下：

总理：周金箴

协理：朱葆三

议董：沈联芳、沈仲礼、陈润夫、印锡章、朱五楼、杨信之、顾馨一、苏筠尚、郁屏翰、祝兰舫、陈一斋、叶鸿英、林莲荪、丁钦斋、朱吟江、傅筱庵、张乐君、胡稑芗、宋汉章、王子展、劳敬修、施善畦、朱鉴堂、叶明斋、钱达三、谢蘅牕、唐露园、闻兰亭。①

该任当选期为1914年6月至1916年10月，新任总理、协理和议董于6月1日就职。

在任期内，总理周金箴于1915年10月，由北京大总统府任命为沪海道道尹，按总商会章程辞去总理职务。继由协理朱葆三接任总理，议董沈联芳补选任协理。1914年9月，北京政府颁布《商会法》，依据该法中有关规定，将商会总理、协理之称谓改称为会长、副会长，将议董改称为会董。

第二届总、协理和议董会就任，对新当选或原留任的议董分工即作调整，调整后的议董分工原职务名和人数不变：书记议董2人、会计议董1人、庶务议董2人、交涉调查议董13人、理事议董10人。其间议董印锡章病故，又增补张知笙、余鲁卿为议董。

这届总商会在机构设置上，最大推进是于1915年6月起正式设置下属各股，并确定各股职员数：书记股2人、会计股2人、庶务股4人、交际股8人、中证股3人、调查股8人、陈列股6人。②这些股的设立或扩充，

① 上海市工商业联合会、复旦大学历史系编：《上海总商会组织史资料汇编》（上），上海古籍出版社2004年版，第156页。

② 上海市工商业联合会《上海工商社团志》编纂委员会编：《上海工商社团志》，上海社会科学院出版社2001年版，第225页。

也进一步明确职责，对总商会的各项商事和社会活动推动极大。首先有利于避免会的内部流于空谈，改变凡事推诿的作风，使各司其职，各尽其力，真正为商民、商界谋一些实事。

1916年5月，上海总商会正式订定并公布了《上海总商会章程》(10章26条)。章程内容有名称、区域及所在地、会董额数及选举、职员权限及任期、办事职员、会员、入会、出会、会议、会计、附则等，这是中华民国元年上海总商会成立后的第一部章程。这部章程是依据1915年12月颁布的《中华民国商会法》中有关规定制订的，如会董一款就依据该法第十八条规定，“会董由会员投票选举，会长、副会长由会董投票互选”；会员一款也依据该法第二十条规定，“会员皆有选举权及被选举权，但有被选举者之年龄须在三十岁以上”；选举办法也同样按第二十二条规定，“选举用记名投票法”；选举日期也按《商会法》的《施行细则》第五条的规定，每届选举时，“应先期十五日以前通知各选举人，并请所在地地方最高行政长官或地方行政长官派员届时莅视，即日当众开票”。《上海总商会章程》中的各项条文，都是和《商会法》可做法律对应的。章程的制订和通过，对后来总商会的活动影响深远，使总商会不仅有法可依，而且有章可循。就总会改选来说，从1912—1919年，上海总商会共进行了9次会董选举，自第三次选举起就有法可依，完全循章办事。

这次制订的《上海总商会章程》对会员入会手续，也依据《商会法》作出了新的规定，由于这曾是清末商务总会成立以来的一个诟病，所以此次仅特别强调了“具备资格的中国商人”这一规定，即凡在上海区域内的中国籍商人须具有这三项资格之一：(1)公司本店或支店的经理人；(2)独立经营商业的商店经理人；(3)某行业商店或公司的经理人。同时又没有如下情形：(1)被剥夺公民权；(2)受破产的宣告；(3)有精神病者；(4)营业不正当。具备这些资格又无以上情形者，并经总商会两个会员的书面介绍，即具备入会资格。

对于此前存在的不同类别会员和会友情况，总商会仍规定将每年交纳规定会费的行业和企业代表都称作“会员”。而会员也还分为两类，一类是行业或会馆公所等团体的代表，称为“合帮会员”；另一类是企业的代表，称为“非合帮会员”或“各业分帮会员”。并依据这些团体或企业交纳会费的多少，确定这些团体或企业的代表会员可在1—10名之间。对于因经济原因而交不足会费的，总商会仍定其为“会友”，但对有特别关系的，经议董会决定可邀请其作为“特别会友”。会友和特别会友继续有对会董的选举权，而没有被选举权。总商会对会员资格规定的修订，反映了它服从法制的进步和面向现状的务实。

对吸收会员、会友入会，总商会自成立承继清末商务总会也有相应规定，要求会员：（1）介绍商人入会，须符合《商会法》第六条资格者（即会员资格），方得介绍入会为会员；（2）介绍人须审查并确保入会的商人，确有体面商人的资格；（3）介绍人担负入会者完全责任。会员对被介绍商人除作出书面介绍的同时，还规定被介绍商人必须填具由总商会统一制作的《入会信约》，并签名画押。

会董会收到介绍书和《入会信约》后，还必须指派会董前往作调查，然后将调查所得向常会报告，听取报告后，由到会会董以投黑、白子的方式表示赞同吸收与否，黑子表示否决，白子表示赞同，白子在三分之二以上的，便吸纳被介绍者为会员，但会长享有一票否决权。总商会这一套独特的投黑、白子表决吸收会员的方法，于1927年才改为常会审议举手表决程序。

会员入会经会员二人介绍，获会董常会投子通过入会后，由总商会发给会员证书。为此，总商会又制定了《给付会员证书细则》，其主要内容：（1）每年定期换发证书一次，逾期未换的证书，概为无效；（2）各团体或各业举出的代表作更换时，同时向总商会换领会员证书，原证书缴会注销；（3）会员遗失证书，须由原介绍人陈述原因，申请补给；（4）会员无论什么原因离会，均须将证书缴会核销。①这些关于会员入会的规定，于1918

① 上海市工商业联合会、复旦大学历史系编：《上海总商会组织史资料汇编》(上)，上海古籍出版社2004年版，第272页。

年3月，由上海总商会会董常会正式讨论通过了《介绍入会规则》。

上海总商会于1912年2月建立以后，由于改革了会员入会的一些制度，并使会员会费由银300两降低至100银元，会员数便有所增加。据当时每1—2年就新编印的《上海总商会同人录》，这一同人录不仅有历年会员数，还详列入会会员的姓名、籍贯、年龄及代表的团体、行业或企业。据载历年情况如下，1912年：合帮会员100名、各业分帮会员89名、会友14名、特别会友15名，合计218名；1916年：合帮会员107名、各业分帮会员108名、会友16名、特别会友17名，合计248名。[①]就比例来说，确也是略有增加，每年仅新增数人。会员增加慢，当年首先是企业、商家数未能大幅上升，其次是会费虽较前清降低，但金额还不属少。由总商会规定，代表各业团体或公司名义入会的，每年缴纳会费为100银元；企业经理人或独立经营商店的经理人，以个人名义入会的，每年缴纳会费为50银元。年缴30银元者，可成为会友。这在以小资本、小商小店为主体的上海华商来说，真也不能视为小数，这是长期困扰中国商会团体发展的根源之一。由于会员数不多，上海总商会历年会费的收入也有限，1912年6月—1913年2月收到会费银16044两；1914年5月—1916年4月收到会费银22517余两。其中不包括会员会费尚欠之数，这就影响到总商会各项活动的展开。

与《上海总商会章程》及会员入会等规定制订、施行的同时，总商会还制订、通过了《议事规则》(25条)，其中对常董会、会员大会、会内账目、会议记录存档等都作了明确规定。如规定了每两星期举行一次会董常会，于会期前两日将提议事件摘叙事由印送会董，备议事时发表意见，作出决议；如规定会董有要事不能与会的，应先期具理由告假，而会议中议决之事，应同担责任；如对会员则规定了每年正月以后召开一次会员大会，听取会内帐目、公议当年预算及筹议会内重大事项；如规定遇有5位会董或15位会员

① 上海市工商业联合会、复旦大学历史系编：《上海总商会组织史资料汇编》(上)，上海古籍出版社2004年版，第169—171页。

提议，便可由会长召集特别会议，对紧要事件进行集体讨论和议决；如特别规定各类会议必须由书记作详细记录，由会长签字存档，以备查考。此期间，自1912年6月至1928年12月，上海总商会留下了《会议议事录》，保存了上海总商会历次会议的议案及议决，这就得力于章程的有关规定。

1916年5月27日，上海总商会第三次会董选举大会在新落成的议事厅举行，沪海道道尹周金箴亲自到场监选，选举产生了32名会董和15名候补会董。5月30日，新任会董又选举正、副会长，宋汉章和陈润夫当选，然宋、陈均声称自身商务繁忙，无暇顾及会务，对新选任的正、副会长职务都坚辞不就。会董常会无奈只能作出决议，请前任正、副会长朱葆三、沈联芳暂时维持会务四个月，以顾全大局。

9月，总商会在再次函请新任正、副会长宋、陈就职无效的情况下，会董常会作出了重新选举第三任会董、会长的决议，经呈报北京农商部核准后，向会员、会友发出通告，定于当年10月25日为重新选举日。当天，各界人士及会员、会友400多人到会，投入选票174张，江苏省长代表、沪海道道尹徐汉松在场监督开筒唱票，选举产生33名新会董，朱葆三以144票居首位。10月30日，新会董继续选举产生了正、副会长。11月4日，正、副会长和全体会董正式就职。

该任期会长、副会长、会董如下：

会　长：朱葆三

副会长：沈联芳

会　董：贝润生、虞洽卿、朱五楼、苏筠尚、顾馨一、王一亭、谢纶辉、谢蘅牕、胡稑芗、祝兰舫、杨信之、林莲荪、朱吟江、张知笙、唐露园、丁钦斋、朱鉴堂、傅筱庵、钱达三、宋汉章、郁屏翰、沈仲礼、项如松、叶鸿英、袁恒之、陈润夫、张乐君、闻兰亭、劳敬修、李云书、陆费伯鸿、施善畦、陈一斋任职期间辞职的会董有：贝润生、谢纶辉、李云书、袁恒之、陈一斋。会董林莲荪在任职期间病故。总商会又增补李柏葆、姚紫若、田澍霖、周金箴、黄播臣、席立功 6 人为会董。

上海总商会在这一时期健全完善总会及会内各机构，使它的活动得以正常开展。

## 4. 推进《商律》等法规制订

1912 年 3 月，上海总商会刚宣告成立，就向将上任的实业部总长张謇呈文，条陈关于振兴商务的诸项意见，其中称若要改变前清的积弱积贫，得须从根本问题上着手，而根本问题就是“非振兴工商不可”，眼下“商界要求提倡，要求保护，公家亦力任提倡，力任保护”，这便是上下共同努力的前提。呈文还建议具体可先从三方面着手，第一，订定工商法规《商律》，这也是完成前商务总会的未竟使命，由此呈文说，工商法规对于工商业发展之重要：“尤如衣之领袖，车之輗轨，衣无领袖，何以彰身，车无輗軏，何以载行，此商律所以极宜规定。”第二，加紧制订货物商标类法规，认为：“商标为货物之邮票，亦比较工业之标准。”的确，自清末以来，因货物没有商标，假冒伪劣之货严重损害了中国工商业的信誉，成为发展的重大障碍，总商会要求加紧商标法规制定，真已是当务之急。第三，全面实行工商企业注册，以明责任，总商会表示商会可以担负起这一职能，以使工商企业“得享实行保护之利益”。呈文明确表示：“商律为整顿工商之纲领，扩充实业所因依；商标为提倡工商之要旨；注册为保护工商之根据，使国家有所藉手。”①

上海总商会的这一条陈，推动了中华民国新建国内倡导事业之风，对国内商界有振聋发聩的作用。但是南京临时政府为时很短，迁北京后继由张謇出任农商部总长时，于 1914 年初相继制订、颁布了《商人通则》（73

① 上海市工商业联合会《上海工商社团志》编纂委员会编：《上海工商社团志》，上海社会科学院出版社 2001 年版，第 272 页。

条）、《公司条例》（251条）和《国币条例》等。上海总商会为这些商法的制订、颁布，都起到了联络商界各行各业、沟通官商隔膜等作用。3月，总商会在上海召集全国商会第一次联合大会，内容之一即对商法的制订开展了讨论，提交农商部的相关议案就有商会法案8件（其中上海1件）、银行案6件、公司案4件、税则案29件（其中上海2件）、商律案8件（其中上海3件）、币制案5件（其中上海1件）、商权案4件、保商案9件（其中上海3件）、商标案2件（其中上海1件）、贸易表册案2件（其中上海1件）、商事公断处案5件。这些提案对商法制订的合理、完善，并依据商务事实，提供了诸多可修正、参考的意见。同时，也加强宣传了商人自身必需依法进行商务活动的意识。

就民国初年的《商人通则》（73条）和《公司条例》（251条）来说，它都对清末制订的有关律例《商人通例》和《公司律》有所发展和进步，不仅条文细化，定义更明确，有些规定也已针对国内商界客观情形和需要。如《公司条例》中较前就增加了对法人地位的明确规定："凡公司均认为法人"；对公司种类就分有"无限公司"、"两合公司"、"股份有限公司"、"股份两合公司"数种，对各类公司的有关规定也较为详尽，如"股份有限公司"条款就多达132条，因此，学界认为它确实考虑到"为企业提供一定的法律保障"。① 实际上，这也反映了自清末以来官商双方在经济立法的探索、实践上，都有了一定提高。

对上海总商会在以上法规制定中的作用，张謇明确说："此案系采取上海总商会及商学会、预备立宪公会等所呈送之商法调查案修订而成，而该商会等则有通晓商律之士，调查各埠商业习惯，历时三载，然后参酌法理，编纂而成。"②

---

① 沈家五编：《张謇农商总长任期经济资料选编》（十商会）南京大学出版社1987年版，第54页。

② 沈家五编：《张謇农商总长任期经济资料选编》（十商会）南京大学出版社1987年版，第24页。

然而，张謇主持对《商会法》的制订、颁布，却遭遇到了上海总商会等的强烈反对，因为这如上节所述，关系到上海等地总商会的自身存在，自然双方的态度就日趋激烈。1914 年 12 月 19 日，上海总商会议董常会专题讨论此事，决定出面领衔，会同浙江、广东、江西、河南、四川等 22 个省的商务总会或商会，联名致函北京政府政事堂并转呈大总统袁世凯，陈明《商会法》的弊端有三：（1）划定商会机构之统一，全然忽视了商务繁简和商业范围之客观需要，势必导致商会成为适合官府统治需要的行政性组织；（2）被选举的所谓总商会（省商会联合会）会董，资格必须是资本家、有经验之人、经理人等，而又须在任期（至少一年）内常驻省会，这样远离商情，远离实业，对于商务将毫无裨益，或者将"不工不商之人"充数，商会更将徒有虚名；（3）成立不久的全国商会联合会为各省各埠的工商事业筹议改良，寻求发展，开通风气，交换知识，一旦将其解散，是违背了临时工商会议的宗旨，非商情所愿。

问题是这一新《商会法》，颁布时已获得了大总统袁世凯的批准："修改各情形发布一切，饬遵行。"而袁世凯这样做，明显有利用并削弱上海总商会的企图，这是他一贯的做法和手腕。现在上海总商会联合全国 22 个商会要求首先停止商会的强制改组，等待参政院开会时，将与事实不符的《商会法》条文提交修正后再执行；此外，上海总商会又以实际行动率领各地商会公然抵制各省官厅催促改组的成命。这样，面对这两方面的有理、有力的抵制，袁世凯也不愿激怒全国商民，先是允诺上海、天津、汉口、广州、厦门、烟台、重庆等非省城的商埠总商会暂缓改组，继又允准所有现存之商会，都将在《商会法》有关条文修改之后再进行改组。

1915 年 12 月，北京袁世凯政府重新颁布了《商会法》（46 条）及《施行细则》（19 条），新增新改之处几乎全部采纳了上海总商会等各地商会提出的修正意见，并明确"商会"是"指总商会及商会而言"，它"设于各地方最高行政长官所在地及工商业总汇之各大商埠和工商业繁盛之地区"。同时，这次新颁布的《商会法》明确承认了中华全国商会联合会的合法存在。而各地总商会依据这一《商会法》，统一将总理、协理改称为会长、副会长，将议董改称为会董。同时根据这次《商会法施行细则》的明文规定，总商会与各地方行政官署的行文，一律互用公函，而不使用“呈”之官场上下隶属程式。

就张謇出任农商总长期间，他主持制订、颁布了一系列商业法规，总体评价是好的，但《商会法》引发的这一“改组商会案”反映了他作为官府代表与上海商界的矛盾，实际上不承认上海在全国工商界的地位，不承认上海总商会在全国商会中的领袖地位，也不承认各大商业都市及商会在当地的地位，这不利于国内经济和商业的发展。当然，张謇的真实动机如何，他与上海总商会的关系究竟如何，是否有争夺全国商界、商会的领袖地位问题，这也是值得探究的。而上海总商会领衔浙江、广东等 22 个行省的商务总会或商会，联名致函北京政事堂并转呈大总统呈文中表示：“商会以法律为保障，而法律必须以事实为标准”，“自商会法公布，全国商会皆以窒碍颇多，殊难遵守，以总会、分会、分所一律改组，即为取消”，“总长政策之程序适与商人期望意见之相反。”① 接着，各省商会代表又于 1915 年 3 月 25 日在上海开会期间，对张謇大加抨击：“通州商会门首悬虎头牌，如衙署式样，对于商人依然隔膜，取缔不能不严。”这就证明二者之间确有不相协调之处，有政治歧见或利益冲突。在总商会和张謇由《商会法》的制订、修改引发的争执中，上海总商会及各地商会的意见明显后居上风。

这次风波，虽然缘起于张謇，但袁世凯在张謇与上海总商会之间竭力权衡，互有偏袒的心态、权术，还是一目了然的。尤其当时袁世凯复辟帝制阴谋已提上日程，他显然是怀有这两方面均须利用的企图的。而袁政府与上海总商会在这一争议事件中，也表现出来若即若离的关系。

① 上海市工商业联合会编：《上海总商会议事录》（第一册），上海古籍出版社 2006 年版，第 363—364 页。

上海总商会与民国同时诞生后，积极协助政府推进《商律》等经济法规的制订、颁布，从法的角度明确商人、公司、商会的地位和权益，从而维护合法的商业活动和经济秩序，这完全体现了中国进入民主共和制后，一个新时代发展、进步的需要。然而，由于辛亥革命的不彻底，民国虽已建立，许多封建官场陋习仍继续存在，国内经济环境和成分尚无根本改变，甚至动乱之势愈演愈烈，这对工商业的发展极为不利。袁世凯虽然拥兵自雄，举兵镇压了南方反对势力，加强了个人独裁，但也增加了巨大的军费开支，他便称不能不分一部分精神照料财政，即加强对财政的直接控制。

他为何要直接掌管财政？因当时财政困难，除清政府所造成的之外，又与他个人政治图谋相关，如镇压讨袁军的战费即达 1900 万元之巨。加之，他急欲扩充个人权力基础，扩军、安抚各方、采购军火等各项开支浩大。所以，他必然实行穷征暴敛的政策，这是曾对袁政府寄予厚望的上海总商会议董们所完全没有预料到的。

## 5. 维护商人利益，力请减轻商人税负

上海总商会作为商人团体，成立后义无反顾地维护商人利益。当年它发起或参与以下几方面力请政府减轻商人税负的活动：

首先，引领商民呼吁裁撤军阀割据形成的厘金制度。清政府于镇压太平天国时期推行“厘金”制度，即由各地驻军自行对日用百货物品征收 1% 的过境税，俗称“厘金”，以解决军饷不足。而后运转近半个世纪，不仅税率增至 5%，而且军阀割据势力逢关纳税，遇卡抽厘，重复课征现象日益严重，致使商品流通障碍重重，商人利益屡受侵害，严重破坏了国内商业的发展。

1911 年（清宣统三年）11 月 5 日，上海军政府在辛亥革命中诞生，建立伊始便发出裁厘宣言，宣布免除一切苛捐杂税，取缔除海关以外的所有税关厘卡，使上海商界莫不为此欢欣鼓舞。然不出数日，就又因南京临时政府、各地方军政府，以及南北统一后的北洋政府各项开支浩繁，尤其是

各类军队的急速膨胀，军饷使各项财源不堪负担，财政几乎陷于崩溃。于是，为解决财政危机，各地各军手段之一就是对遍设境内的厘卡裁而不撤，同时又开征新税，导致旧厘新税重复稽征，殃民病商变本加厉，国内各省各地的商会、商民纷纷致函上海总商会，吁请代表与官府当局交涉裁厘减税，总商会出于职责明确表态：“凡于商人有便利之事，本会不能不争。”

于是，在1914年3月的全国商会联合会首次代表大会上，上海总商会提出“裁厘加税”议案，主张裁撤厘金，以增加关税来抵补财政缺口，获得与会各地商会代表赞同。因为税依法征收，钱花在明处。厘是军府张口就要，不给就抓人，如同抢掠。10月间，上海总商会再次致电北京政府，吁请“政府审时度势，酌行良税，使人民稍纾喘息，商家多一分元气，即国家倍一分财力，商业与国家有相维相系之理耳”，并又具体提出，厘金裁撤后的财政短缺，以加增进口消耗奢侈品税来抵补，宗旨是“不扰商而期裕国用”。①但未获北京袁世凯政府答复。而这一历史痼疾一直是总商会力图废除的目标之一。

其次，反对袁世凯政府的穷征暴敛政策即苛捐杂税。袁执政后期捐税之重，当时有人认为超过清末宣统三年三四成。1913年1月1日，袁世凯政府实施印花税，苛细到规定自1元起征，并允许军警稽征时实施多种处罚手段，商民不寒而栗，议论纷纷，上海总商会联合广东等地商会呈文请暂缓，遭到驳回。

1914年10月，财政部奉袁世凯令继开征特种营业税，对所谓“奢侈品”课征重税。但由于特种营业税内容含混，对何为“奢侈品”，何为日用品，无明确界定，况且当时上海高档消费品，华界营业额仅为租界5%，上海各同业公会均感难以照办，上海总商会呈文江苏财政厅和上海道尹称：“沪上商人……若非商业困难至于极点，次不致力白苦衷，稍有异议”，“吁

① 上海市工商业联合会编：《上海总商会议事录》（第一册），上海古籍出版社2006年版，第354—357页。

请以恤商艰，从缓实行。”上海县知事调查此情后，也呈文北京：“恳部从缓实行，以苏商困。”① 也未获批准。次年1月，上海总商会再次领衔，联合各地商会力争，但仍遭财政部拒绝。

1914年起，袁世凯政府又对常关税则施行调整。所谓常关税，包括内地、沿江、沿海和京师及左、右翼三方面常关税收。施行当年，税率便提高至百抽二点五，商民负担加重，袁世凯政府将该项税收额由350万元增加至500余万元。次年，袁世凯政府又部令常关税收额，要增加至700余万元。② 各地商民闻讯，纷纷惊慌。上海总商会呈文恳求：“商业凋敝已达极点，昔日称为繁盛之区，今则市景萧条”，“常关税则若再增加，商民实难担负。”③ 经江海关督呈文证明，袁世凯政府方同意上海一地“暂缓一年”。

袁世凯亲自掌管中央财政，还首开各省督军直接向他本人解款恶例，这自然加重了地方财政。于是，地方再向商民加征，这就造成了地方捐税混杂的弊端。当年江苏也是赋税较重的省份，1914年，袁世凯令江苏督军年解款额新增加100万元，江苏便实行货物税改行产、销两地并征案，商民一片反对：“较前变本加厉，节节为难”，“况产地销场两地征税头绪繁冗，负担加重”。上海总商会因关系到本地商民利益，于6月20日开会商量，“众皆认为产销税即厘金之变相，碍难同意”，并公决：“分电财政、农商两部次长反对。”但江苏督军因系向袁世凯解款增加有恃无恐，未经北京下令就决意实行。

对袁世凯政府捐税过重呼声最烈的，还是那些反对讨袁最坚决的上海丝商。面临此后日丝侵入、财政紧张、市场低迷的困境，1915年前后，丝业公所三次赴南京督府请愿、呼吁：“我业值兹危殆之际，实已筋疲力尽”，要求“按浙成例，每担干茧改征12元，以昭一律”。当时，江浙两地丝捐不一，给上海丝业各厂商带来不公平竞争。所以，茧业公所在赴宁请愿不

①② 上海市工商业联合会编：《上海总商会议事录》（第一册），上海古籍出版社2006年版，第353—357页。

③ 同上（第二册）第520—522页。

果后，继又赴京请愿，并表示："万难从缓。"江苏省督实施弹压："各厂货品进出，华界警察予以干涉，须验查税票、印花等粘贴。"① 正在上海商界为北京和地方双重重税压得难以喘息时，1915 年 12 月，财政部和江苏省督又一并加征普通牌照税和苏省货物税。上海总商会公决呈文反对，袁世凯令牌照税暂缓，苏省货物税加征二成，照令加征。②

因国内白朗战事等内乱发生，以及袁世凯筹备帝制的开支巨幅增长，其竭泽而渔的做法更激起商民愤激。在 1915 年 10 月的总商会议董会上，有议董称："政府如不肯体恤商艰，商人无法可想，只有辍业待毙。"此外，袁世凯政府对上海工商业的冷漠，也使商界人士寒心。在与孙中山争夺民心时，袁世凯曾信誓旦旦保护商民。1914 年 8 月，第一次世界大战爆发，英美从上海抽资，加上出口停顿，原以输英美为主并为上海重要产业的丝业，大批歇业陷入危机，一时失业人数达数万之众，以致社会动荡，百业萧条。上海道尹邀总商会共同会商，向国外汇丰，国内中国、交通等行借款银 800 万两以维护丝业。总商会议董虞洽卿约见沪镇守使郑汝成，请将沪上艰难电告袁世凯以求关注。上海总商会公决电呈袁世凯："请大总统明令，无论何种存款均须存国家银行或华商银行"，"以为挽回权利，救济市面之一端也。"③ 然经上海道尹、财政部、总商会等协商，最后结果政府允由中国、交通二行拨借现银 60 万两，其还款办法除厂丝出口每百包请沪关代收规银 30 两外，其余没有任何措施。总商会与丝业公所往来函札的字里行间，顿显失望之意。由上可以想见，袁世凯政府与上海总商会代表的商界经济利益的冲突，导致其关系最终将走向破裂。

再次，抵制江苏和上海地方官府的搜刮。由于财政入不敷出，不仅北京中央政府，这些地方政府也纷纷效尤，以加税扩充财源。早在 1912 年 6 月，江苏省议会就通过决议改变原货物税征收方案，确定税率仍为值百

①③　上海市档案馆：S37 全宗—1—31 卷《上海丝业公所呈文》。

②　上海市工商业联合会编：《上海总商会议事录》（第二册），上海古籍出版社 2006 年版，第 563 页。

抽二，但以产、销分征实行二次重复稽征。上海地区由张寿镛执掌地方货物税公所，更将货物税征收分为进省、出省、产地、销场四项，加上实征过程中的盘剥，看似税率不变，实质已不断变相加重经商者的税负，商民为此罢市，并打砸税务公所。商界惊呼："若再贪多务得，必致华市成墟。"1914年6月，江苏省财政厅颁行《江苏各税所征收货物税产销进出并征章程》24条，名义是将原货物税两次分征改为并征，并称为"杜绝漏税"，实际上是又一次加增税率。江苏省财政厅决定7月1日起全省一体实行，上海当年属江苏省管辖，当然也在范围之内。

上海总商会接到沪南商会和各行业商董纷纷不满的信函后，在6月20日的会董常会上，各会董仔仔细细审阅了章程，一致认为较之从前，尤变本加厉，议决"是项产销并征碍难承认"，常会上当即拟文致电北京政府财政部、农商部，陈明"苏省之更改是只计一省，不计全国，无补于时艰而更贻害商民"，"请求察核，电饬苏省国税厅暂缓更章，仍静候大部议定大纲，全国一致"，同时也致电江苏省国税厅筹备处，表明"产销并征……窒碍滋甚，请暂缓更章"，并请"祈各税所展缓实行"。①然而，上海总商会会同沪南商会及各业商董为商民请命，并没有得到政府的认同，反而加之以"干预、破坏"的罪名，还有"如再有会议阻挠情事，即惟该会（上海总商会）是问"的责难。

1915年12月，江苏省财政厅又决定自1916年1月1日起，在原有货物税税率的基础上附加税率二成。税负再次骤增，使商民的怨声、反对声更加强烈。商民便致函上海总商会，吁请与当局交涉减轻负担。总商会与沪南商会多次召集联席会议，商讨应对事宜，在12月20日、29日及1916年1月2日，两商会连续发出三次函电，以强烈的语气要求当局取消加征税额，仍按旧章征税，言明如果坚持加征货物附税，金融立见恐慌，商民"惟有辍业待毙"。第三次函电中更是严词斥责："旧税未除新税遽增，苛捐

① 《再志产销并征问题》，《申报》1914年7月1日。

巧取，层出不穷，脂膏已竭，何堪再剥？”并告知米商已不堪重负，不进米谷，上海已处在民食断绝的边缘，社会动乱将因此而一触即发。

在上海总商会的据理抗争之下，北京财政部急电江苏省厅收回成命，缓办货物税附加二成之事宜，但同时又向全国商会发出通告说：“厘税为国家正供，税率轻重，捐则疏密，当事者向有权衡，岂容商会出面干预……近日商会等遇事辄电部控诉，此风断不可长。”总商会接到此文后，立即在《申报》等媒体上发表公开信《财政部不许商会直接请愿之反动》反驳，抨击财政部挟官凌商的态度，指出立宪之国，应“国与民似宜休戚相关”，商会在政府与商民之间，应是“部有所委托，商会惟力是视；商会有所请愿，大部惟力是施。钳其口可使之不开，能强其心使之不冷乎？”这表明了上海总商会维护工商界应有之权利的决心。

上海总商会在民国初年袁世凯执政时期，从商民利益出发，吁请政府减免的税种，还有1914年的“特种营业执照税”、“洋货落地税”，1915年10月的“普通商业特许牌照税”。其余为商民请求减免的个案税种，有茶税、土布税、剪口铁出口税、发网出口税、宁茶振植公司所得税、久记木材公司所得税、花纱税、鸡蛋税、土酒特税、津浦路特捐、米糠税、房捐、宅地税、化妆品特种印花税、香烛税、鱼税等数十种。

上海总商会认定确系苛捐杂税，应予为商民请命的原则有四条：（1）同一物品于原有各种税捐外，另添新名目者，系重叠课税；（2）沿用原有税捐名目，而税率较原有为加倍增加，至商民和百姓的负担力不能承受；（3）向来不课税的，在就地行销的零售消费品；（4）未经法律程序公布的课征令的税捐。

属于上述四项原则的苛捐杂税，总商会进行反对的方法也确定为：（1）联合其他商会，函电当局不予以承认；（2）推派代表赴京请愿；（3）在媒体上发表声明，公开指责政府不顾民疾、不顺舆情的行为；（4）推举会董组成专门委员会，联络各业，拟订抗争办法。

上海总商会呼吁制订商法，反对和抵制袁世凯政府及江苏等地方官府的横征暴敛、苛捐杂税，既出于它作为商人团体具有维护商人利益的职责，也反映了它和袁世凯政府所代表的封建专制势力的根本分歧，并由此最终投入了反对袁世凯复辟的斗争。

## 6. 设立各类商事机构为商民服务

上海总商会成立后，在原商务总会就已确立的“开启商资，沟通商情，振兴商学”的基础上，进一步以振兴商业、为商民服务为宗旨，在初步确定的编查商务、发展商业、推广商学、维持商务、补助商政、议结商约、裁判商事、组织竞赛等方面，进行了卓有成效的工作，不仅议董有专门分工，下设中证、调查、陈列等，有明确职责范围。随着商务事务的日益繁盛，尤其是民国初兴国人投资热情的高涨，1915 年第一次世界大战爆发后，欧美列强一时无暇东顾，向中国倾销商品锐减，这就给了国人一个极佳商机，上海及国内沿海各城市的商行、公司和工厂呈上升趋势，这一时期甚至被人称为一个“黄金时期”。上海总商会在这一形势下，也加紧设立了一些专门的商事机构，为商民提供服务。现依次进行介绍：

（1）商事公断处

这是总商会最先设立的商事机构，是专门负责进行调解商务纠纷的仲裁机构。1913 年 1 月 30 日，北京政府司法部会同工商部协同制订、颁布了《商事公断处章程》，责成各地商会附设商事公断处，在商人或法院的委托下，依据相关法令和商事习惯，处理商人间的商事争议及清算事宜，本着公平正确的原则，坚持息讼和解的宗旨。总商会遵照这一章程精神，于 1914 年 1 月 1 日，领国内各地商会之先，率先成立了商事公断处，以张知笙为首任处长。

随后，上海总商会议董常会通过了《商事公断处办事细则》（7 章 37 条），内容是总则、公断处之规定、职员之组织及职务、争议人与有关系人之规定、争议及公断必要之规定、公断之权限及程序、公断处规则等章及条。另外，商事公断处还订定了《关于声请事件通告》（11 条）、《评议场规则》(5条)、《旁听规则》(5条)等有关条规。

根据以上细则、规则规定的商事公断争议的基本程序是，首先得由争议双方的当事人向公断处索取并填具特制格式的声请书，标明姓名、年龄、籍贯、住址、职业、商号、营业地点以及声请事实及理由、公断要旨，同时预缴争议标的1%—2%的公断费；公断处收到声请和相关费用后的5日内，由处长指请数位了解这场纠纷、但又不是关系人的评议员共同研究处理方案，对不甚清楚的事实，处长再指定1名调查员核实查清，以书面形式报告给受理的评议员；评议员持报告多次召集双方当事人及与纠纷有关第三者，进行核实事由，调解纠纷；最后提出书面处理办法，请当事人签字认同，再在7日之内形成公断书，并附上公断处判决票，交付当事人执行，并存档一份。公断书的主要内容是题目、声请人、公断要旨、声请事实、评议理由，最后由公断处处长、该案评议长、评议员签字。当事人在执行公断中，如有一方不执行的，公断处可继续履行督促、调解、公断之责。公断费用由理屈者缴付。当事人也可以共同声请撤销公断。公断书也是进一步上诉公廨、法院判案的依据。①

随着商事公断争议的进行，公断处看到“关于商事上之争议及商业债务纠葛，欲证明事实，辨别曲直，自以清查帐目为最要之根据”。处长张知笙便在1916年2月12日的总商会会董常会上，书面提议在商事公断处之下设立查帐处，经常会公决同意。后即于下一次会董常会上通过了由张知笙拟定的《上海总商会公断处查帐处章程》(4章16条)，内容含总则、查帐处之组织、查帐员之选任、查帐员之职务等内容，并议决由商事公断处处长兼管负责查帐处业务。随即，总商会便聘请专业会计人员为查帐员，专事接受当事人及裁决机关的委托，办理有关帐务复查，提供相关证明等业务。

① 上海市工商业联合会、复旦大学历史系编：《上海总商会组织史资料汇编》(下)，上海古籍出版社2004年版，第658—661页。

由于上海总商会所设立的商事公断处和查账处，对当事人收取一定费用，这两处便有收入：1916年5月至1917年4月共收到为28.450银两。从1914年设立至1918年任处长的一直都是张知笙，而担任处内评议员、调查员的也均由总商会会董、会员按需要抽调担任。

上海总商会设立商事公断处仲裁商务争议，在很大程度上可保护商人的利益，以免遭受其他官府的侵夺，尤其在近代政治还很不清明的历史环境下，也使一般商人免遭诉讼的拖累；同时通过商会来调解之间的纠纷，也利于商人间友好相处，所以被广大工商业者誉为“便利商人之机构”。

（2）正式筹备商品陈列所

清末上海商务总会在发起、组织轰动一时的南洋劝业会期间，上海商界人士就有设立商品陈列所的动议，商务总会曾表示支持。限于环境和条件，此议后不了了之。民国新生，上海总商会成立，商界人士呼吁筹建商品陈列所的声音更强。1915年10月23日的总商会会董常会正式讨论此事，认为：“陈列商品于推销国货、振兴商业极有裨益，上海为国内通商总汇之区，乃中外人士观瞻所系，自应及时举办，以免落后之讥。”随后，总商会便公开发表了《上海总商会商品陈列所筹备启》，详细阐明宗旨为“商品陈列所之设，为商场兴实业，即为国家挽利权，亦为平民谋生计”，同时也在求“无论为天产为人工，罗国货于一堂，证公论于众见，何者为优宜益求进境，何者为次宜速改良图，何者可以谋久长宜保存国粹，何者可以稗仿造宜杜绝来源，作实地之研求，有因时之改革”。① 启事以此号召商界和实业界人士，共同为建设具有相当规模的商品陈列所同心协力，出谋划策。随即由总商会办事机构中的陈列股，开始具体进行筹划事宜。上海总商会还正式公布了《筹办商品陈列所章程》（6章26条），内容有总则、职员及职务、征集、展览会、品评会等，并初步确定所暂设在总商会议

① 上海市工商业联合会、复旦大学历史系编：《上海总商会组织史资料汇编》（下），上海古籍出版社2004年版，第703页。

事厅楼下，一年举办一次，经费由总商会负责。① 商品陈列所负责人由会董中最为积极支持的沈联芳担任，而择定的新陈列所基地则在总商会会所北面。

当年 10 月 25 日，上海总商会在会长朱葆三缺席、副会长沈联芳主持的大会上讨论了商品陈列所的建造经费，据估算约需银 20000 两，如何筹措便有了分歧。另外有会董提出江苏省已有建省立商品陈列所之议，而上海中华国货维持会也有建陈列所之说，是否可联合进行？经过讨论，到会者一致赞同建造。经费拟采取全体会员增交一年会费办法落实，由提议此解决方案的会董陆费伯鸿负责。

然而事与愿违，来年统计各会员缴来会费和前议事厅建筑公债情形后，结果并不理想，因此此事暂时搁置，但仍努力筹措进行。

（3）组织参加巴拿马赛会

就在上海商界和一些商人团体酝酿筹备建立商品陈列所时，一个与其相关的消息正从大洋彼岸传来：为庆祝中美洲巴拿马运河的开通，美国政府决定于 1915 年 2 月 20 日至 12 月 4 日，举行“巴拿马运河开通纪念万国博览大会”，中国也被邀请参加。中国自 1851 年首次参加伦敦世界博览会，至民国建立共参加过 29 次博览会，可惜由于清政府愚昧无知，竟将参会的组织权都畀于了中国海关洋员总税务司、英国人赫德，被人戏称为“赫德之赛会”。②1905 年清商部设立，涉及世博会活动，商会仍被排斥在外。辛亥革命后，国内振兴实业呼声日高，国人睁眼看世界，要求开放的愿望更强烈，对世博会的关注也今非昔比。美国宣布举办这届世博会，中国报纸便作了大量报道，国内掀起一股“世博会热”。北京政府农商部为此于 1913 年初就成立了筹备巴拿马赛会事务局，并通函国内农工商各团体，积

① 上海市工商业联合会、复旦大学历史系编：《上海总商会组织史资料汇编》（下），上海古籍出版社 2004 年版，第 718 页。

② 张忠民等著：《近代中国的企业、政府与社会》，上海社会科学院出版社 2008 年版，第 232 页。

极组织参加这次博览大会。它在给上海总商会函中说明："此次赛会全以改良商品，拓张贸易为根本扼要之图，我国地大物博，琛异骈罗，果能考究改良，揣摩外人心理，精研制造装潢及广告之术，何患神州物产不能投销欧美，所虑者泄沓因循，锢习不化耳。"因而，政府决定请各团体组织出品人赴赛参会，若能"通力合作，务底于成，则非独实业前途之幸，而亦中华民国前途之幸也"。同时，还详细告知了赴赛参会的计划纲要，内容包括主义、调查、选择、诱导、奖励、组织、展览、编订、包装、运送、陈列、装饰、广告、保险、资格15项。为此，江苏省也成立了江苏筹备巴拿马赛会出品协会，并要求各县以商会牵头成立分会，具体订定了协会章程9条、协会分会规则10条，以及《出品同盟组织法条例》等文件，确定宗旨、名称、组织形式及会前、会期、会后的各项准备工作。

上海遵照北京农商部和江苏省的旨意，于1913年12月组织了"巴拿马赛会上海县出品协会分会"，由上海县知事担任会长，总商会总理周金箴担任副会长，设事务所于沪南商会内，总商会受命担任征集赛品的主要任务。1914年1月17日，在总商会第一次议董常会上，就这一任务就进行了详细讨论，议董一致认为：上海为中国第一通商巨埠，应征集广博而精良的商品参赛、参展，以推动国内商业前途的发展；而对落实征集赛品的具体举措，又不可草率疏忽。经认真讨论，会议首先推举议董王省三、沈仲礼为赛会赞助员，具体负责联络指导此项工作，又推举劝导员若干名分工负责征集赛品，后议定由哈少甫任美术、书画、雕刻、玉器、仿古玩类劝导员，洪文廷、郑锦峰任磁器、陶器、顾绣业劝导员，徐乾麟任工艺、毛皮业劝导员，吕葆元、王介安任绸缎、丝织品业劝导员，闻兰亭任文学类、商务印书馆、棉纱、土布、机布、纱布厂劝导员，谢蘅牕任宁波木业、府绸业劝导员，沈润挹任子花、花衣、花核业劝导员，穆杼斋任棉花类、教育类劝导员，陆伯鸿、项如松任转运业、美术类、机械制造业劝导员，张乐君任油豆饼、农业、牲畜、米麦杂粮业劝导员，钟新甫任园艺类劝导员，胡志源任农业、酱油业劝导员。这些人员的确也是陈列所劝导行业或专业有造诣、有经验的行家里手。待总商会和以上劝导、征集商品人员一一落实后，总商会又立即在各大报纸上刊登广告，要求各界、各业加紧与总商会联系，以使参赛、参展顺利进行。上海总商会全体议董、会员及会友如此重视这一博览大会，的确是把它当作一次“振兴中国实业，挽回外溢利权”的重要机遇。为此，总商会还特别拨出1000银元作为筹备活动经费。

1914年5月6日至18日，上海总商会将所征集的赛品，先期在上海大南门贫民习艺所内举办“赴赛出口物产交流会”。会上陈列展出的赛品有：农作物种子、酒类、酱油、绿茶、花衣、花核、花种、泰丰罐头食品、五洲药品、花露水、香粉、各学校的画品、绣片、美华利大钟、宜兴紫砂磁、工艺品、汗衫、疋布、洋细布匹、苏州绣品、地毯、银器模型、图章、铜器、轧发刀、曹素功徽墨、竹丝编品、腊松、香芸香、牙粉、花粉、棉纱、土布、花呢、纱缎、花绒等。展会期间，每天到会参观的人数有2000多人，闭幕当天，驻沪各国领事及商人也到会参观。

由于清末组织参加各国赛会的厂商所提供的赛品，在参赛中曾发生遗失或有出售的赛品价款无着等原因，所以在这次劝导参赛中，有部分厂商顾虑重重，要求总商会应承遗失或受损赔偿承诺，并且在出品收据上加盖总商会的图章。总商会经与各方面磋商后，专门制订了《巴拿马赛会出品赔偿损失简章》，其主要内容如下：（1）本省协会、分会对于各项出品完全负责，如有损失，照价赔偿；（2）本省协会自接收分会出品之日起，对于分会负责任，各县分会自接收出品人出品之日起，对于出品人负责任；（3）非卖品及借品均由出品人预拟价值，经接收出品机关认可者，即定为赔偿损失之标准；（4）当然之损失不在赔偿之列（如物品之感受风日气化及经久自然腐变，非人力所能保护者）；（5）特别损失在无可保险之各县分会，不任赔偿；（6）特别损失非保险所能及者，省协会、各县分会均不任赔偿。

农商部在组织赛会参观团时，还应美国商会的要求，组织了中国实业代表团访美，组团时又特别要求京师、上海、天津、汉口、广州五地推举“熟悉实业情形、素有声望者一人，作为团员，量予补助，以壮厥行”。据此，上海总商会公推一人作为代表团成员在参观巴马拿马赛会后继续访美，后推定聂云台为上海总商会代表，聂还被推举担任中国实业代表团的副团长，随团长张謇在美国作了为期两个月的参观访问。这次访美成功，被学者评为：“是中国商会走向世界的一次初步行动，中国工商界在中外实业团互访中产生的国民外交观念，是中国商会进一步走向世界的思想前提。”①

1914年9月，国内包括上海赴会赛品开始启程，陆续被运往美国。上海总商会议董叶明斋、刘松甫被推为巴拿马赛会参观团成员赴会。

1915年2月21日，这届巴拿马太平洋万国博览会在美国西海岸的旧金山三藩市举行，由美国总统威尔逊在首都华盛顿按动电机开关宣告正式开幕。此次赛会近10个月，于当年12月底闭会，世界各地有41个国家出席赛会。中国的赴会赛品独占会场的第九馆，展出数量达20万件。在赛品评奖中，中国获得大奖章56个、名誉优奖章67个、金牌奖196个、银牌奖239个、铜牌奖147个②，参展的茶、丝、瓷、绣均有特奖获取。上海总商会以特奖出品为依据，通告各业改良产品，强化国货出口的能力。

巴拿马赛会结束后，上海总商会又多次致函农工商部，恳请赛会事务局本着征集赛品时的信用，监督运回参展赛品。在总商会的函请督促下，参展赛品于1916年1月至3月，分批被运回中国，并发还给出品人。这次上海总商会参与组织的世博会参展，重塑了中国和上海国货产品形象，也使商会在商民中获得了良好的信誉。同时，它在上海的成功预展和总商会商品陈列所的筹措与兴建也起到了相互促进、砥砺的作用。

（4）继续办理华商道契

从清末开始办理华商道契，至1912年中华民国建立，由于田单原契须

① 虞和平著：《商会与中国早期现代化》，上海人民出版社1993年版，第123页。

② 张忠民等著：《近代中国的企业、政府与社会》，上海社会科学院出版社2008年版，第239页。

先送上海商务总会编号注册，再呈会丈局及上海道台核准盖印，才置换成华商道契，而时人偏迷信洋道契，所以共办理不及100份。民国以后，由于政权更迭，原清政府上海道署被撤废，原道署的盖印权一时归外国领事团。1913年民国政府沪海道尹设立，原会丈局仍属其下，办理道契事务。1915年4月，因商民朱得传前购严耕记田亩系办的是华商道契，在土地用途发生变化向工巡局提出申请时，却获从缓办理答复。上海总商会呈文沪海道尹杨晟："查华契于前清光绪年间立案，系为挽回主权而设，历经办理多年，自民国成立，因县公署未经议决，故新契暂行缓办。"但后咨城壕丈放局并请禀报北京财政部，请求继续办理华商道契。经财政部批复："详悉。华商购地信用道契既系沪上习惯，准许商会所请，照旧发给"，并知照上海工巡捐局及会丈局等相关方面协同办理。① 由于中华民国成立，国人自尊、自信心理增强，前来办理华商道契的日见增多，总商会便筹备设立华商道契处，由会长亲自负责，遇有办理事项时，则由会长临时委派办事会董经办。自此以后，任何公共机关和商人等在上海、宝山境内购置地产，均可将田单到总商会换领华商道契。华商道契处后于1917年2月正式设立。

上海总商会在章程制定公布后，机构也日臻正规、健全、完善，会中活动自是愈发活跃、频繁和专门化，由于它的活动越来越深入及专业化，它也聘请或任用了一些专家人才。总商会也真正担负起了联络商界，推进商务，发展商学的重任。

## 7. 团结上海地区其他商会共同合作

辛亥革命的成功和中华民国的创立，都极大地振奋了国中民心民气，大量的社会团体如雨后春笋般地涌现，其中就包括由商人发起、组织的商界团体。原上海商务总会和上海商务公所合组总商会后，上海还有两类商界团体，一类是部分行业发起组织且有特定活动宗旨的团体。如由上海绸

① 上海市工商业联合会、复旦大学历史系编：《上海总商会组织史资料汇编》(下)，上海古籍出版社2004年版，第740页。

缎绉业、衣业、典质业等于1911年12月成立的中华国货维持会；1912年3月由工业企业家组织并请孙中山担任会长的中华民国实业联合会；1912年9月由上海工厂主赵端等人发起的中华实业团；1913年3月由旅沪侨商、华侨银公司经理徐锐，华侨联合会会长吴世荣等组织的同仁民生实业会等。这一类商界团体，在以后产生较大社会影响的是中华国货维持会，它在民国初年袁世凯政府时期，在反对日本倾销日货及推广国货运动中，起到了一马当先的作用。

另一类商会团体，是上海的区域性或地区性商会，它和总商会具有更深一层的组织和活动联系，两商会中会董、会长、副会长也有曾交叉出任的。其中沪南商会成立于民国初年，且一度改名。1913年3月，改名上海南商会；1916年3月31日，经会董特别大会决议，又将上海南商会改名为上海县商会（以下简称县商会）。

1906年（清光绪32年）成立的沪南商务分会，于辛亥革命后的1912年4月10日改名为沪南商会，并改选出顾馨一、王一亭、沈缦云、干兰屏、张乐君、林莲荪、叶惠钧、李平书、李泳裳、郁屏翰、汪宽也、朱子谦、姚紫若、黄友林、朱吟江、苏筠尚、王鞠如、陆松侯、范麟书等19名议董。议董会又选出顾馨一为总理、苏筠尚为协理。自4月20日起，全体议董到会就职，并分工为文牍、会计、理案、纠仪、调查、庶务、中证等7类议董。1913年3月，沪南商会改名为上海南商会，又改选出议董19名：顾馨一、苏筠尚、王一亭、张乐君、郁屏翰、叶惠钧、干兰屏、沈缦云、姚紫若、李平书、汪宽也、朱吟江、范麟书、陆松候、叶鸿英、干湘春、李泳裳、孔鲤庭、黄友林。其中上届林莲荪、朱子谦、王鞠如不再担任，补叶鸿英、干湘春、孔鲤庭3人。顾馨一得92票为最高。当天，议董互选总理和协理，顾馨一、苏筠尚继续分别当选。

1916年3月31日，上海南商会召开议董特别大会，根据北京政府的《商会法》，议决确认改会名为上海县商会。同时，又一致公决上一年选举继续有效，只是将总理和协理分别改称会长和副会长，议董改称会董，各业董仍称会员。这样，19名会董中除陆伯鸿、莫子经、穆杼斋、钟新甫、闻兰亭、王文典、葛吉卿为新人外，其余均是老议董。顾馨一得85票为最高。并由顾馨一、苏筠尚分别继续连任会长、副会长。

这次由上海南商会改名为上海县商会后，正式制定了《上海县商会章程》，这一章程于1916年公布，共有10章33条，包括区域、职员、会址、会员、选举及任期、会议、会费及会计、附则等内容。其中区域明确规定："名曰上海县商会，以县行政区域为商业区域，但闸北及各乡镇之已设商会者不在此限。"会址设事务所于原沪南商务分会址上海南市毛家巷。选举规定由上海县知事到场监票，会长、副会长由会董选举时最多数、次多数依次担任，任期二年。这次章程中最有新意的是会员一条，规定："会员无定额，凡在本区域内之正常营业，无论各业之公所、公会或公司行号及商业个人等，有合于商会法第二章第六条资格之一者均得入会，惟须本会会员两人介绍，缮具入会信约及介绍书送会，经常会通过，即认为本会会员，介绍人须担负入会者完全遵守本会章程及关于本会应尽之义务。"

章程对职员及会员的责任权限都有明确规定：（1）会长总理会务，对外为本会全体代表；（2）得支配会董分任职务及聘任办事员、雇用工役；（3）担负筹划会费；（4）议事时主席会场；（5）于法定会期外，遇有要事得召集特别会议；（6）副会长辅助会长襄理会务；（7）会长有事不能到会或开会时会长缺席均得代行职务。会董：（1）会董有选举会长及被选举会长之资格；（2）筹议会费，分任职务；（3）得会董全体三分之一之同意，请开特别会议；（4）议事时得列席发言，有议决权；（5）特别会董应以经验知识研究、工商事业辅助会务进行。会员：（1）会员皆有选举权及被选举会董资格；（2）筹议会费，报告商情；（3）有会员全体十分之一以上同意，得请求召集特别会议；（4）议事时得列席发言，有议决权；（5）遇商事冤抑及钱债纠葛等事，得叙述理由，请公断处评理；（6）有商务交涉而中外法律间有出入或不明了者，可向会中咨询研究；（7）拟考察商务，本会可介绍者得介绍之；（8）凡组织路、矿、林、牧、渔、航等各重要公司及各业设立公会，对于官厅得请由本会调查核实，具书证明。章程规定行业会所、公司行号团体会员会费一年为银圆100元；公司行号之职员或独立经营之工商业以个人名义入会者一年纳会费为银圆50元。

章程的附则还规定，县商会为调处商事争议，则设立商事公断处，除遵照部颁公断处章程及办事细则外，该会还当就“地方情形参酌商事习惯，编订单行法，以收因地制宜之效”①。

这一章程得到了许多商家好评，因为它比较多地顾及了会员的利益：有选举及被选举会董的资格；对会内议事有发言权、议决权；商会及时报告商情；如组织公司或同业公会得于会备案；也可请县商会调查情况向官厅提供有关证明；会员遇商事冤抑及钱债纠葛等事，可请县商会公断处评理，并可向会内咨询中外法律。这不仅反映了民国建立后国内民主空气日益浓厚，也体现了保护工商业正当经营、发展的时代要求。

上海总商会作为上海乃至全国最具影响的商会团体，对同地区这两类商人团体，都是以“相互扶掖，同振实业”的团结、合作态度，一同进行了许多沟通或抗争。1912年12月27日，中华国货维持会首先倡议发起上海各业人士“维持国货”大会，总商会予以支持协助，大会在天后宫总商会会址召开，到会人士无不慷慨激昂。会议由国内外交界名流伍廷芳任主席，并发表主旨演讲，伍疾呼：“我国自与欧西各国通商，洋货充斥，国货滞销，利源外溢，何可胜数，今欲巩固国基，须从根本着手，其道维何，曰实心实力振兴实业而已。”中华国货维持会发起人虞洽卿等人也在会上讲话，总商会总理周金箴发言称：“挽回利权须从根本上补救”，提议“自编浅近白话，切实劝用国货”。这一上海总商会也参与推进的国货大会，当年其实效虽有限，但意义重大，表明经历辛亥革命后国人的国货意识正日趋强烈。

① 上海市工商业联合会、复旦大学历史系编：《上海总商会组织史资料汇编》(下)，上海古籍出版社2004年版，第825—830页。

1914年2月，中华国货维持会曾请上海总商会共同呈文袁世凯政府："外货日充，内货日困，势必演成民穷财尽之现象。"① 之后，日益高涨的国货运动，总商会更是积极参与者之一。会董常会委会董朱葆三负责国货调查，加强联络，设立国货销用机关。1915年一战爆发后，国内工商业获一线生机，但日本趁此"也大输舶来品于我，无不利市三倍"，更加紧了对中国的渗透和侵略。上海商界人士对此高度警觉。同年2月，日本向袁世凯政府提出"二十一条"，以进一步独占对华侵略利益。消息传来，国人无不愤慨，上海各团体万余人在张园集会抗议，商界人士占相当部分，"其中尤以小店商人为多。"② 会上，上海总商会会董虞洽卿等演讲并发起救国储金，宗旨为"巩固国基，激励人心"。后经总商会常会议决同意出面劝募，共认购到27万元。由于中华国货维持会其间宣扬推广国货之踊跃，会员从1912年的113人增加到1915年的629人，尤其是1915年6月在北京举行的声势浩大的国货展览会，该会和上海总商会一同协助征集展览商品，并起了很大作用。会后，总商会便有筹备设立上海商品陈列所之议，并与中华国货维持会等协商合作进行。

另外，上海总商会和其他商会团体共同合作抗争的事例也很多。尤其是在抵制袁世凯政府和江苏、上海地方官府的穷征暴敛及各种巧立名目的搜刮中，总商会和其他商会团体通力合作，并担负起了商界代言人的重任。无论是江苏省的所谓产、销分征的二次重复稽征，还是袁世凯政府的直接加税令，总商会在接到沪南商会和各行业商董因苦不堪言而请代申诉的信函后，确实在会董常会上认真仔细地研究，并和他们共商对策。尽管袁世凯政府曾有"如再有会议阻挠情事，即惟该会（上海总商会）是问"的威吓，但总商会还坚持据理力争，声言政府如不欲思改革，窃恐众怨所积，难免激起风潮，目下商困已达极点，纵使稍事宽容，犹恐为丛驱雀，若再

① 上海市工商业联合会编：《上海总商会议事录》（第一册），上海古籍出版社2006年版，第301页。

② 李希泌等编：《护国运动资料选编》（上），中华书局1984年版，第22页。

贪务多得，必致华市成墟。随后，总商会又吁请报界发表消息、言论，如《加税感言》等抨击文章，为商界鸣冤叫屈。

实际上，袁世凯政府本已罗掘俱穷，只能是一意孤行，百般搜刮以供其穷兵黩武，致使商民怨声载道，不断以罢市、暴力抗捐等行动来与政府对抗，这也意味着离它的统治结束已为期不远。

总商会对袁世凯政府以暴力压制商民的倒行逆施，曾痛斥："钳其口可使之不开，能强其心使之不冷乎？"① 这道出了商民的心声，也表明了总商会在各商会团体中的引领和主干作用。

① 《加税感言》,《申报》1916 年 12 月 21 日。

# 四、参加反袁世凯复辟斗争

## 1. 支持和投入国内爱国、民主活动

尽管在民国初年孙中山和袁世凯的斗争中，上海总商会曾一度站在了袁的一边，但在经济、政治和思想等方面，它与袁世凯还是有很多分歧和冲突的，尤其是在反对外敌侵略和维护国家主权、民主共和体制等根本问题上。这就促使上海总商会不顾袁世凯的阻挠投入许多爱国、民主活动中，并发挥了商会团体独特的作用。

当时，中外关系中最为紧迫的是日本侵华，日本必欲置中国于其铁蹄蹂躏之下，因而无时无刻不在策划对华阴谋和挑衅。1911年中国爆发辛亥革命，日本眼看中国摆脱专制政体羁绊，将进入新的时期，它的独占野心将难以实现，便更加紧对中国进行各种破坏。1913年8月，中国南北战事爆发期间，日本浪人和特务就在上海、山东沿海插手寻衅。南北战事稍一平息，日军又在河北昌黎公然制造了枪杀中国巡警，并拘押县知事的严重事件。袁世凯因正式就任大总统典礼日在即，竭力对日本退让，不敢做任何交涉，任凭日军胡为。

上海总商会通过报载知闻此情，于10月7日召开特别会议，议董一致公决致电日本东京商业会议所，并转呈日本政府，以表示中国民众对日军暴行的抗议。会议讨论中，总理周金箴曾提议，此事不必致电北京政府，因“年来政府方以民意嚣张为虑”，反而对人民反日爱国热情十分焦虑。但会议公决仍表示要将此电抄送北京，以“使政府知我苦心，体谅上海商人稳健”。① 同时，会议还公决通过了《电贺大总统案》，称：“民国艰虞，百

① 上海市工商业联合会编：《上海总商会议事录》（第一册），上海古籍出版社2006年版，第135—137页。

废待举，大总统正式礼成，斡旋机运。民国万岁！大总统万岁！”① 这又表明在对日本抗议的同时，又寄厚望于袁世凯能为民国创一新局面，使国家日益富强独立。

然而，很快在这一事涉国家独立的重大问题上，总商会与袁世凯渐行渐远，尤其在1915年5月《大公报》等披露出袁世凯与日本秘密交涉案的内幕后，举国舆论哗然。日本竟然妄图趁一战英美列强无暇东顾之际，以支持袁世凯称帝为诱饵，以“二十一条”（即日本对华多项领土、领海及主权、经济利益等侵略条件）来达到独占、吞并中国的野心。同时，日货也趁机在中国华北、华东沿海疯狂渗透和倾销，呈愈演愈烈之势。中华国货维持会请上海总商会联合商会团体，共同呈文北京政府呼吁抵制日货。因此，当日本向袁世凯提出“二十一条”的消息传来时，国人无不闻之色变，上海上万人在张园集会抗议，抗议群众中除青年学生外，很多为中小店东和店员。这次集会抗议，总商会议董虞洽卿等人积极参与筹划，并登台演说，总商会对会议发起的救国储金也出面进行劝募。然而，日本并未知难而退。5月7日，日本政府竟公然通牒袁世凯政府接受所谓“二十一条”，次日，袁世凯发表谈话含糊其辞承认。这便使中国人民的反日义愤，像火山一样爆发出来。国内各界组织对日拒约会，斥责袁世凯甘心卖国。北京内政部下令查禁所谓“语言威胁”。

5月22日，上海商团联合会要求总商会领衔通电拒绝“二十一条”，总商会经会董常会公决：不拟公开发电，但可由会员参加通电抗议，本会在商言商，未便加以干涉。6月5日，又有议董临时动议，要求总商会应允与商团联合会共同通电拒约。总商会再度以上述立场答复。而这时许多会员，包括部分议董，都已签名抗议函电，投入了反日斗争潮流。总商会以不由团体出面，但又不反对会员个人参加的办法，回避与袁世凯的直接

① 上海市工商业联合会编：《上海总商会议事录》（第一册），上海古籍出版社2006年版，第138页。

冲突，反映了它对前景的观望态势。

这一时期，总商会在爱国运动中的表现，同样在上海租界华人参政，维护主权和保障商民利益等方面反映出来。当时，华人奋斗的目标，是在工部局设立华董，但遭到英美列强公使团和租界当局的竭力阻挠。1915 年，袁世凯为取得英美列强对他一系列倒行逆施的支持，以批准继续扩大租界范围为交换条件，当时袁曾表示转达上海商民意愿，允许在租界设立华人顾问会，可是在他派出的外交部上海交涉员杨晟与英、法等国谈判时，将包含这一条款的所谓“扩充租界的 13 条协定草案”弃之一边，使上海租界华人的这一愿望没能实现。但总商会不轻言放弃，仍不懈地进行努力。并在斗争中采取“循序渐进”的策略，以“逐步成功”的方式实现理想。总商会的这一思路，当年就褒贬不一，有的讥嘲为“因循守旧”，有的赞扬为“稳健著称”，但它维护民族、国家利益的大方向是明确的。并且，正由于总商会具有这一基本的爱国立场和民主共和信念，它与袁世凯的裂痕，日益加深，终至破裂。

同样，袁世凯上台后举行的诸如“祭天”“尊孔”等系列活动，所暴露出的浓厚的封建专制色彩，使上海总商会既从理念上难以苟同，又对其动机深为疑虑。1913 年 6 月，袁政府颁布所谓尊孔令。8 月，便有所谓由遗老遗少组织的“孔教会”团体上书国会，要求“于宪法上明定孔教为国教”①。袁世凯政府内阁一批显赫要员纷纷通电支持呼应，而由孙中山领导的国民党员占多数的国会宪法起草会员会坚决否决。受民主共和思想影响较深的上海旅沪粤商通电反对，并要求上海总商会转呈袁世凯政府。上海总商会在讨论北京国务院、参众两院征求该意见案时，多数议董明确表示了反对，认为以“孔教为国教”属荒唐，中国儒家学说并不为教义，此举违民主共和体制，民主制度本主张思想自由，反对以某一学说来统治国人的思想理念。所以一致公决：“可将宪法起草会否决孔教理由书和旅沪粤商反对通电径呈北京”，“以代表本会意见。”这也说明总商会部分议董已对袁

① 李佳白：《读孔教会请愿书》，载《孔教会杂志》第一卷第八号。

世凯所持有并力图恢复的专制理念，有明晰的分歧。

实际上，袁世凯这一些思想理念上的“开倒车”，正是为他恢复旧政治体制服务的。他随后就以所谓“改变公文程式”，更凸显官品等级，企图恢复原清朝官制。这时，上海总商会便与农商部多次抗争，认为“民国建立，应捐除阶级，开通隔膜”，而这一做法：“致伤全国商人之感情，故一律反对，责令本会领衔抗争。”这一事例证明，总商会已有更多议董对袁世凯的专制面目有所警觉。当然，对于千方百计要把行政权集中在自己手里的袁世凯来说，这一些抵制行为，他也根本不放在眼里。

引发袁世凯政府与上海总商会更深层面直接冲突的是地方自治一案。地方自治是上海商人要求政治改革和经济发展的产物，自清末起，上海各商会团体积极参与发起，创办市政，修桥筑路，办报馆，兴实业，倡教育，于卫生、文化、体育、慈善等各项事业，都卓而有成。开创者之一李平书谓：“夫地方自治，为目前救病之急药，救灾之急振，断不能迁延时日，……况上海之地方自治尤为珍果之萌芽。”①辛亥革命后，地方自治公所改为市政厅，官员由选举产生，一度为正式的地方政权。袁世凯于讨袁战争后，急欲将商人执掌的地方权力控制于他一人之手。他以改革地方官制为由，公然下令停办地方自治。这就远超出清末尚许办理地方自治的皇权专制的程度，使上海总商会及商界人士俱感寒心。后来，江苏民政长奉令宣布，江苏所属的上海地方自治机关于3月31日前全部结束。上海市政厅由县知事接管，闸北市政厅解散。袁世凯命令下达，总商会虽以“不欲讨论”表示消极态度，然又于议论中“纷纷犹疑”，实际上是难按内心的极度不满。上海商人将清末民初仅有的一点自治权力都失去了，这也完全使他们认清了袁世凯为配合他帝制霸业，只准他有权，不准他人有权的独裁本质。

与以上所列各案相比较，对总商会自身地位、影响有直接作用的还是“改组商会案”。袁世凯执政初，为在与孙中山斗争中拉拢上海总商会，曾

---

① 李平书：《且顽老人七十自述》，上海书店出版社2012年版，第456页。

亲口同意按上海商界代表团王一亭等提案，发起组织总干事所并设在上海总商会的全国商会联合会，承认它在全国商会中的凸出引领地位[①]。王一亭等人倒对此将信将疑，因为他更了解商界内部的种种纷争。

果然，张謇被袁以“重礼”迎任农商总长，他认为首先要加强工商业立法，包括修改商会法。但他作为全国商界领袖，和上海总商会的关系却极微妙。就根子说，上海总商会由盛宣怀、严信厚等人发起沿袭而来，盛、严又是通过清政府和李鸿章的洋务运动而发迹，更多的具有官商色彩。张謇因甲午惨败，民族危机日深而走上实业救国道路，后参与维新变法，发起立宪运动，与盛宣怀等政见不一，尤在辛亥革命前夕，盛为立宪派攻击的目标之一，他与上海总商会的一些人士也存芥蒂。

当然，张謇更深的考虑是什么，这不得而知。然而，他对上海总商会据全国商会团体的领袖地位，成为他主政的农商部外的另一个中心，显然是他不愿意的。袁世凯权术的一个明显特点，就是利用对手之间的矛盾来削弱他们，这是明眼人一见便知的。因为，张謇此令一出，前设上海的全国商会总干事所不仅自然解体，连上海总商会及各省总商会也都遭釜底抽薪。所以，他们也对张謇群起而攻之，这正好又被袁世凯利用。袁世凯摆出调停双方、不偏不倚之态，下令暂缓施行，后又批农商部依上海总商会意见修改。

这样，风波看似缘起于张謇，而袁世凯在张謇与上海总商会之间竭力权衡，互有偏袒，使用一石二鸟的权术，还是让人一目了然、不寒而栗。尤其袁复辟帝制阴谋已路人皆知，他两面利用的企图，更使上海总商会对他怀有戒备。上海总商会与袁世凯在各种纷争中，那种若即若离、隐隐闪闪的关系，是十分耐人寻味的，这也显示着利益和理念的截然分野。

10月，袁世凯帝制丑剧终于揭开面纱公然出台，上海总商会表面上未予理会，甚至连议董常会也没有任何谈及，实际上这是以沉默回避当时甚

① 陈祖恩、李华兴著：《白龙山人王一亭传》，上海辞书出版社2009年版，第59—61页。

嚣尘上的“劝进”浪潮，维护共和底线。袁世凯对上海总商会的这一态度，自然感觉很不满意。10月9日，上海总商会议事厅落成，袁世凯特赠“信义彪炳”贺匾。他以赠匾的形式，重提对二次革命后总商会“夙著信义”的表彰，其用意更是“此地无银三百两”。10月22日，他任命总商会总理周金箴为沪海道尹兼江苏对外交涉员。周云：“坚辞不获，行有日矣。”说明袁对周的这项任命，酝酿已非一日。以周这一商界人士，出任上海政务官及江苏对外交涉官，从袁这一面来说，自然是格外青睐，特别恩宠了。对此，议董中多数人仍冷然视之，并无庆贺之词。个别人表示逢迎，如傅筱庵便说，不仅商界荣光，也不至官商再有隔膜之虞。实际上，官商一体，同效命于袁世凯，这正是袁此举最期望的。

12月20日，洪宪帝制有登峰造极之势，一时谣琢风传，全国人心动荡。加之袁世凯历年扩军和筹备帝制都耗费巨资，债台高筑，全仗滥发纸币、国债来维持危局，更使国家金融枯竭，国库空虚，银行摇摇欲坠。此时，民间又传言年末还将加税，益使商民人心惶惶，不可终日。1916年元旦前夕，时近年关，上海市场因“米商为米货加税，皆裹足不前，存米仅不足40000石，每日需米万石，仅有数日之粮，关系尤巨”①，市面极度黯淡恐慌。

这时，继蔡锷在云南举起护国讨袁军大旗之后，广西、广东、浙江等地讨袁军也云起响应。国内政商等界人士通电反袁，上海一些商会团体也纷纷发表反袁言论。旅沪粤商公所便通电并照会上海总商会：有以运输船只运载袁军者当为公敌。同时，使上海总商会议董们深感大势所向的是江苏督军冯国璋也暗中策动倒袁，冯国璋以东南实力派自据，声称保境安民，并通过周金箴与上海总商会进行沟通。周金箴虽新任沪海道尹，但为总商会原总理，由周接洽，总商会与冯国璋以做应变筹划。4月16日，有风传

① 上海市工商业联合会编：《上海总商会议事录》（第二册），上海古籍出版社2006年版，第673页。

浙江独立，江苏不稳。冯国璋特电上海总商会称：“浙省秩序间由屈使维持，现已宁静如常，自无兵事可言。国璋奉守珂乡，定当力保治安，以副雅望。”① 当时，总商会有议董，因忧虑形势恶化，也提议致电冯：“苏省商民困苦已极……请予维持”，要求总商会经沪海道尹周金箴电呈冯国璋“保境安民”。但经总商会公决：有冯上将军力保治安，本会无须再电。此提议遂被压下。而在这次反袁世凯帝制复辟中，上海总商会真正发挥作用的是抗拒袁政府“停兑令”的斗争。

## 2. 抗拒北京政府“停兑令”

在袁世凯统治初期，上海总商会作为国内最大都市统一的商人团体，它与政府之间肯定存在许多的矛盾、抵触，甚至发生一些激烈的冲突，因为在国家发展方向上，二者有着极不相容的对立。民国肇始，商会和商界人士期盼在民主共和制下，经济和实业上升、振兴，自身得到发展，国家得以富强、独立。为了实现这一目标，商会在孙袁斗争中都一度倒向袁。而袁世凯却走向了一个怪圈：他追求更大的专制集权，政治上则趋向倒退，在遭到反抗后，就依赖扩充军、警武力镇压，这就又引发新一轮军、警费膨胀的财政危机；再变本加厉搜刮，导致更大的新的动乱，仍是求助于武力、暴政，直至帝制自为。因此，袁世凯最后一幕复辟闹剧，也正是他这一政治逻辑的必然结局。

当年袁世凯政府和总商会的矛盾，首在经济利益。政府的搜刮使商人包括一般市民纷纷破产，上海丝商几次冒险发动请愿抗捐，实是不堪重负。后上海总商会领衔呈文反对政府的令牌照税、苏省货物税加征二成等，也都是出于无奈，商民群起责难，总商会已“无法坐视不顾”。这些此起彼伏的抗捐、请愿事件，终又引发了遍及河南、河北数省的白朗战事，袁调重

① 上海市工商业联合会编：《上海总商会议事录》（第二册），上海古籍出版社2006年版，第689—690页。

兵镇压，军费浩大。不久袁世凯又筹备帝制，财政更到了岌岌可危的地步，连上海总商会议董都说出了“只有辍业待毙”之类的愤激语言。这说明不仅是中小商人，连总商会成员这样的大商人，对袁的态度已发生遽变。

袁世凯执政不久，1914年8月一战爆发，部分原向中国销售的英、法、德等欧洲国家产品，暂不能来华，这些国家在上海等地企业也抽资回国，这本是国内实业发展的机遇，但因袁倒行逆施引发的国内动荡和经济萧条，使许多良机错失，让日本抓住机会得以发展，形成对中国新的压迫。甚至使原以输英法等国为主的上海丝业，大批歇业陷入深重困境，上海道尹邀总商会共同会商，向上海英商汇丰，华商中国、交通等行借款维护，袁世凯也未予理会，忙于筹备帝制，他与上海总商会和商民的关系最终走向破裂。

双方交恶和经济形势进一步恶化，就导致了1916年5月上海中国、交通二行抗拒“停兑令”的事件。由于袁世凯执政后财政历年亏空，便滥发纸币以维持财政开支，到此时库存现金已不足发行额的三分之一。而且，造成如此巨大亏空大多是因为各项政务耗费垫款，这对银行是极大的风险。袁世凯悍然帝制自为，各地反抗蜂起，云南首先兴兵讨伐，各省纷纷响应，袁为血腥镇压，急令筹措军饷，便下令中国、交通两行继续增发大量纸币来维持支付。顾虑到现库存银两流出，可能引发大规模通胀，就强令将二行各地分行的库存现银统一集中到北京保管，即停止各分行纸币与银两、银元的自由兑换。这一密令刚一发出，上海等各大城市就获知信息，在商民中纷纷传开，于是齐向二行兑现银两、银元，致使上海等多地发生了挤兑风潮。所谓挤兑，就是银行门前人山人海，抢着用纸币换回银元、银两。这是当年银行最大的经济风险，因一旦银元、银两断供，银行就可能倒闭、歇业。袁世凯于5月12日不顾舆论和银行死活，下令实行“停兑令”，使上海市面顿时陷入一片恐慌和混乱之中。

次日，上海总商会紧急召开议董常会讨论应对之策，会场气氛沉重。当时，上海商界尤其是银行界领袖人士宋汉章、张嘉璈等已有秘密商议，认为骤然停兑必将影响金融信誉，造成社会动荡。同时担任江苏督军的冯国璋，原为袁手下直系将领的首领，但目睹袁的帝制自为，将会给江苏等地造成极大的灾难，也生二心，和上海商界及反袁力量已有沟通。上海银行界和商界人士在冯国璋的默认及其他方面人士的配合下，经策划决定抗命照兑。所以在会议上，银行界议董言辞十分激烈，其他行业议董也纷纷呼应。面对这一群情激昂的场面，上海总商会经会议公决，一致赞同抗兑。于是，由中国银行上海分行的正、副经理宋汉章、张嘉璈主持，毅然实施对抗袁政府的“停兑令”，他们联络浙江兴业银行、浙江实业银行、上海商业储蓄银行等组成中国银行商股股东联合会，在上海《申报》等各大报纸连续发布通告，表明中国银行上海分行照常兑付存户的现款，而停付政府支取的各种款项，并致函上海总商会转告各业，各业企业如有损失，将由中国银行商股股东联合会负责向政府交涉。

随即，上海总商会采取积极的配合措施，向所属各业公所发出通告：“中国银行准备现银甚为充足，不特发行之钞票照常兑现，即将来存款到期亦一律照付，该沪行内容之可靠，诚信而有征，惟钞票为辅助现金，全赖市面流通，斯金融不致窒塞。该沪行既备足现金，兑付以保信用，而各业商号自应一律照收，俾维大局。”同时，总商会还函告各业领袖董事及召集各董事特别会议，进一步强调中国银行沪行营业殷实，信用昭然，不仅日常照兑，连星期日也有兑现营业，希望各行各业无庸疑虑，平息停兑风波，维持市面的良好进行。

此后，在上海银行界人士，以及英美烟公司等外商在华企业经理人的一同努力下，又向英商麦加利银行等借款周转，中国银行上海分行经过“停兑令”以后十几天的维持兑现，终于度过了挤兑风潮这一场危机。

在抗拒袁世凯政府“停兑令”过程中，上海银行界和总商会根据中国、交通两银行不同情况，采取了不同对策。交通银行因已垫款达3800万元，而发行的钞票于同一时期只有3620万元，库存现银已十分空虚，如果照常兑现、付现，那就只有倒闭的下场。袁的“停兑令”可使其暂时保存，交通上海分行也就适时遵行了这一“停兑令”。此后，总商会组织专人前往交行沪行清查账目，在清查过程中发现该行欠款户以北京交通部最巨，数额有 180 余万银两，这笔巨额欠款如能追回或减半追回，交行沪行的照常兑付便不成问题。为此，总商会又通电北京政府各部及中国、交通两行的总管理处，敦促交通部归还欠款，并一再致函、电交通部，指责他们不讲信用、不顾大局。但交通部态度强硬，不肯清偿欠款。交行沪行便因现银枯竭，而始终未能开兑，使银行信用一落千丈。直至 1917 年初，交通银行与日本银行团签订了 500 万日元的借款合同，即所谓的“西原借款”之一，上海交行也获得 60% 的借款，以作为开兑的准备金，才于当年 4 月 30 日宣布开兑。

上海总商会在抵制风潮中，引导商民尽力维护上海中国、交通二行，为事态平息起到了作用。事后，上海总商会致电冯国璋等称：“此次风潮，沪券拥兑……沪行力任其艰”，“中外益增信用，保全上海商务，洵属力顾大局”。实际上，这一立场更多的是表明它与袁世凯政府关系的破裂。

袁世凯帝制失败，想重当总统，但遭各方群起反对，袁世凯已成为实现和平的绊脚石。上海总商会于 1916 年 5 月 22 日致电袁世凯：“元首夙誓牺牲个人地位救国救民……力愿请公以元首夙所愿牺牲者而敦促之。勉从民意，力定大局。”实际上，即敦促袁世凯下台，这也是上海总商会与袁世凯政府交往的最后一幕了。

上海总商会自 1912 年“拥袁”到 1916 年与袁世凯彻底破裂，我们可以清晰地看到，在袁世凯执政之初，在他“振兴实业”和“保护工商”等承诺及对商界多方笼络、酬应之下，上海总商会曾对他抱有热切的期望。但袁世凯专制思想极深，藐视民主与法律，在一定的条件下必然走向旧的政治体制模式，引发经济和政治动荡。上海总商会作为由专制变为民主这一政体转型期间的商人团体，接受的是西方民主政治理念，它以“在商言商”和“全体公决”的民主程序为行事准则，虽处处表现了作为弱者依附强力保护，力避政治冲突，屈从现实环境等特点，但在维护民主共和政体这一基本立场上，和袁世凯还是泾渭分明的。

# 第三章

# 民国初年南北政争中的上海总商会

1910 年 11 月 11 日，中美商团会议在上海开会

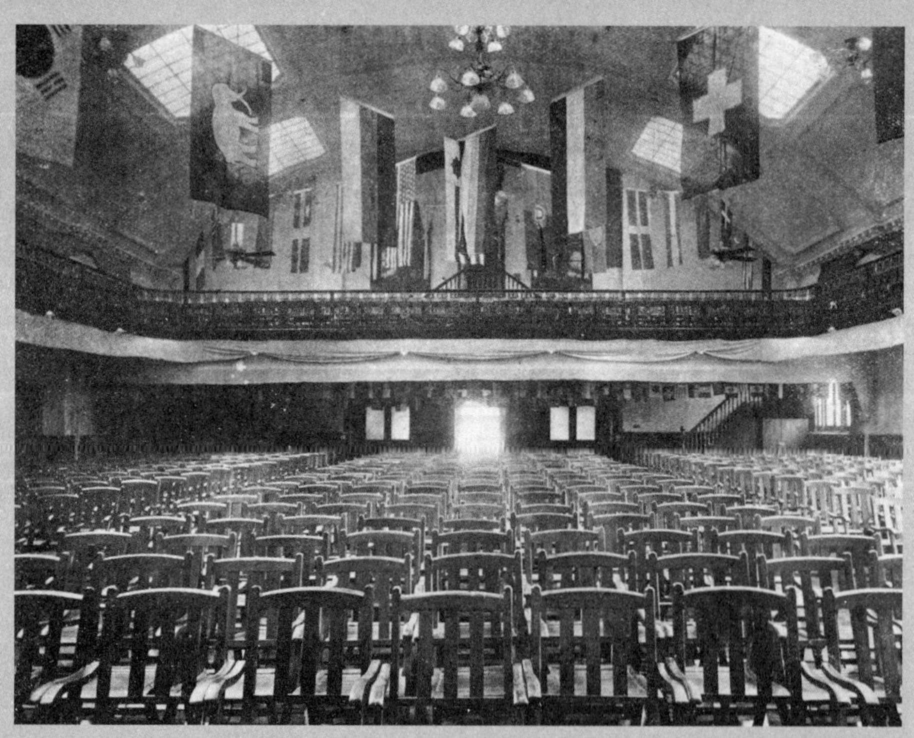

上海总商会议事厅会场

# 一、一战前后抓住商机倡导实业

## 1. 在挫折中发展、完善总商会组织和各类规章

1916年6月，袁世凯在全国人民的声讨中患病不治死去，副总统黎元洪继任大总统。出任国务总理的北洋军阀皖系军阀头子段祺瑞，与黎又极不相容，先利用张勋复辟驱走黎，继迎直系军阀头领冯国璋进京任代理大总统，这样，北京政府基本被北洋军阀盘踞、控制。孙中山为抗击这些军阀、政客的“毁法”乱行，于1917年7月在广州揭起护法旗帜，组织广东护法军政府，中国南北则陷入了无休止的政争和战乱之中。国内出现各派军阀及政治力量争雄的纷乱局面，使上海总商会推行“在商言商”、促进工商实业发展的宗旨，更陷入举步维艰的境地，以致1916年5月遵循会章按时换届改选出的正、副会长宋汉章、陈润夫都坚辞不就。直至10月30日，在黎元洪继任大总统后，北京政局稍具稳象，由新会董奉农商部令继续选举产生了朱葆三、沈联芳任正、副会长。11月4日，正、副会长和全体会董贝润生、虞洽卿、朱五楼等33人正式就职，才顺利完成换届任务。

在当年5月至11月，因总商会正、副会长缺任而由后选任的朱葆三、沈联芳暂代期间，总商会的基本工作仍未中断，尤其是在9月将第三届大会通过的《上海总商会章程》（10章26条）、《上海总商会议事规则》（25条）和《中华全国商会联合会章程》等正式印发，这对总商会的自身发展意义重大。

上海总商会自1912年成立，历时近五年之久，终于完成了第一部章程和议事规则，这对规范、健全、完善总商会的组织机构意义重大。因此，朱葆三、沈联芳正式掌管会务后，对会中机构、人员和章则等作了较大力度的调整。这其中，首先是“规复中证会董”一席。所谓中证会董，是总

商会内书记、会计、庶务、交际、中证、调查、陈列等7类会董分工之一，职责是为商号出具契约或运输证明，并对每一证明收取中证费银25两。由于此项业务未得充分开展，所以来办理的商号不多，这一会董职务也久属空悬。

这时，出现了一个难得的历史机遇，一战战火越烧越猛。对此，《申报》评论说："盖国货制造之稍逊于外货者，往日尽为外货所压抑，不能畅销于市上，以至失败。今则格外活动，历十年来未有之好机会，此中外人士所共见者也。"据1916年报告，当时投资于"探采矿结"和"华货由沪运俄，及由港运沪"的，"均须由会盖印证明系华产"。因而，上海总商会专门制订了《中证细则》(10条)，登载于1916年12月7日的《申报》上。并于同时期的会董常会上对会董分工再次予以明确，任中证会董的为朱吟江、张知笙、胡稑芗3人。当然其他各项分工会董也明确专人，以明职责。对此，有会董如傅筱庵认为"会董分担会务，稍有窒碍，不如临时推举"，而遭公决以"既经两次常会议决，未便变更"驳回。

在章程通过、印发的基础上，上海总商会自1917年2月起还制订了《办事职员通守规则》《总商会各科职务规则》《总商会书记科之职务》等内部人员管理章则。据以上规则，当时总会下设定书记、收掌、会计、庶务、翻译、公断处、华商道契处等7科，各科应"分科办事，各尽职务，各保名誉"，所有"职员既受聘任，自应遵守规则，有轶出于规则之外者，职员所讼言也"。①

在制订了一系列关于内部管理的章则后，总商会于1918年3月起，按每二年修订一次的制度开始修订《入会同人录》。为使此项工作有章可循，会董常会还制订了《介绍入会细则》《给付会员证书细则》《会员证书式样》等文件，这样即可避免"会员往往有临时入会，事毕旋即出会，甚有并会

① 上海市工商业联合会、复旦大学历史系编：《上海总商会组织史资料汇编》(上)，上海古籍出版社2004年版，第250页。

费亦不缴纳者”的现象。这次介绍入会细则明确规定：“介绍入会，至少以三年为限，不得有事即入，无事即退。”而总商会此次费时耗力编订《入会同人录》，还因此时总商会与会审公廨多年的“优待华商”交涉有了进展，故“拟编造会员名册，送交租界会审公廨存查，凡有诉讼事件，以为优待华商之依据”。后据1918年4月正式印存的《上海总商会入会同人录》，会内有合帮会员109名，各业分帮会员176名，并有仅有选举权的特别会友64名，会员和会友总数为349人。① 通过以上关于职员、科处职责和会员等管理制度的建立和加强，总商会组织取得了发展。

1918年10月13日，总商会召开第四次会董选举大会，邀集全体会员参加，会议选举产生了35名会董、10名候补会董，朱葆三以234票获得票首位，继续出任会长，副会长仍为沈联芳。会董中有虞洽卿、宋汉章、王一亭等人，多为上届留任者；新增补者有秦润卿、乐俊葆、聂云台、田澍霖、钱新之等人。其间，据档案记载，总商会机关职员总共约35人，其中以交际、庶务、调查3科人数为多，均在7人以上。

民初政争及战乱频仍，给中国民族工商业及其团体活动造成了很大的影响，上海总商会际此时刻审时度势，着手抓紧完善自身机构、制度，在总商会的组织发展史上是值得记述的一笔。

## 2. 战乱中维护国内经济稳定和开拓国际交流

1916年11月，朱葆三、沈联芳连任第三届总商会正、副会长，再度执掌上海总商会，此时正是国内南北战乱爆发之时。被皖系军阀段祺瑞操控的北京政府，在列强协约国尤其是日本的引诱、施压下，企图通过“参战”来博取皖系军阀私利。其手段是以日本帮助段祺瑞编练“参战军”，作为在“国外宣而不战，国内战而不宣”的工具，进而穷兵黩武的政策。②

---

① 上海市工商业联合会、复旦大学历史系编：《上海总商会组织史资料汇编》（上），上海古籍出版社2004年版，第262页。

② 来新夏主编：《北洋军阀史稿》，湖北人民出版社1983年版，第203页。

北洋政府总统黎元洪和直系军阀冯国璋等竭力阻挠，孙中山等国内正义之士也纷纷致电北京国会和英国政府，表示坚决反对中国参战。他们认为："中国居第四等厉害国，有何不得已参战苦衷?"相反："重以宣战，投入漩涡，致其不靖，蒙其害者，终属吾民!"由此，受孙中山等影响的国会，也坚决抵制通过"参战案"。同时，孙中山已在广东等地发动了新的护法运动。这样，中国南北面临着一场战乱的到来。

朱、沈继掌会务，他们在抓完善、健全会中组织、规章的同时，也勉力参与与商界利益直接相关的国内外政治活动，尤其如"参战"这一与国民休戚相关的大事。3月5日，上海总商会联合上海各工商团体通电北京政府和各省军政当局及商会，声明反对世界大战，要求北京政府在欧战中贯彻中立宗旨，不要狃于缓还外债、改良税则等虚利，以致加入"参战"国贻他日无穷灾害。

实际上，第一次世界大战交战双方协约国和同盟国，也的确大都为欧洲列强国家，交战战场也都在欧洲大陆，和中国本无直接的联系。日本拉拢中国加入协约国，除讨好欧洲列强以解决它们劳工不足的难题，主要还是想通过它们支持，窃取战后德国在山东的权利，并不是准备平等对待中国。而北京政府由亲日的国务总理段祺瑞把持，并于5月6日在日本加入协约国后，也尾随其后决然宣布与德国绝交，要求加入协约国，国中一时舆论大哗，争斗更加趋于白热化。上海总商会火速致电北京代大总统黎元洪，呼吁中国实业基础弱小，负债过高，对列强纠纷无暇过问。尤其在今日商民已一息奄奄之际，若宣告参战，势必全国金融刹时恐慌，以致营业窒碍，挽救无术，悔亦晚矣。当时，总商会等商界团体纯以商人及商界立场，所坦陈的反对意见，主要是希望政府首先能够体恤国内商民的艰难，避免因外界纷扰又引发国内动荡。

果不其然，由于北京政府力主对德宣战，完全是出于亲日派皖系军阀段祺瑞的一意孤行，其他各有欧美列强背景的直、奉和西南等派军阀与其争斗更趋激烈，并且大有欲兴干戈之势。在这种危急情况下，上海总商会于6月1日召开临时会议，议决分别致电张勋、冯国璋、齐燮元等军阀头领，要求迅速消弭内战，以救国内危局。次日，又致电国内各省当局和商会，呼吁对国内外纷争都推诚布公，速弥祸患。因为自皖系军阀控制的北京政府以参战为名始，实行穷兵黩武的政策，国内趁机蠢蠢欲动的武夫大有人在。7月1日，因参战等案，总统黎元洪下令撤段祺瑞职，本为清专制余孽的张勋以进京调解为幌子，率所属“辫子军”①悍然拥溥仪复辟，举国一片讨伐声。上海总商会于7月3日发布通告，表示拥护民主共和政体意愿，始终不渝。同时，又和上海其他商界团体联名电请副总统冯国璋代行大总统职权，组织临时政府，以维国本，而安人心。并请冯带兵出征讨逆，以固共和。随即，上海总商会还组织上海各商场、店号一体挂五色国旗三天，以表明反对清朝复辟，拥护共和，忠于民国的立场。

与此同时，以孙中山为首的革命党人在上海正式通电护法，所谓护法，就是维护中华民国创立时制订的《临时约法》。他通电全国后，获得国内许多维护民主和法治的人士响应，率部分国会人士和海军南下广州建立护法军政府。这样，孙中山就在南方先后三次建立民主革命政权，国内就此出现了一个较长的南北政府并存的局面。

张勋复辟闹剧，仅闹腾了14天就不得不草草收场。以“重造共和”美名率皖军再回北京执政的段祺瑞，继续投靠日本，毁弃约法，拒开国会，坚持以参战的立场推行其固有政策。8月14日，段祺瑞政府正式向德、奥等国宣战，参加协约国，使中国成为一战的参战国之一。然而，“参战案”给中国带来的灾难转瞬便见，中国对德宣战，段祺瑞与日本签订《中日共同防敌军事条约》，并由日本人西原龟三牵线，以中国内地、沿海各种主权为抵押，借款将达14500万日元，以用于购买军火和“参战军”的扩充和训练。②这引起国内其他派系军阀强烈反弹，纷纷扩军备战，战火迫在眉

① 张勋所统的军阀部队，于民国后依然留着清朝的辫子，故称“辫子军”。

② 来新夏主编：《北洋军阀史稿》，湖北人民出版社1983年版，第205页。

睫。此外，中国对德宣战实际利益仅强制收到德国轮船公司在华轮船十余艘，北京交通部转交给张謇的上海大达轮船公司承租，因大达无货源营运，又转租给英美船公司，英美船公司更垄断了中国海运，随后实行对华海运涨价竞争，使中国海运陷入“水脚齐涨，土货停装，华轮远航海外，由此绝望，皆政府自杀政策也”的地步。对此，11月9日，上海总商会联合旅沪商帮协会等代电北京段祺瑞政府及各省督军、总商会，呼吁对国中已现的天灾人祸的亡国情状亟予顾念。

实际上，在北京皖系军阀段祺瑞执政期间，上海总商会为维护国内金融市场和经济的稳定，一直与政府进行各种艰苦的交涉。1916年7月，上海等地出现现银短缺，北京财政部颁布《禁止金银铜钱出口办法》，这对部分地区、行业有负面影响，但上海总商会认为于整个商业大局有利，深表赞同，协助做说服工作。8月26日，日商和部分华商在中国国内拟联合发起组织所谓中华汇业银行，要求北京政府许可它在上海等大城市发行纸币，上海总商会闻讯，紧急致电财政部：“事关国家金融主权，须断然拒绝。”随即又派人赴京劝阻，指明允许日人在中国发行纸币，其祸害无穷。9月，长江沿岸各埠商会和各埠旅沪商会因为长江沿岸各省都滥发纸币，要求统一沿江贸易货币，一律使用银元，函请上海总商会等参与征集意见，共同研究，以求完善。总商会经与多方协商后，认为这势在必行，但须按省和地市码头，分轻重缓急实行。

1918年，国内外各方人士推动中国南北议和，在开议前夕，上海总商会再次专门发布通告，告诫会员和国内商界人士：国内现银输出因贸易扩大已成涓滴不塞的江河之势，尤其在庚子赔款后又增加了赔款、借款等现银流通。照全国市场估算，商界自有现银已达到5000万两规模。如果稍不经心，失去此数，全国商货难免要借外力转移，这就可能因外资流入造成对中国市场的伤害。因此，它希望华商须特别注意保留一定的现银，通盘筹划，勿贪一时厚利，致贻重大危机。上海总商会这一通告，是因为看到国际上一战结束，国内也在谋求和平，商业环境可能出现好转，一些商家在经营中过于冒进可能酿成新的风险。实际上一战方歇，不仅西方列强卷土重来，日本又亟谋独占中国，国内也战乱升级，中国商界或许将陷入更深的灾难境地，这就是总商会当年一再呼吁维护金融稳定的原因所在。

与此同时，总商会对于不利商界之事，都出面交涉。12 月 2 日，因北京农商部于年初 4 月颁布的《工商同业公会规则》，对于当时国内的“工”与“商”概念定义界定很不明确，以致“工商人等每多误会，引起分歧，自行分组，向来指臂相联之团体因此而破坏，……以为利未一睹，害已丛生，故呈请农商部取消”。最后，农商部复电暂缓进行。

这一期间，发生在国内的招商局“江宽号轮事件”，也引起了舆论和商界人士的极大震惊、愤慨。5 月，这艘客轮航行在长江上，被在江面航行的楚材号兵轮撞沉，兵轮上官兵不仅见死不救，还向落水逃生的乘客用刀刺枪击，致乘客死难达 350 人。惨案发生后，招商局董事会先后 9 次向北京政府各衙门提出呈控，军阀当局都一味推诿抵赖，既不缉凶，也不理赔，在控告无门的情况下，国内商会应招商局所请，以上海总商会牵头，联合南京、汉口、九江、大通、芜湖、镇江等沿江商会，两次义正辞严地致电北京政府：“似此奇灾浩劫，并非天殃，确系人祸，政府理应严惩肇事员弁，优恤家属，赔偿损失。”后北京不得不做若干处理以装门面。

总商会在维护国内商界利益，维持金融和经济稳定的同时，还尽力开拓国际商界交流。1917 年 1 月 13 日，美国美兴公司代表威廉斯到上海访问，总商会出面接待并宴请，由于美兴公司和美国政府关系较密切，美国驻沪总领事也前来作陪。席间，朱葆三代表东道主致词，称：中美商交素称亲睦，惟以两国懋迁未能直接，不免隔阂。希望今后互相提携，益加亲睦，由个人而推及全体，由商交而推及邦交。威廉斯答词，感谢热情款待，希望中国商人多外出游历，和美国商人交朋友。会场气氛，一时间情谊融洽。这一中美商界交流活动，虽未就具体商务进行洽谈，但沟通了双方的感情、信息，尤其是在一战爆发以后，中国和欧洲的贸易大量中断，通过美国来获取信息，并加强中美贸易合作伙伴联系，是极有见地的举措。

此后，美国商会在第一次世界大战协约国已明显获胜的形势下，倡议组织协约国联合商会，上海总商会以会长朱葆三名义发表意见书表示响应，认为这是华商同国际商界加强合作交流的良好机遇，并建议将联合商会所在地放在上海。12月，一战正式结束，战胜国在巴黎召开和会，瓜分战果。中国作为战胜国，派陆徵祥等为全权代表赴会。上海总商会同各商业团体致电中国代表团，就商界最关心的废除不平等协定税则、争取国际税法平等等问题，与各列强展开力争，以谋“还我主权，冀去积年抑压之扼”。为此，上海商界还成立了国际税法平等会，由张謇任会长，朱葆三、沈联芳任副会长，刘柏森、虞洽卿、闻兰亭为主任办事员。

上海总商会在这一民初政争期间，为谋求国内经济稳定和开拓国外商界交流所做的种种努力，应该受人称道，而不应抹煞。

## 二、五四运动与“佳电风波”

一战落幕，英、美、法、意、日等战胜国即协约国一方，于1919年1月在巴黎召开和会，以瓜分所谓“战果”。中国作为参战的战胜国之一也派代表出席。中国的要求，是要将战败国德国在山东的权益完全归还中国，并废除日本胁迫中国签订的“二十一条”，以及其他列强强加给中国的不平等条约。但操纵会议的英、美、法等国在日本的“斡旋”下，公然无视中国的正义、合理要求，竟然将德国在中国山东的权利又转交给日本，并写进了所谓的《协约国对德和约》。

消息传来，激发了中国人民的极大义愤，轰轰烈烈的1919年“五四”反帝爱国运动首在北京大学生中爆发，然后以不可阻挡之势燃遍全国。5月7日，上海60余团体约2万人集会，也喊出强烈要求“拒绝和约签字”、“誓死收回山东”、“废除二十一条”等口号。9日，上海商人纷纷罢市，声援北京学生。就在这一天，上海总商会却因致北洋政府的所谓“佳电”，引起了一场风波。在电文中，总商会将举国公认、一致痛骂的驻日大使章宗祥的卖国行为，辩护为章对职责的“不胜其任”；对誓死到底的“拒签合约”要求，即揭露列强通过巴黎和会重新瓜分我国领土、袒护日本的阴谋，却轻易地建言：“径与日廷磋商交还手续，和平解决，免遗伊戚”，并建议“由中国派员与日本直接交涉”。这就正中了阴谋者的下怀。

事实上，巴黎和会作出公然践踏中国山东主权的荒谬决议，正是日本一面虚伪声称“欧战平定交还中国”，一面又与英法意等国通过密约，并提出所谓直接“与华交涉”的狂言蓄意造成的。总商会这一中日两国直接磋商的建议，游离了全国人民强烈呼吁的“拒签和约”“收回山东主权”“和会必须尊重中国权利”等正义主张；同时，对举国日益高涨、势如燎原的爱国运动，又有“凡我国民，深知国步维艰，当静以处事”，“俾安大局而免鼓噪”的冷言冷语，这自然招致了猛烈抨击。

“佳电”在上海《民国日报》上全文刊载后，首先是上海工商界人士群起责难。第一次世界大战结束后，以“争取国内和平，促进工商业进步”为宗旨，由广肇公所、宁波旅沪同乡会等56个工商团体，于1919年3月组成的上海商业公团联合会，便于5月11日发表致总商会的公开信，指责总商会“违反民意，适如该国（日本）之愿”，同时电告北京政府“极端否认‘佳电’”。① 另外，总商会会员赵晋卿、周佩箴也致书总商会，谴责他们的“佳电”是媚日的卖国行为，“不啻与虎谋皮，暗助日本”，并提出立即改组总商会。同时，国内世界和平共进会、国民大会干事部以及豆米麦业等会所，也都致电致函总商会予以批评驳斥。

5月12日下午二时，在巨大的舆论压力下，总商会召开特别大会，讨论“佳电”回应，有会董20余人出席。副会长沈联芳说明，本会所发“佳电”，刻经各团体纷纷来函诘责情形，缘此事含有特别之机要，发电时匆促，未及通过手续，未免欠宜云云。13日下午四时，上海商业公团联合会又召开谈话会，总商会会董周金箴、王一亭、虞洽卿等多人参加。周等均指责“佳电”失当，总商会应予撤销。后经各会董议决，致电政府取消“佳电”，由虞洽卿负责。“佳电”发生的真正原因，据事后多人回忆，朱葆三因年事已高，忙于慈善事业，总会不常去，会中事务由副会长沈联芳负责，“佳电”由沈和另一坐办严廷桢所发出，未经会董议决，所以会中也反响很大。② 就“佳电”的具体内容来说，最大的不妥是所谓“中日直接交涉”，而全国人民一致要求“巴黎和会必须给中国主权和公道”。

上海总商会在认识这一错误后，于14日向北京政府及巴黎中国专使又

---

① 宋钻友著：《广东人在上海（1843—1949年）》，上海人民出版社2007年版，第407页。

② 《方椒伯、赵晋卿谈“佳电”事件》，刊上海市工商业联合会、复旦大学历史系编：《上海总商会组织史资料汇编》，上海古籍出版社2004年版，第310页。

发出“元电”，表示自应取消“佳电”，“一致力争，以顺应民意而救危亡”，“竭力争持由欧会（巴黎和会）直接归还青岛”。但“元电”仍遭到一些团体的指责，认为其“含混粉饰、离奇尤甚”，主张“召集上海商人开一次大会，宣布朱（葆三）、沈（联芳）一再媚外辱国之罪状”，并请总商会各会员、会董出席说明，各界认为“欲求商界一致对外，挽救国难，非先去媚外者不可”。同时宣誓不买卖日货，“如有拒绝，即与国人共弃之”。实际上，在“佳电”事件中，总商会和商界内部已存有各种矛盾的因素。

6月3日以后，上海学生、中小商人和工人中形成的“罢课、罢市、罢工”的局面，更趋于激烈的状态，上海总商会由部分会董倡议和主持，一再发出紧急通告，强调“此次商界罢市，虽激于义愤，而一切举动，务求文明，勿酿意外”；而还有部分会董逐家劝导商铺“立即开市”，但只有少数商号业主响应，多数商家继续进行“罢市”斗争。这样，“总商会之话多不可靠”的传言在上海不胫而走，总商会的威信和影响急剧下降。

客观地说，上海总商会作为一商人团体，面临“五四”这样一场将中华民族近代以来所受践踏、屈辱总爆发出来的爱国运动，它的政治观察力和国际法知识等肯定是不够的，出于商界的现实利益，在斗争中自然处于被动的地位。因此，在商界内外的纷纷指责、声讨中，总商会正、副会长朱葆三、沈联芳先后四次在会董会上提出辞职，但总商会会董内部以及上海沪军使卢永祥、北京农商部等都极力挽留。这样，总商会在此后近一年时间内，就断断续续地处于无人主持会务的状态。部分会员继续以“佳电”事件对总商会朱、沈的领导进行批评、攻击，朱、沈又在每一次辞呈中再三为“佳电”及自身行为辩解。实际上，自民国初年总商会建立以来，总商会包括商界内部已有新的力量涌现崛起，它必然将要求领导力量革故鼎新，只是等待着合法的大会改选时机。

## 三、上海总商会大改选后的重要举措

### 1. 总商会领导新人选及专门委员会的设立

在1919年的五四运动中，上海总商会因“佳电”事件而威信受到打击，正、副会长朱葆三、沈联芳提出辞职，又被再三挽留，总商会的领导机构虚位以待，常会处于被迫休会的状态。直至1920年8月8日举行的第五次会员大会的换届选举中，才有了重大改变。这次会员选举大会于总商会议事大厅举行，沪海道道尹王芷扬、沪海道署教育主任余芷江、上海县知事沈宝昌等都到场监选，选举产生了35名会董及15名候补会董。此次选举共发出选票447张，投到票数302张，聂云台以216票获得票首位。8月25日又由新任会董选举正、副会长，原正、副会长朱葆三、沈联芳以及原33名会董中也有31人落选，这是总商会史上会董、会长换届人员变化最大一次。聂云台当选为新一届的会长，他是上海恒丰纱厂公司总经理，也是棉纺工业资本家，具有现代企业管理知识和视野，主张“生产救国”和“甘地主义”，其实质就是注重社会生产经济发展，崇尚节俭，反对洋货。他任会长被认为是“总商会领导层新派人物接替旧派人物的转折点”①。副会长秦润卿是上海福源、福康、顺康三家钱庄经理、上海钱业公会会长。进入这届总商会会董会的工业资本家、银行家据统计有14名，占会董数的近40%，这是总商会和商界的新兴力量。该任任期由1920年9月至1922年6月，现将正、副会长和会董姓名抄示于下：

① 寿充一等编：《近代中国工商人物志》（第二册），中国文史出版社1996年版，第448页。

会　长：聂云台

副会长：秦润卿

会　董：陆维镛、田澍霖、钱新之、乐振葆、薛文泰、穆藕初、沈润挹、叶惠钧、盛丕华、吕耀庭、孙梅堂、汤节之、荣宗敬、顾子槃、庄得之、钱贵三、石运乾、江湘浦、方椒伯、黄伯平、冯少山、周佩箴、朱子谦、简寅初、邬挺生、沈九成、孙衡甫、赵林士、袁履登、简照南、楼恂如、方樵苓、赵晋卿

这一届会董任职期间，有一会董吕耀延病故，三会董袁履登、简寅初、黄伯平辞职。由盛筱珊、黄撍臣、徐冠南、田祈原四人增补为会董。

由于这一届正、副会长和会董的大换班，根本原因系总商会内部对领导层已存在诸多不满，这以会员邹静斋、黄伯平、陆维镛3人的《改革上海总商会组织议》最具代表性。该议认为：“上海总商会不能尽职”，“非上海工商界之公共团体”，“与教育界学问界隔绝不通”，因此“以上三端盖总商会亟应根本改革之理由”，而具体改革方法，则为降低会费、简化入会手续、吸收专门知识者设立工商业调查处、发展经济、法律、政治等专门学者为会员等。故而，这一届由聂、秦任正、副会长的总商会首先抓了组织机构的加强、完善。根据1919年由总商会制定的《会董分股办事通则》（13条），规定会董分参议、外交、内务、交际、调查、书记、会计、陈列8股办事，并各股设主任1人，由各股的会董推定；而各股主任明确规定必须每日到会，各股会董也须分日轮流到会；在各股内可视事务繁简，延聘办事员若干人；但各股所办理的会务，必须随时报告会长、副会长核定。

在此基础之上，1921年1月29日又经总商会当年第二、三期合并常会讨论修订，通过了《委员会组织大纲》（11条），大纲根据会务需要，决定设置财政委员会、陈列所委员会、图书室委员会、出版部委员会、交际委员会、公证委员会、调查委员会、华商道契委员会8个专项委员会；由会董分任各委员会委员，并推举委员长1人；各委员会可推选科学、法学

专家作为特别委员；如遇临时发生问题，可组织临时委员会；规定各委员会所办之会务，以意见书的形式提交常会议决。这样将原为各股提升为各委员会，对相关事务的办理明显具有更大的动力。同时，上海总商会又修订了《办事职员职掌规程》(61条)，对日常会务的处理、对职员的纪律、权限和责任作了详细的规定，进一步完善了办事制度。

以下为自1919年至1920年总商会所属各科、各股及各委员会职员职数和负责人概况：

1918年：交际科9人、内务科7人、调查科7人、陈列科4人、书记科2人、中证科2人、会计科2人；

1919年：参议股3人(负责人空缺)；外交股4人，负责人沈仲礼；内务股7人，负责人钱达三；交际股5人，负责人田澍霖；调查股7人，负责人李柏葆；书记股2人，负责人张知笙；会计股2人(负责人空缺)；陈列股4人，负责人劳敬修；

1920年：财政委员会8人，负责人傅筱庵；陈列所委员会7人，负责人田澍霖；图书室委员会5人，负责人高翰卿；出版部委员会3人，负责人袁履登；交际委员会8人，负责人虞洽卿；公证委员会7人，负责人杨信之；调查委员会6人，负责人朱吟江；华商道契委员会3人，负责人庄得之。

由以上科、股、委员会各机构的职员数及负责人的增加、调整，可看出总商会在聂、秦出任正、副会长后，对会中工作从组织力量上做了强化。

同样，对于会员、会友的吸收和发展，那份《改革上海总商会组织议》也对降低会费、简化手续等提了建议，提出会费应减为银30两，会员入会有二人介绍，即不应再有其他限制，所以总商会在大改组后会员、会友人数也有明显增加。据统计，1918年有会员109人，会友176人，特别会友64人，共计349人；1920年就有会员122人，会友253人，特别会友56

人，共计 431 人；1922 年会员有 128 人，会友有 271 人，特别会友 79 人，总共 478 人。二三年间会员、会友人数虽有所增加，但比例不大，客观上还是受制于上海华商经济发展的缓慢和艰难。

由于会员、会友人数增加有限，会费所收也增加不多。据记载，1919 年 7 月至 1920 年 6 月年会费为 31445.700 两；1920 年 7 月至 1921 年 6 月为 33145.796 两；1921 年 7 月至 1922 年 5 月为 35709.896 两。经费的不充裕，自然影响着总商会各项活动的展开。

1922 年 6 月 17 日，上海总商会在第五届会长、副会长和会董任期届满后，举行第六次会董选举大会。这次大会因上届会领导层推进会务属基本顺利，因此换届也无大的风波。沪海道道尹派代表宋介受到场监选，共收到 500 多张选票，宋汉章得 289 票，为最高得票者。选举产生了新会董 35 人，其中有一半为上届会董。继由会董选举了宋汉章任会长、方椒伯任副会长。正、副会长及全体会董于 7 月 10 日正式就职。该任任期是 1922 年 7 月至 1924 年 6 月，新任会董如下：朱吟江、劳敬修、虞洽卿、简照南、沈联芳、薛文泰、王鞠如、谢蘅牕、盛筱珊、汤节之、傅筱庵、袁履登、叶惠钧、徐乾麟、荣宗敬、顾馨一、孙衡甫、冯少山、闻兰亭、田祈原、楼恂如、姚紫若、陈文鉴、石运乾、张乐君、庄得之、徐冠南、马玉山、江湘浦、徐庆云、赵晋卿、杨信之、谢韬甫。

这届会董选举宋汉章任会长，因宋在银行界和商界都久孚人望，1916 年他在总商会改选中也当选会长，为银行不克分身坚辞。这次二度当选，他只得应允，但其后会务还是多由副会长方椒伯操持。本届会董期间，有会董江湘浦离会，汤节之辞职，简照南病故，会董会增补施善畦、祝兰舫、郑增之为会董。总会的办事机构除新增由闻兰亭负责、有 9 名职员的商号登录委员会外，其他的各委员会仅职员人数有所变化，仍继续各司其职。①

① 上海市工商业联合会、复旦大学历史系编：《上海总商会组织史资料汇编》(上)，上海古籍出版社 2004 年版，第 373、381 页。

由于1920年第五届到1922年第六届总会领导层交接相对稳定，对推进各项会务起到组织保证的作用，因此这一阶段被视为总商会工作一个比较兴旺的时期，确也做出了不少令人称道的业绩。

## 2. 参与政府“关税自主”等国际经济交涉

五四运动无疑极大地提高了中国各阶层民众的爱国觉悟，这同样也包括商人群体。尤其是运动迫使巴黎和会不得不做出将中国问题延迟至华盛顿会议再议的决定，这就更加鼓舞了中国人民的士气。上海总商会在运动后进行会长、副会长及会董等领导层大幅度调整后，一些工商界新人担任了会长、会董，对涉及国家和商界利益的一些国际争端，配合并推动政府取得有利的解决，做了大量的工作。这首先是当年最为引人注目的关税自主问题。

中国的关税主权，即关税税率的决定权及海关的管理权，自1854年（清咸丰四年）6月18日上海海关税务司建立以后，一直为欧美列强所霸占，总税务司一职也始终由洋人把持。1918年修正税则的国际会议在上海召开，在英、美、法等国的庇护下，日本代表的意见①获得青睐，确定了依低物价平均数为基础的新税率，使长期以来5%的低进口税率都不能有效地执行，实际税率低至2%—3%，甚至更低，这就是外货进关几乎有关无税。1921年11月至1922年2月，一战的战胜国在美国华盛顿召开九国会议，中国作为战胜国之一参加，“由代表顾维钧提出关税自主提案失利的淬试，证明全不可行，因为就中国立场的无碍税权的产销税，外国的理解也是关税外重复征税”②，因而遭否决。九国会议在重申了“切实值百抽五”的税率准则后，又通过所谓“遵照末次修正之大纲办理”的议决，实际是

① 日本代表的意见是：（1）税率依据有物价基数为5年的平均数（原来确定是3年）；（2）以销货最多之地为物价标准地（原来确定南北之中的上海为标准地），销货多、势必物价低，从而确定的税率也低。

② 林美莉著：《西洋税制在近代中国的发展》，台湾“中央研究院”近代史所2005年版，第109页。

继续维护 1918 年上海协定关税国际会议的原旨。

上海总商会闻讯后，对继续维持由日本主导的欺压中国的这一税则，坚决要求进行修改，在 1922 年 2 月的会董常会上，议决成立修正税则委员会，推举会董、洋布业董事顾子槃为委员长，会董、纸业董事冯少山为副委员长，并邀请相关团体推举代表参加。任务是按照 1919 年 8 月 1 日施行的海关贸易册货物分类法，以 1919 年至 1921 年共计 3 年的进货市价平均数，详细调查物价，编制中、英文报告，分送改正关税会议的中国政府委员及各国委员，并要求有关行业不要以一己利益为重，要顾全大局，从长计议。一个月之后，上海总商会修正税则委员会将搜集到的有关物价资料，提交给北京财政部。1922 年 4 月 1 日，由中国财政部长蔡廷干任主席，英、美、日、法、比、巴西、丹麦、意、荷、挪、西班牙各国代表组成的各国修改税则委员会在上海召开会议，会议借上海总商会议事厅为会所，至当年 9 月 25 日，前后召集了数十次会议，审查由上海总商会提供的全部物价资料，并由此为依据协定新的关税税率原则。会议经一番争议，由于中方资料的确凿、可靠和准确，经反复审查最后确定：中国海关进口税则按切实值百抽五征收，并须加征 2.5% 附税；对进口奢侈品须加征 5% 的附税。此项新税率的“切实值百抽五”部分，于 1923 年 3 月 1 日正式实行。①

据中国海关方面统计，这一新关税实行 3 个月后，其成绩非常可观，与上一年同期相比，在战乱频繁、日货倾销的险恶形势下，仍增加了 3500 万元的关税额，这对增加国家财政收入、维护华商与外商公平竞争不无贡献。而上海总商会作为商会机构单独负起这一属政府的责任，在当时即获好评。

上海总商会在参与政府“关税自主”国际交涉的同时，在国内还和其他商会团体再一次发起“裁厘加税”请愿。1920 年 11 月，北京财政部复

① 2.5% 附税延期至 1927 年 2 月，在苏、鲁等省实行征收，安格联抗拒在海关征收二五附税，此税款由中国银行代收。

函通告，针对总商会等一再要求的“裁厘加税”的主张，提出如先行裁厘，再议增加关税问题，而已裁厘仍未加税期间的财政短缺如何抵补？是否只能先征收商货通行税。上海总商会接财政部函后，一面请各业发表意见，一面推定会董穆藕初、田时霖、汤节之、盛丕华、方椒伯，朱子谦、陆维镛 7 人专事调研，并提出意见。7 会董经调研审议，向总商会会董常会和江苏省商会联合会提议，建议政府发行裁厘抵补公债，但前提是政府必须确定增加关税的日期。这样，裁厘一议就又进入拖延相持状态。

1922 年 4 月，华盛顿九国会议就中国关税税率规定了 10 项条款，并拟立即在上海召集关税特别会议，中国商界普遍认为，关税增加有望、裁厘有望。7 月 15 日，总商会会董常会又一次提出“请政府迅予裁厘”的意见，会董们分析认为，华盛顿会议提出的增加中国关税税率第一步为切实值百抽五，第二步附加 2.5% 的普通商品进口税，第三步对进口奢侈品附加 5% 的税率，如依 1921 年海关进口额推算，每年可增税收 6000 余万元，足以抵消裁撤厘金之数。据此，总商会吁请政府迅速实行裁厘，并提出新增税款不能挪作他用的主张。10 月底，在汉口召开的全国商会联合会第四届代表大会上，上海总商会代表冯少山、叶惠钧等出席，他们携“裁厘加税”提案，详细提出裁厘 7 项办法，这 7 项办法，上海总商会不仅请全国商会、商民一致主张，还特意致电北京政府请予采纳。然而，由于有九国参加的关税特别会议因英、美、法、日等国一再拖延，召开后也争论不休草草收场，上海总商会等所期盼的裁厘主张，也就依然悬而不决。但它反映了商界的正当要求及呼声，为此后的解决打下了基础，这也是必须肯定的。

上海总商会在参与政府协定关税维护国家和华商利益的同时，要求中国政府在国内推行新税种也实行华商与外商一致的“华洋一体”原则。如 1919 年 11 月开始征收的印花税，当时北京政府因抵制洋货在国内免厘、国外免税，导致税收流失达每年约 400 万两，便决定于 1920 年 1 月 1 日起，向租界华商征收印花税，补足这一流失的税款。但北京农商部却规定，检查租界内华人应贴印花之契约、簿据及凭证，全委托该管区内外国警察官署执行。并且还规定，外国警官检查时若发现未贴印花之契约、簿据及凭证，得依照税法条例，处以相当之罚金。而罚金须随时交由外国领事代收，其中一半捐助租界当局经费，一半交中国交涉员公署，解归国库。

此项命令一经颁布，在华人和华商中顿时引起了轩然大波，认为这是有辱主权的荒唐透顶的政令。上海总商会立即召开会董常会进行讨论，决议决不遵旨执行，理由一是租界内华商、洋商不能一律，“租界当局不承认中国印花税，由居于南市的华商承担税负，十分不公平”①，实行势必窒碍；理由二是全国各界正在为争回主权而抗争，政府却以印花税之收取权、检查权授予外人，与民意大相径庭，一旦实行，一定会引发抗议风潮。据此，上海总商会电请政府收回成命，重新筹措办法。

同时，总商会还分函国内各埠商会，征求意见，一致抗衡，各埠商会也均表赞同，纷纷向北京政府抗议。农商部拖延了 5 个月后，又再次训令推行，并要求租界华商、华民迅即认购，总商会在答复时声称，“应用印花，皆向各发行所随便购买，不愿认销”；并推举会董汤节之、方椒伯、盛丕华、赵晋卿、沈九成 5 人，专事审查租界华商贴用印花的情况，拟定办法，以希望北京政府收回成命。对此，总商会再次致函北京财政部建议，首先应根本取消由租界外警检查的手段，以安民心；而且，设立检查机关必徒多一番纷扰；另外，以劝导使商民知晓良税之常识，不放弃应尽之义务。但北京财政部坚持成命。上海总商会按照全国商会联合会通电的一致意见，转告北京：“全国商会一致团结，以各处官吏如何稽查留难，如何任意酷罚，均由各商会力予保护”，强调“印花税如果实行检查，则外警足迹将遍及于全租界内之商店，……其酿成恐慌情形，实非敝会所忍预言”，并称“政府应力持正论，为租界居民力谋和平幸福”。由此可见，当年北洋军

① 林美莉著：《西洋税制在近代中国的发展》，台湾“中央研究院”近代史所 2005 年版，第 35 页。

阀政府主权意识之淡薄，而总商会始终以拖延劝导，函电驳拒相抵抗，这在商民中也赢得了声誉。

上海总商会在此前后，为维护国家及华商利益，还积极参与发起了一些对外经济交涉斗争。其中，抗议日本排华苛例和对华关税壁垒，就产生了很大的社会影响。1923年，日本横滨发生大震灾，众多华侨商人纷纷返回中国暂避，次年春灾情趋向稳定，华商欲重返日本打理产业，却遭到了日本政府的严厉限制及留难。

1924年5月13日，旅日神户、大阪的中华会馆致函上海总商会，告知返日华侨、华商在船上遭到日本水上警察的阻挠，提出必须带有百元现钞或必须有商号担保等理由，否则不准船上的华侨商人上岸。在旅日中华会馆担保后，日方又提出各种苛例，继续阻止华侨、侨商上岸，旅日中华会馆和华侨忍无可忍，正酝酿一次大规模的抗议示威活动，请求国内团体和民众声援，废除排华苛例。接到此请求函后，总商会于5月17日以民间交涉的形式，致电日中双方合组的日华实业协会，以接受他国商民及劳工是国际交往中的惯例，日中两国工商界始终对此热衷提携，中日商约明文规定须优待对方的工人、商人等，吁请日华实业协会遵守“互相提携”的宗旨，以协会的实例，条陈理由，说服日本政府自动撤销限制华人上岸的苛例。

日华实业协会会长涩泽荣一复电上海总商会，他在回复中把责任全推给日本地方政府，但又表示日本政府已允诺友好对待。总商会接此电后再次回复，指明涩泽的解释是不准确的，以在日华侨、侨商的真实遭遇证明：“如果苛例不除，则所谓友好态度，亦无从实现，而纠纷终无解除之日，空谈是也”，要求“愿贵会以亲善之本旨，为继续之建议，务须达到争撤苛例之目的”。① 与此同时，上海总商会还分别致函上海日本商会及旅日华侨联

① 上海市工商业联合会《上海工商社团志》编纂委员会编：《上海工商社团志》，上海社会科学院出版社2001年版，第290页。

合会，通报与日华实业协会交涉的情况，并请详为调查，以便掌握充分的证据，作继续之商榷。

1926 年 6 月，上海总商会在会董常会正式议决《维护赴日华侨案》，提出“由本会邀同在沪各同乡会设立机关，对于赴日华侨，为之谋便利及维护办法”。接着，温州、绍兴、宁波、广东、福建等在沪同乡会代表，在总商会会董虞洽卿的召集下共同商议组建“维护赴日华侨各省联合会”，接受各所在地赴日商人登记注册，并由总商会发给证书，与日方交涉以便免去苛例留难。

与此同时，日本还实行对华关税壁垒政策，以限制中国商品进入日本。1924 年下半年，日本国会准备修正并通过新关税，确定对中国输往日本的“奢侈品”，拟增加税率 100%。此事严重关乎对日贸易的华商利益，上海总商会得到这一情况报告后，先通过日本驻沪领事馆获取日本大藏省公布的奢侈品英文目录，并组织翻译，后分三次陆续公布有 600 多种之多。随即，又广泛征求有关商团、商人如何抵制的意见，经与中国驻日公使、在日中华商会及其他旅日团体切磋，提出请驻日公使先就“现在运输或正待装运或定购未交各货，仍照旧章征收，并以 6 个月为期”的要求，与日方展开交涉；同时拟联合其他各国驻日使馆力争共同协定关税，以挽救商情危机，并由此议致电中国驻日公使。此外，又向江苏省实业厅呈文抗议日本新关税，并将中国反对的理由一一阐明，认为将中国输往日本、朝鲜的丝麻织品、绸缎、夏布均列为奢侈品而加增关税，借以解决其灾后贸易入超问题，这是避重（欧美精品的输入）就轻（中国的日用品），无疑是打击华日、华韩贸易，指出“日人并韩以后，方以增进幸福，改善生活自诩，断无对于韩民向来习用之绸缎、夏布指为奢侈品禁止限用之理”。要求中国政府出面与日本交涉，“具体在丝麻织品项下，注明凡系由中国输入专供朝鲜普通居民之需者，不在此例”，并要求日本政府真正实现中日经济提携的主张。同时，向江苏省实业厅建议，也在中国加征日货落地税予以抵制，以反击日本对华货之重税政策。因为“洋货落地税，本系各省通行之税项，择要加征，主权在我，与关税之受困于协定者不同”，认为这样做后“较之空言呼吁，似胜一筹”。为此，总商会还致函朝鲜仁川中华商会，建议在韩境内建设华商丝麻织造厂，既可利用当地资源，又可避免重税。上海总商会的建议，得到了各地及海外中华商会的赞同和响应。经中方强烈交涉，以及日商自身利益的驱使，1925 年 3 月，日本国会通过了《加增奢侈品关税修正案》，原来中国输往日本的红茶、白檀油、麝香、甘松、丁香、中国靴、夏布、丝麻品等列入加增关税的货品，得以免征奢侈品的高税率。

上海总商会在“五四”后经过大改组，在维护国家主权和经济利益以及华商权益等方面，展现了积极、热情和主动参与的新姿态，这是必须予以肯定的。

### 3. 协助《商标法》施行和设立商号登录制度

中国近代工商业逐步兴盛，但由于晚清和民国初年的专制统治，导致法制滞后，相关法律极不完善，这就严重影响了正当工商业者的经营和利益。上海总商会等商界团体一直为此大声疾呼，希望加紧制订并健全各项经济法规，其中就包括《商标法》。虽然，清政府于 1904 年曾由商部颁布过《商标注册试办章程》( 28 条 )，但由于这一章程几乎完全是从西方搬来，实际运用在国内脱节太远，等于是无法可依。由于这一专法缺失，洋货便通过各种手段、方式在中国大陆广为倾销，一些中国商人也冒用洋货商标，制造、行销冒牌产品，与外商屡屡引起商标之争，从而也殃及正当的国货商标，并且诉讼的结局往往因中国本国无可凭据法律，败诉的常常是中国商民。尤其是国货品牌产品刚畅销叫响，外货就用仿冒或者收买的手段来压制，使国货死于腹胎，这种事例当年不胜枚举，有许多国货企业都曾遭遇过，对华商伤害甚大。如南洋烟草公司的三喜牌香烟等就曾遇到过。①

因此，中国商家逐渐意识到商标应用及注册对经营发展的重要性，通

① 沈祖炜主编：《近代中国企业：制度和发展》，上海社会科学院出版社 1999 年版，第 330 页。

过总商会要求立法保护的呼声日益高涨。1920 年 7 月总商会改选后，会董赵晋卿就提议总商会设立商标审查委员会，对所有国货商标进行审查，一旦确定为假冒商标，便行起诉；如果未经商会审查而向公廨直接诉讼的，应请政府有关部门责令公廨先交商会审查，借以维护华商利益，保护国货生产。但此时因政府《商标法》尚未颁布，这一建议一时还属于法无据。1923 年 5 月 3 日，北京农商部颁布了《商标法》（44 条）以及《商标法施行细则》（37 条），这被称为是一部成熟的商标法，在国内很快得以施行。但因该法明确规定国家设立商标局及地方分局，专门主管商标审查和注册事务，总商会会董赵晋卿提议由商会负责商标审查的建议也被否决。

然而，上海总商会为《商标法》的施行，仍责无旁贷，尽力协助。1924 年 1 月的会董常会议决，商品陈列所当年举办的专题展览会命名，就确定为“商标专用品展览会”，以充分启发商民的商标意识，从而推动《商标法》贯彻施行。为此，总商会订定的该专题展览会简章，在确定名称、地点、时间、期限、审查等内容后，其中第五条则提出：“本会（展览会）所有商标，由总商会延聘专员审查，给予证明书，以资信守。”第六条又强调：“各处陈列商标，因发生仿冒影射或重复等事，由总商会延请法律专员调解之。”同时，商品陈列所还详细拟订了该展览会的《征品规则》（14 条），确定展品以国货为限，范围有 65 类商品之多，并就送展的数量、要件、手续、损坏责任及展品包装等作了具体的规定。可惜，原定 1924 年 10 月 10 日举行的商标用品展览会，由于军阀南北混战以致交通阻隔，展品迟迟无法运到，总商会不得不宣布延迟举行。由于这次展品征集是严格遵循《商标法》进行的，因而在征集过程中起到了广泛的宣传作用。1926 年 11 月，上海总商会联合国货维持会、提倡国货会、国货工联会、中华商业协会诸团体成功地举办了这一迟到的商标专用品展览会。

《商标法》及其《实施细则》的公布竟然引起了外商的反对，以致列强公开干预。他们声言：“按《商标法》组织的商标局，纯由华人组成，公断员亦系华人，难免有维护（华商）之嫌。”其中尤以英商公会和美商公会反对最强烈，甚至指责中国施行新《商标法》于外商必多不利，其主要之点，一在治外法权之破坏，一在贵重财产之损失，他们向公使团提议一切须由列强共同管理。上海总商会获悉后，于1924年2月20日致电新成立的商标局，坚决反对外人干涉《商标法》的订定和商标行政的实施，指出“商标注册纯系吾国内政问题，外人依据商约，企图借口参与我国商标行政，实为扩张对我国主权的侵犯和商利的掠夺”，“对于我国实业前途为害匪浅，商业行政设施皆成协定嚆矢”，要求当局对公使团的无理干涉，万万不能让步和应诺，并应“严加驳斥，以重主权”。①

北京政府商标局建立后，当年内便接受注册、审定商标达997件，其中大多数是外商前来申请注册。为此，经商标局告知上海总商会，上海总商会又转函全国商会联合会总事务所，请求动员国内各地商会，全面劝告国内商家早日将所属商标前往商标局注册；并希望共同推广《商标法》宣传，商会可协助商标局，将商标公报，择其关系紧要事项，随时向商家公告，庶几呼应灵通，不至有贻误失机之虑。实际上，《商标法》的施行，大有利于国内实业的发展，这一时期许多国货名牌产品正处于萌发和成长期，与外商竞争激烈，商标纠纷甚多，如天厨味精与日本铃木味之素、龙虎人丹与日本仁丹等都是靠有法可依胜诉的。

北京农商部一面颁布《商标法》及施行细则，一面又大力推进设立商号登录制度，实际这也是互相关联的两项工作。对一件产品来说，它的商标内容就包含着生产、出品商号及厂家。民国初建立，农商部就要求各地商号进行注册登记，但因手续复杂，以及许多旧的行会习惯，各地商号总借助各种理由不予执行。可是，一旦遭遇信用借贷、债务诉讼或其他商事纠纷，商人必须证明自家身份、信誉和实力等，若不能出具有力的证据材料，反陷于被动，以致被人钻空子而利益遭损，受害商人常向总商会抱怨

① 上海市工商业联合会《上海工商社团志》编纂委员会编：《上海工商社团志》，上海社会科学院出版社2001年版，第273页。

而无法申诉。所以，1923 年 10 月，上海总商会常会决议要承担起实行商号注册的职责和重任，求得“保商业之安全，而谋市场之便利”，并为避免与政府部门在注册费收取上的纠葛，总商会以商号登录的名义进行此项工作。会董常会便经讨论通过，正式设立了商号登录委员会，推举由闻兰亭、楼恂如、赵晋卿、叶惠钧、冯少山，谢蘅牕、徐乾麟、朱吟江、盛筱珊等 9 人组成首届委员会。

由上海总商会商号登录委员会拟定，经总商会会董常会表决通过了《商号登录章程》(16 条)、《商号登录章程施行细则》(14 条)，这一章程及细则规定，商号登录的程序是：(1) 总商会设商号登录处，推定会董数位专任其事；(2) 商号登录内容有：牌号，营业种类，店址，股份总额，资本实数，股东姓名、籍贯、住址及每人占股若干，经理和董事、监察人姓名，设立之年月日，合同议据或章程；(3) 登录方法是：有公会、公所者，由该会所按式查报，如能自行来会登录者听便；不属公会、公所者，由各商号直接向总商会报告登录，非总商会会员者，得由会员介绍；(4) 登录内容各项中有一项变更时，应及时报告总商会商号登录处，于册籍中更正；(5) 商号登录分门别类，由总商会定期刊布并分送各业查考；(6) 凡在总商会登录者，给予登录证书；(7) 经总商会登录的商号，遇事可申请总商会处理；(8) 办理登录的手续费，每年向登录的商号征收，资本实收数 1000 元以上收 4 元，5000 元以上收 6 元，10000 元以上收 10 元，50000 元以上收 20 元，100000 元以上收 30 元。①

按照国际惯例，对商号开展、实行注册登记一般应该是政府工商部门的职责，但在民国初年由于政府法制和行政管理体制的混乱、缺失，而实际企业的发展已不得不具备相应环节时，总商会主动采取一些措施是应予肯定的。经向总商会登录后，总商会即将登录商号的牌号、地址、营业种

---

① 上海市工商业联合会《上海工商社团志》编纂委员会编：《上海工商社团志》，上海社会科学院出版社 2001 年版，第 273 页。

类于《上海总商会月报》上刊登。1924 年 1 月总商会开始正式办理商号登录，第一号登录者牌号：中华劝业银行股份有限公司；地址：上海南京路 P 字六十号；营业种类：商业兼储蓄银行。当然就此登录内容来看，则远不够详尽。

1925 年北京农商部正式颁布有关工商注册管理的相关规定，总商会便逐步减少已明确属政府权限的事务。后随着政府这一职能的日益完善，1928 年，上海总商会就不再下设商号登录委员会办理商号登录事宜。但是它对中国《商标法》和工商业登记制度的实行，所起的促进、引导作用，还是要予以肯定的。

## 4. 建立商品陈列所及举办各类商品展

1918 年，上海总商会向社会公开招标兴建工程，经 11 月 2 日会董常会议决：标价以李合顺营造公司最廉，于是知照通知，订立合同，定期开工。1919 年春商品陈列所动工兴建，历时一年，于 1920 年夏竣工。该所建筑占地 724 平方米，楼高三层，总建筑面积为 1625 平方米，分隔成 18 个厅、堂，共花费银 68143 两。其经费后由会员商人自动捐助，据记载，当时的南洋烟公司创办者、华侨实业家简照南就慨捐“本公司股票 1500 股，所输尤多”①。陈列所由总商会验收通过后，立即进入了开馆筹备阶段，如向全国征集商品、布置陈列室、组建办事机构、推定职员等。总商会还订定了各种规章，如《商品陈列所章程》（18 条）、《陈列部各员服务规则》（10 条）、《商品陈列所征集商品规则》（19 条）、《陈列保管规则》（14 条）、《商品陈列所观览规则》（18 条）、《商品陈列所展览审查章程》（13 条）等，并向北京农商部及江苏省长备案。

1921 年 11 月 1 日上午 10 时，总商会商品陈列所隆重开幕。美国商务参赞，瑞士、比利时、瑞典、日本等国领事，农商部代表王芷枫道尹，江

① 潘君祥主编：《中国近代国货运动》，中国文史出版社 1996 年版，第 392 页。

苏省长代表沈宝昌知事，淞沪护军使代表陆达权，税务处督办代表姚文敷以及报界人士等500多名中外各界来宾出席，知名人士、原北京大学校长马相伯发表了提倡国货的演说。最后，来宾参观了陈列所1—3楼的美术部、饮食品部、农林园艺部、机械部、染织工业部、制造工艺部、矿产部、水产部、化学工业部、药品部、科学仪器部、狩牧部的各类展品。①

1922年9月，总商会在商品陈列所内设立售品部，根据《商品陈列所售品部试办章程》第25条规定，售品部专代国货厂商推销优良产品，买卖手续分为即时、约定、通信三种，费用收取根据卖主售出物品的销售额酌定。

总商会时期，先后召开了开幕展览会（1921年11月1日至30日）、蚕茧丝绸展览会（1922年10月6日至25日）、化学工业展览会（1923年10月10日至25日）等数次主题商品展览会。陈列所常年陈列的全国各地展品有34400余件，平时免费向社会各界开放，1924年的参观人数达3万余人次。陈列所还编辑出版《国货津梁》宣传小册子，详细介绍全国国货工厂、商号的产品、商标、地址，成为推广国货的指南。

商品陈列所成立后，立即成为上海总商会和各埠商会交流合作的窗口，它先后为直隶工艺观摩会、汕头总商会商品陈列所、青岛总商会商品陈列所、江苏省第三次地方物品展览会、西湖博览会、芜湖安徽省立第二商品陈列所，以及国外荷兰万隆城博览会、美国纽约赛会、美国费城商品陈列馆、暹罗国货陈列馆、小吕宋嘉年华会展览会、霹雳中华总商会、新加坡中华总商会、巴达维亚中华总商会等代理征集中华国货展品，每次展品数量分别为505件至9842件不等。② 担任商品陈列所所长的田澍霖、徐乾麟等商界人士，也是热衷国货宣传、推广的有识之士。

上海总商会在加紧国货陈列所筹建的同时，还积极参与创办上海国货商场。1921年，在“五四”中成立的上海“对日外交市民大会”，经总商

① 《商品陈列所第一次展览会纪事》，《上海总商会月报》第1卷第6号。

② 《商品陈列所重新启钥之回顾》，《上海总商会月报》第2卷第4号。

会会董冯少山、虞洽卿、王晓籁、简照南等人倡导，改组为“市民提倡国货大会”。后便由总商会、上海县商会、闸北商会、各马路商界总联合会等48个民众团体参与，总商会等商界团体提供活动经费。该会的宗旨是“提倡国货，振兴实业，改进工艺，推广贸易”，倡导市民广用国货来抵制日货，并多次组织国货旅行团，举办国货流动展览会。上海总商会借商品陈列所的开幕，还大造舆论呼吁：“如有国货商场之组织，则各地产品，罗列一堂，不但出口家得以比较竞争，以渐进于改良之域，而爱用国货者，亦知所别择，而不致以舶来品为代用品类。”这就为其后“五卅”期间上海国货商场的建立奠定了基础，并由此进入了酝酿阶段。

商品陈列所落成后，积极举办各类国货商品展览会。1921年11月1日至11月30日举办的开幕展览会，有来自106个地区的870家厂商推出12大类38000余件展品，参观人数达61505人次，轰动一时。展览会结束后，还举行了国货商品评奖活动，由朱葆三担任审查长，组成专家评审小组，评出最优等奖278件、优等奖356件、一等奖346件、二等奖112件。获最优等奖的，还得到了北京农商部颁发的奖状。

继这次大展之后的是1922年10月6日至10月25日举办的丝绸商品展览会，共展出上海、江苏、浙江三地261家厂商的1165件产品，其中丝茧类占361件，绸缎绣品类占736件，其他为61件。参观人数为8751人次。展会结束后，由总商会商品陈列所所长田澍霖商请江苏实业厅厅长张轶欧为品评长，组成专家评审会，评出最优等奖100件、优等奖133件、一等奖108件、二等奖11件。所有展品又于1923年被送往美国纽约，参加第二届万国丝业博览会。

接着，商品陈列所于1923年10月10日至10月25日，举办化学工业展览会。当年化学工业在国内才刚起步，全国各地厂商送来展出的产品计有农艺化学、工艺化学、电气化学等3大类30余种，共3000余件，参观人数为15588人次。此次展览期间，主办方还邀请多位化学教授来讲演，如北京工业大学教授戴汝楫作了《美国油漆工业》的专题报告，南洋大学教授徐佩璜作了《化学与制皂》的报告，天厨味精发明人、化工实业家吴蕴初也到所作了《我国设立硫酸工厂之商権》的讲演。这类报告会和讲演前后达 10 余场，其意义和影响在国内实业界引起了巨大反响。展览闭会后，仍由江苏实业厅厅长张轶欧担任品评长，聘请化学专家吴承洛、曹惠群为品评干事组织评优，共评出最优等奖 125 件、优等奖 143 件、一等奖 102 件、二等奖 36 件。① 当年刚问世属新发明的国货调味品天厨味精就在其中。连续获得成功的国货商品展览会在工商界赢得了赞誉和欢迎，对正起步的民族工商业于 20 世纪二三十年代发展高潮的兴起，起了极好的推动和催生作用。

同时，上海总商会还尽力促成中国商品的国际展览活动。1922 年 10 月，会长聂云台听闻 1915 年美国费城世博会中国馆展品继续在展示，但是残破不堪有碍观瞻，十分焦急。他立即和中国驻纽约领事通函相商，并动员国内已有新产品的厂家，自动捐助新产品更换，由总商会赞助运输、布展一切费用。经过一番动员、说服和组织，后有 200 余项新产品于年末启程运美，更换展示后使美商和美国观众，对华商和中国货刮目相看，这大大提高了国人和国货的声誉。

1922 年底，本设想于上海商品陈列所丝绸大展结束后，将展品移往美国纽约丝绸博览会，但因农商部应允的运输、布展等补助款不能拨发，这桩好事就陷入僵局。总商会和农商部一再电商，期间函电交驰，终于得到一笔 25000 银两的会场租赁等补助费，这就冲破重重难关，于次年春天在上海总商会和丝绸业公会的共同努力下，在大洋彼岸顺利展示了中国丝绸的风采，博得参观者一片惊呼，纷纷为中国丝绸的高雅神韵所倾倒。当地的报纸竞相报道，认为这是集艺术与技术为一体的神品，极大地扩大了中国丝绸外销的途径。

当然，在众多的国外展示活动中，对事涉国家主权和尊严的要害环节，总商会也每每予以严肃对待。1922 年 3 月 10 日，日本在东京举办所

---

① 潘君祥主编：《中国近代国货运动》，中国文史出版社 1996 年版，第 401 页。

谓“和平纪念东京博览会”，以夸耀它在一战中之“贡献”。日本上海商业会议所具函邀请上海总商会组织中国厂商参加，但该会提交的博览会规则中，竟然把中国东北划为它的“殖民地卫生项下”，这是对中国领土、主权赤裸裸的挑衅。总商会一面公函江苏交涉使署对日本领馆提出抗议，一面紧急通告全国商会拒绝赴展，以作抵制。并在报纸发表谈话：“人方以我于朝鲜、台湾之列，而我竟腼颜赴赛，人格何在？”① 同时对日本进行严辞驳斥。

上海总商会在国内外商品展览等交往中，宣传、展现国货风貌，开拓国货国际市场，同时注重爱护国家、国货形象，并在事涉国权、国格的原则问题上，绝不轻忽、短视，这些作为是值得后人钦敬的。

## 5. 扩充或新设商务和文教事业机构

“五四”以后，上海总商会在会员和商民的呼声下，成功地实现了一次领导机构的大改选。新当选的正、副会长和会董不负众望，积极推动各项为商人服务的商务和文教机构的设立、加强，这当然是和整个社会的新文化运动兴起是分不开的，同时也是与商民及商界人士，包括店员、职员的新的进步联在一起的。这些机构，有的直接担负着开展咨询、中介等商务功能，有的则为提高商人一般文化和商学知识服务。

其中商务机构，首先是将原华商道契处于 1921 年正式升格为华商道契委员会，以可直接向北京内务部呈报立案，更好地为华商服务。对于此项举措，在民国初年，上海县署曾以“华商道契有关粮田契税”为理由，对总商会办理华商道契以需加厘等理由多方置难，并决定由县署亲自办理，收回总商会对华商的代办权。总商会为了维护华商道契的信用和正常的办理，经与北京内务部交涉，批准仍继续享有这一权利，因此就将机构升格为华商道契委员会。

① 《复农商部拟拒绝日本和平纪念东京博览会电》,《上海总商会月报》第 2 卷第 3 号。

这样，从当年至1923年，上海总商会共办理华商道契约270份。由于这一为华商服务机构的提升，总商会办理华商道契的代办费收入也明显增长，1919年度为250.15银两，1920年度为187.86银两，1921年度增为471.19银两，1922年度又降为233.376银两，1923年度持续在245.05银两水平。1925年，上海总商会又订定了《代领华商道契章程》共5章15条，进一步明确了华商道契的申领范围、申领手续、过户、收费等规定，使这项服务继续获得坚持和发展。

另一得以加强、扩充的商务机构，是商事公断处。它是总商会设立的专门调解商务纠纷的仲裁机构，于1914年1月1日领各地商会之先最早成立。随后，总商会议董常会通过了《商事公断处办事细则》(7章37条)。商事公断处又订定了《关于声请事件通告》(11条)、《评议场规则》(5条)、《旁听规则》(5条)等。

由于商事公断纠纷、争议日益增多，并涉及帐务清查的进行，公断处处长张知笙便于1916年2月经会董常会公决同意设立查帐处，还通过了由张知笙拟定的《上海总商会公断处查帐处章程》(4章16条)，并议决公断处处长兼管负责查帐处。1920年总商会改选后，改由方椒伯、沈联芳先后任处长，增加聘请的专业人员为查帐员，继续接受当事人及裁决机关的委托，办理有关帐务复查，提供相关证明。该业务的扩展从收入来看，1916年5月至1917年4月为28450银两；1917年5月至1918年4月为8894银两；1919年7月至1920年6月为10800银两；1920年7月至1923年6月为262000银两；1923年7月至1924年6月为61000银两。应该说，收入增加很快，并在1920年后形成一个高潮。

在此基础上，1925年5月，总商会会董常会通过了《理帐规程》(10条)，并函告各业、银行公会以及地方审判厅和租界会审公廨等参照实行。这一期间，公断处内评议员、调查员也均由总商会会董、会员担任。商事公断处出面仲裁商务争议，在很大程度上是为使商人的商务纠纷在商会内部解决，避免商人的利益受其他衙门的侵夺，尤其是中国官场黑暗“潜规则”的伤害，同时也使一般商人免遭诉讼拖累，被广大工商业者誉为“便利商人之机构”。

1920年6月，上海总商会第五届会长、会董当选，全会面貌最大的变化是设立一批新的文教机构。这是会内外商人期盼已久的，也是历届会董都曾酝酿过的，终于在“五四”新文化潮流的强大推动力下得以实现。其中上海商业补习夜校设立、上海商业图书馆开馆和上海《总商会月报》发行，几乎是同步进行的，这在商界极为轰动，尤其得到许多店员、职员的热烈欢迎。

1921年10月15日，总商会第二十一期会董常会听取了会董钱新之、方椒伯关于会同中华职业教育社、上海商科大学合组成立上海商业补习教育委员会的提议报告，并议决一致通过。随即，由会制订的《上海商业补习教育会简章》出台，确定该会宗旨是扶助上海商界青年，增进商业知识，养成商业适当人才。任务是调查上海商业教育情况、调查上海商界人员对商业补习教育的需求、调查上海商店对人才的需求、研究实施上海商业补习教育方法、筹设以及扶助上海商业补习学校、组织商业讲演部、编辑及印行关于商业补习教育的各项调查及言论。总商会会董会决定由钱新之、方椒伯、赵晋卿3位会董出任该会委员。

在商业补习教育会的指导下，上海总商会商业补习夜校于1922年3月15日正式开学。根据《上海总商会商业补习夜校章程》规定，学生程度之高低分为4级，修业年限为4学年，课程设置有国文、英文、簿记、经济速记、商事要项、商业文件等科，各科课程考试及格者给予毕业证书。校址设在上海总商会会所内。1922年学生数为94人，后逐年增加，1923年为221人，1924年为173人，1925年为210人，1926年为321人，1927年达540人。

夜校的主要任课教师有：之江大学法政专门学校毕业生、总商会商品陈列所文牍股股长于楚卿，美国芝加哥大学商科硕士、纽门大学商业管理科硕士李培恩，约翰大学文学士、商务印书馆英文编辑陆品芹，东吴大学文学士、暨南商科大学教师盛谷人，大中华纺织公司总理处英文秘书张毓良，《大陆报》主笔、总商会翻译谢福生，美国伊利诺大学商科毕业生张赫华，东吴大学法科法学士赵传鼎，商科大学商业管理系教师于化龙等。应该讲，夜校的师资在教育界是得以认可的。① 被聘为校长的，先为总商会商品陈列所编查科主任杨家堃，后是总商会总务主任徐可陞，徐是美国欧白霖大学文学士，他们都是饱学之士。

夜校的经费由学生学费和总商会拨付经费补助组成。根据夜校章程规定，学生学费前两年每学期 8 银元，杂费 5 角，后两年每学期 10 银元，杂费 5 角。上海总商会拨给夜校的经费，在 1921 年 7 月至 1923 年 6 月的两个年度里，平均每年是 543.675 银两，1923 年 7 月至 1924 年 6 月的一个年度内，支拨给 964.993 银两。这说明，当时总商会在支持夜校、满足商界青年求知、求学的渴望等方面，还是尽了很大的努力的。

与商业补习夜校同时筹备的，还有上海商业图书馆。1920 年 8 月新会董、会长接任后，就在办事机构中设置了图书室委员会，着手筹建公共图书馆，作为总商会的新事业之一。1921 年 11 月 12 日的会董常会讨论通过了由图书室委员会提议的图书馆建设规划，即在总商会办公楼的二楼辟出两间房为馆所；开办费预算为 21800 元，以事业募金中划拨 20000 元，节省宴请费 1800 元充抵；常年预算为 3500 元，由事业基金的利息划拨；并增加 5 位会董为图书室委员会委员，以加紧图书馆的开办。会后，总商会将开办图书馆的情况报江苏省公署和农商部备案，同时着手招标置物、购书、订定规章制度，又向各大书局发出《凡新出商业书籍请赠图书馆一份》及征求其他书籍的函。1922 年 6 月 26 日，商业图书馆正式开馆，《申报》为此正式登了《开幕启事》。

上海总商会时期，商业图书馆的业务有阅览、外借和寄存 3 种。阅览对象为社会公众，以 1923 年为例，全年阅览人数有 20714 人次。外借图书的对象限于会员，1923 年外借图书为 4574 册次，1924 年达到 11109 册次，

---

① 徐可陞：《商业夜校弁言》，《上海总商会月报》第 4 卷第 10 号。

1926年全年外借为8121人次，外借书籍为32484册次。寄存图书是总商会为借助会员和会外私人藏书，来扩大商业图书馆藏书规模的办法之一，也是为满足读者扩大阅读面，寻求更多知识的需求。商业图书馆在寄存章程中规定："凡以自藏图书或孤本墨稿寄存本馆公诸同好者，本馆当负保管之责，给与凭证，随时得由本人或其委托代表凭证取还。"当年该馆获得寄存的图书有近3万册次。①

经过几年努力，商业图书馆至1924年藏书量大幅增加，首位藏书是商业、经济类，其他依次为文学、政治、工业制造、医学卫生、史地、哲理、科学等，中外文藏书总量为35000册，另有中外文杂志120余种，中外文日报近20种，其中20%为常年所添购，80%是各书局及各界热心人士所捐赠。为了方便读者，图书馆利用同时期创刊发行《总商会月报》一角，刊出每月新增书目。

上海总商会商业图书馆成为近代上海华人公共图书馆的嚆矢，其后全市各团体机关竞相仿效，纷纷建立图书馆、室。1924年，总商会商业图书馆发起、联络上海各家图书馆，组织成立了上海图书馆协会，开展读书演讲，共谋上海华人图书馆的进一步发展。1925年，又进一步推向全国，组织邀请各省图书馆代表来沪参观，并成立了中华图书馆协会。这对中国图书馆事业也尽了绵薄之力。

与商业夜校、商业图书馆一同被称为总商会"三大事业"的还有1921年5月发行试刊的《总商会月报》。在1912年12月和1915年3月的两次总商会会董会上，会董郁屏翰、谢蘅牕都曾书面提议，拟组织发行总商会自己的丛报，向会员和其他组织报告会务、传递时势、发表议论、阐明关键、互通商情，帮助会员在激烈的商战中耳目灵而心思开。1920年8月，在第五届会长、会董接任后，此提议终获通过，设立了出版部委员会，由

① 上海市工商业联合会、复旦大学历史系编：《上海总商会组织史资料汇编》（下），上海古籍出版社2004年版，第768—772页。

会董汤节之、盛丕华、钱新之出任委员，开始筹划出版《总商会月报》。

这份月报在1921年5月试刊后，于8月30日正式出版第一卷第1号、第2号，定刊名为《上海总商会月报》，每月出版一号，每一年为一卷，初期栏目有论说、译录、国内外商情、实业调查、经商模范及总商会会务记载等。①

月报出版部为扩大《上海总商会月报》的影响，采取的方法有向会员赠送每期月报、与各出版社交换互阅、在《申报》上刊登征订广告等。同时，订定《上海总商会月报代销处规约》，征求月报代销处，各省埠的中华书局、商务印书馆、世界书局和中国实业书店都是《上海总商会月报》的代售点。订定《特约广告员规约》，通过招揽广告，不仅增加月报出版部的收入，而且强化月报的商业信息。月报每期的印数为2000本，每本定价初为2角，后涨至3角，由陈逸凡任总编辑。月报出版部内分设编辑部、发行部和广告部3部。正式出版发行后，《上海总商会月报》还出版了棉业号、银行号、丝业号、国货号、关税会议号诸专辑。《总商会月报》是近代中国人最早自办的商业报刊之一，创刊后顿时在国内商界和海外侨商界产生了强烈的反响，它的论说等栏目，被视为商界的代言人，因而稿源也源源不断，国内一些著名经济学家如马寅初、杨端六等都曾为之撰文。

上海总商会经历了“五四”新风的沐浴，为适应新时代的发展，改选后吸收了大批商界新生力量，不仅在商务机构上加强了扩充，在服务商人方面仍继续努力，还在创办文化教育“三大事业”上有了新的突破，为商界培养了很多后起之秀，受到了学术界和社会各界的一致好评，至今还为人称道，体现了上海总商会具有远大的目光。

## 6. 出席太平洋商业会议，开展国际商界交流

五四运动提高了中国人民的爱国觉悟，也扩大了国人的国际视野。因

① 徐鼎新等著：《上海总商会史（1902—1929）》，上海社会科学院出版社1991年版，第277页。

此，经第五届新改选的上海总商会领导层更重视国际商业活动交流和会议信息的获取。1922 年，美国政府、美国商会以及太平洋地区的部分国家发起召开太平洋商业会议，定于当年 10 月 25 日在檀香山正式召开，初步确定会议规模和出席会议的代表为 150 人左右，要求代表资格为“太平洋上国家银行、商界之真正领袖”，上海总商会接到了会议筹办方的邀请函。

5 月 13 日，在总商会当年第十期会董常会上就这一邀请函进行讨论，会董们经过讨论一致认为：“此次商业会议，为国际地位及商业自身利害起见，似应与会。”并表决通过推举会董穆藕初为会议出席代表。穆藕初是美国康奈尔大学农学硕士，接受了美国泰罗的一套经济管理理论，归国后在纺织界等行业颇有建树。

8 月，总商会为此呈文获农商部批准。但是，上海总商会此时从主办方美国商会得知，日本方面准备派出 15 名代表出席此会，美国方面也希望中国多派些商界代表赴会。上海总商会便发函给各行、各业及团体会员，并转告天津、汉口、广州等地总商会，请推荐代表共同组团出席会议。可是，各地商会因经费负担有难处，均婉言谢绝，仅有上海华商纱厂联合会公推毕云程，上海工商研究会公推赵桂芬，总商会本会又加推了赵晋卿 3 人为出席代表。这样由本已推定的穆藕初，加上毕云程、赵桂芬、赵晋卿，并携秘书郑希陶 5 人同往。10 月初，该团出席会议再次获得农商部批准，中国代表团便正式准备与会。

为筹备出席会议经费，经总商会张罗，由纱业公所及钱业公所分别拨出赞助费 1000 银元和 400 银元给代表作旅费，这次檀岛太平洋商业会议之行全团共花费 4500 银元，除以上公所捐款外，其余均由总商会会费拨助。

会议代表团临行之际，穆藕初任经理的德大、厚生、豫丰及恒大四家纱厂以及华商纱厂联合会、中华国货维持会、中华全国工商协会、工商研究会、上海总商会分别设宴为他们饯行，5 位代表都借此机会发表演说，认为：“此次太平洋会议原为提议太平洋沿岸各国商务上相互获益之关系，求今后得圆满之发展，实有各各得求发展以图商务之机会在内”，所以出席会议可以“以中国之真实进步，告知各国，俾却除以前之误会，以发展今后之商务”；同时，通过环太平洋会议，可以“研究各国之真实情形，以为国民对外之准备”。① 实际上，当年中国商界以积极姿态、相当声势出席这类国际会议是应该的。

1922 年 10 月 6 日，中国代表团乘坐太平洋轮船公司“威尔逊总统号”轮船，起程赴檀香山，上海各界、各团体要人均到场送行，场面十分轰动，这也证明此行为人所关切。登船后，五代表推定赵桂芬为代表团会计、郑希陶为英文秘书，毕云程为中文秘书。10 月 10 日，船泊日本横滨一天，代表团上岸访问了横滨中华总商会，会长孔云生设宴招待并陪同游览横滨市。10 月 18 日，船只顺利抵达檀香山，美国太平洋协会总董福特，中国驻檀领事谭毅卿，檀香山中华商会代表彭棣桐等，前往码头迎接中国代表团一行。

代表团抵达檀岛后，10 月 24 日出席了由美国商界领袖组织的“循环俱乐部”主持的演说会。穆藕初应邀发表了题为《中国政治地位之背景》的演说，述说了中华民国成立 10 余年来，“国中优秀分子，颇能尽力于社会事业，因此，商业、工业、教育、交通种种，均有巨大之进步，然皆从事实行，不从事宣传，故此种进步不甚彰着于世界人士之耳目”。就此机会，穆还讲述了中国工商业的最新发展实绩，与会的 160 余美国和其他国家商界领袖、人士对此均表示惊讶、热诚和尊敬之意。10 月 25 日，代表团又出席大学俱乐部举办的演说会，穆藕初向与会的华侨青年作了题为《如何为祖国服务》的演说，阐说了海外华侨与祖国的关系，再一次宣传了中华民国成立以来，中国工商业的发展成绩及其进一步的需要，告诫华侨青年，要爱祖国，必须先知祖国的实在情形，而后“各宜就一己之所长，尽力为之，必能得良好之效果”。② 会上，赵晋卿等也向华侨青年发表了勉励的演说。

---

① 穆家修等编著：《穆藕初先生年谱》，上海古籍出版社 2006 年版，第 267 页。
② 穆家修等编著：《穆藕初先生年谱》，上海古籍出版社 2006 年版，第 273 页。

10月26日上午9时，太平洋商业会议在檀香山总督府举行开幕仪式。在首先举行的赠旗典礼上，中国排列于第三位，在美国、日本之后，由穆藕初向联太平洋协会会长法灵顿敬赠中华民国国旗，并宣读中国大总统的贺词，深望此次太平洋会议成功。

接着，会议按程序选举联太平洋协会会长、副会长及总书记。中国代表穆藕初被选举为副会长。继又选举产生秩序委员会、规则委员会、议决案委员会等3个太平洋商务会议的组织机构及其成员，穆藕初兼任秩序委员会委员，赵晋卿任议决案委员会委员。

在开幕仪式上，穆藕初代表中国发表题为《中国商务与太平洋》的演说，穆藕初向与会者回顾了中国自清光绪六年（1880年）以后进出口贸易的发展情形，以详实的数据告知与会者：四十年来，中国进口贸易额增长了十倍之多，重要货源来自美国、日本，出口贸易额也有十几倍的增长，销路也主要是美国、日本，而近十年，与暹罗、新加坡、爪哇、朝鲜、菲律宾、加拿大、南美、澳洲、新西兰等太平洋各国发展、增进了贸易往来。对此，穆藕初发表感言，认为中国商务与上列太平洋各国之商务，其关系之密切，已极明显，但距离理想之地位，尚属辽远，中国即已认识到商务的重要，更要克服多种障碍，更谋商务的发达。穆藕初又分析了阻碍中国商务发达的一些因素，如多变的政治是发展商务的第一障碍；其次是不合科学的关税原则、本国货币（制）不统一、与他国货币本位不统一、没有对外银行、缺乏对外航路、国内交通不便利等等，对于这种种障碍，中国人正在努力却除；同时，穆藕初还提请注意国际间政治上之侵略，亦足以妨碍中国的商务，其他各国也同样深受影响。因此，关系国际间商务发展的和平、关税、投资、商情通融等问题，各国应本着友好、信任的意愿及态度，密切关系、亲善关系，那么，商务利益的增进，将是无可限量的。穆藕初还讲："中国人深愿与吾各友邦为最诚挚之携手，以增进彼此商务上之利益，并以增进人类之文化，孔子云，四海之内皆兄弟也，深愿于此次太平洋商务会议植其始基，此则中国人所殷殷企盼者也。”① 穆藕初的这次演讲被刊印成小册子，在华侨中广为散发。

会议期间，穆藕初提出了《发展中国之天产与商务》《中国棉业之发展及其需要》《中国之商业教育》等议案；赵晋卿提出了《中国银行与财政现状》《中国商务发展之障碍及改革方针》等议案；中途到会的中国华洋义赈会代表兼上海青年会美国干事费吴生提出了《米价之商界与导淮问题》议案。费吴生希望关心太平洋商务与稻米生产的各国政府，赞助中国的导淮计划，使产米平原江淮地区免受水患自然灾害的破坏，进而解决全世界稻米产量不足引发的粮荒，受到与会代表们关注。郑希陶代表上海茶业会馆宣读说贴，针对当时美国海关在检查进口华茶时，宣称华茶中掺有石粉等杂质，致使华茶出口深受影响，他再次声明中国输美华茶质量纯正，美国消费者完全无需疑虑。

11 月 6 日，大会举行闭幕式，各到会国代表分别致闭幕词，赵桂芬代表中国致词，盛赞这次太平洋商业会议中各国代表的真诚协作精神，在国际商务及交际史上将有着深远影响，并由衷表示此次会议“所议决各案，皆适于各国之需要，而有益于太平洋各国之全体，吾人希望以此为基础而更加以努力，以增进太平洋各国间之友谊，则将来第二次商业会议时，必能为更切实之贡献，以造福于太平洋各国之商务”。

大会通过了 18 项决议，其中有几项和中国直接相关，如第 15 项决议是将中国的导淮计划寄达各国政府、美国红十字会、国际银行团及其他有关各团体，请求重视并赞助中国的导淮计划，以救济世界米荒；第 16 项决议是聘请美国棉业专家常驻上海，充任输入中国之美棉因品质上发生纠葛之仲裁公断员。

大会闭幕后的 11 月 7 日晚，穆藕初、赵晋卿又应檀香山大学中国同学的邀请，赴集会演说，阐述中国的发展情形后又明白指出，中国及全世界的华人一样，首先“不欲倚赖外人，惟努力发挥自己之能力，不避艰辛，

① 穆家修等编著：《穆藕初先生年谱》，上海古籍出版社 2006 年版，第 273—274 页。

务期造成一自立少年中国”，其次“愿与外人为平等之携手，实行互助，以增进全人类之利益”。① 两位代表勉励华侨青年学成回国，与国内青年为创建少年中国而共同努力。

11月8日，中国代表团启程回国，当地有关华人团体和代表以檀岛的风俗隆重欢送中国代表团一行。11月22日下午，船抵上海港，总商会会董谢蘅牕及华商纱厂联合会、工商研究会、全国工商协会、国货维持会、纱布交易所等团体的代表到码头迎接。

11月25日下午，上海总商会召集欢迎报告会，会长、会董、会员100多人出席，郑希陶、赵桂芬、毕云程、穆藕初、赵晋卿、费吴生分别以此次会议的组织情况、中国在会议中的地位、中国对太平洋各国发展贸易的障碍和前景、中国拟应重视国际宣传、会议的各项决议、导淮计划的推行等不同主题，向与会者作了报告。各位代表的报告，让到会者都大开眼界，深感启迪。

此后，出席太平洋商业会议的穆藕初等代表，又分别先后到中华国货维持会、工商研究会、全国工商协会、上海青年会、上海商科大学、华商纱厂联合会、上海暨南学校、东南大学商科等团体、学校，介绍这次会议的盛况以及沿途所见的日本、檀岛的经济现状和商业特色，向许多商界人士和年青学子分享会议观感和体会，这对促进发展中国商务、沟通国际经济及商务信息起了相当作用。太平洋商业会议也是中国最早参与的国际商业会议之一。

上海总商会派出代表组团出席太平洋商业会议，在会议上通过提交议案和演讲，使国际商界对中国有了更多、更新的了解，并成功地展示了中国工商界的形象，增强了和国际商界的交流，颇具开创性意义。

在此之后，上海总商会应邀出席第五届国际商会，成为其会员之一，这也是与此分不开的。

① 穆家修等编著：《穆藕初先生年谱》，上海古籍出版社2006年版，第281页。

## 7. 支持、参与各项爱国和慈善公益活动

上海总商会在经过大改选，由新生一代商界人士执掌后，对涉及国家主权和华人利益的一些爱国活动，表现出更高的政治热情。在上海租界，原由华人发起的纳税华人会即华人参政会，经过多年的抗争，这一期间也进入一个高潮阶段。事情缘起于1919年4月的工部局租界增税议案，经租界纳税人会年会表决通过，议决将租界内房捐从12%增至14%，将地税税率从6.5%增至7%，并另增特别房捐一年，捐率为1%，而且必须一年一次付清。这项议案通过后，决定于当年7月1日正式实行。但是该项增加房捐、地税的议案，没有考虑占租界多数人口的华人居民的承受能力。于是，在当年6月底，由于“五四”爱国风潮的推动，租界内的各马路商界联合会发起了反抗增捐运动，他们联名向工部局及领事团提交反对增捐理由书，指出：一方面因政局不安，各项捐税已属勉力负担，对新增捐税更无力应付；另一方面，纳税华商从没有与纳税西人享受平等待遇，租界应于平等纳税前提下增选华董，共同参与租界市政等各项事务管理。工部局答复称，将来工部局财务委员会考虑增捐提议时，当欢迎一华人代表委员会之表示意见与磋商，对此次抗争已拒绝再议。这样，各马路商界联合会便请上海总商会出面，就抗捐及华董问题向租界当局进行交涉。

8月16日，总商会召集各马路商界联合会的60多位代表开茶话会，就此详细听取意见并商讨办法。会后，总商会正、副会长朱葆三、沈联芳联名致函工部局，表示他们的答复不能令人满意，盖事实乃为，华商并非拒缴房捐，实为要求贵局注意于各国在沪商人既尽义务之后所得享受之权利，独不为吾华人所得享受。因此之故，华人不得不提出意见，要求贵局予以选举董事之应有权利，并告知总商会将选派董事为代表去工部局，与代理总董怀德当面商讨交涉。8月20日，由总商会会长朱葆三亲自出面，连同会董祝兰舫、沈仲礼、宋汉章、聂云台、张午云，再会同各路商会代表陈则民、王才运、张鳣堂、俞鸿钧等10人，结队去拜访英驻沪总领事法

森斯，英总领事含糊其辞答应设立华人顾问二人，提议并讨论关于财政事宜，以为华人直接参与市政的过渡机关。但明眼人一看便知，这仅是以承诺相敷衍作为拖延。

1920年初，在租界纳税人会年会召开之前，总商会会同商总联又致函工部局，要求华顾问问题应该尽快立案并通过，更提出华顾问须增加至6人，并且不接受领事团的否决答复。一同致函的各马路商界联合会因是房东抗捐的领头人，则以抗缴当年捐税为谈判的后盾，就是若不允华人华商要求，就拒缴房捐。为了使此动议真正落实，商总联在总董陈则民倡导、组织下，拟就了请愿书，征集了8000多名华商签名，提交给纳税人会年会，要求允准华人代表参加工部局董事会，以赋予租界纳税华人应该享有的平等权利。4月7日纳税人会年会召开，工部局董事会提出《设立华人顾问委员会》的议案，经过总董庇亚斯所作的长篇说明，这次年会终于通过了这项设华人委员会的议案。然而，就在同届年会上，英国人李德立提出的租界"添设华董"的议案，还是遭庇亚斯驳斥并为年会所否决，等于被封杀。

4月17日，工部局秘书李台尔将通过建立华人顾问委员会的议案，正式通知上海总商会等，并请总商会在租界范围内推荐5位人选。总商会于5月29日会董常会作出决议，决定只通知加入总商会的各业团体，此举便引起了租界总商会外华人的不满和非议，尤其是马路商会，他们认为自己为这次华委的设立，作出了重要贡献。6月12日，总商会会董又开常会，否定了前次作出的只由总商会推荐的决议，但考虑到此时牵涉各方的复杂性，便回绝了工部局的这一差请。

随后，马路商总联又立即召集各团体集议，决定先建立租界纳税华人会，再由纳税华人会选出华人委员会委员。经过筹备、调查、登记、起草章程等一系列程序，10月14日纳税华人会召开成立大会。会上一致通过会章9条，定团体名称为上海公共租界纳税华人会，明确宗旨是：专为发达界内之自治及公共之利益。并详尽规定了会员资格、理事组成、会议、经费等条款。10月21日又举行选举大会，选举出王正廷等27人为理事，其中总商会会员聂云台、秦润卿及会董钱新之、田澍霖、穆藕初、乐俊保、汤节之等当选为该会理事。该会设办事处于爱多亚路（今延安东路）13号。

11月9日，租界纳税华人会理事会照章选出出席工部局华顾问的代表5人，他们是宋汉章、谢永森、穆藕初、余日章、陈辉德。其中宋汉章、穆藕初是总商会会董。

租界纳税华人会将其成立经过及华顾问的选出，正式备文通知了上海总商会，请总商会转达工部局。总商会即于24日照达工部局。1921年5月11日，工部局华人顾问委员会第一届委员正式就职，并举行就职礼，以告成立。这是租界华人多年共同奋斗的结果，也打开了租界华人参政之路。

纳税华人会在其酝酿、成立过程中，尤其在与租界当局多年的交涉、抗争中，应该说上海总商会始终参与其间，并充当了与租界工部局负责转达、进行交涉的谈判人。工部局华人顾问委员会正式就职后，便负起了租界"华人参政"的重任。

上海租界华人爱国运动的又一目标，就是收回会审公廨。1916年，总商会通过多种抗争形式，实现了租界"优待体面华商"这一大进步。接着，总商会将此次对租界华商利权的处理，写成了《改良公共租界会审公廨》。这一报告以详实的事实记录，历数了1869—1911年即清同治八年至宣统三年，会审公廨经手处理华洋纠纷的原则条文和案例事实，表明那个时代由于"中外共守、相安无异"，公廨的判决还基本有法可据，尚属公正。辛亥革命期间，因驻沪领事团竭力排挤华廨员，由洋廨员统掌、把持公廨上下一切事务，诸如"设立检察员，逐去监狱官，裁撤差役，添设交保间，添设牌票间，派员观审华案"等诸多恶例，尤其是制定了专门对付华人民事案件的10条办理规定，对华人案件的判决就极不公正，各种舞弊、营私行径也日益严重，租界民众极为愤慨。所以，这份调查报告得出结论，必须改变会审公廨为洋廨员全权把持的状况，首要措施就是设立上级机关，改变独尊至上的公廨裁判之权，加强上海地方政府对会审公廨的制约；其次是恢复公廨原有的“华官审理华案，领事向不与闻”的规章，改变华官在审理任何案件中都只能充当陪审的地位；第三是在条件许可的情况下，分别设立“租界法庭”和“华案公堂”，使华人控告华人的华讼案，可以“毋庸外人干预”，客观上“自免侵权之弊”，即还司法权给中国。上海总商会将报告在会董会上通过后，分呈北京政府外交部和司法部，请求政府强化与外人交涉，收回公廨的华人权利，以根本改良现状，在坚持华洋分案办理的原则指导下，达到“保主权而惠商民”的目的。

1921年4月18日，总商会就收回公廨主权为议题，专门召集会董特别会议，议决由会长聂云台、副会长秦润卿、会董方椒伯以及聘请的法律专家余日章等共计36人组成专门委员会，推动收回公廨主权事宜。考虑一时环境，委员会暂定名公益研究会，除向政府及公使团要求改良公廨外，还大力开展宣传战，以舆论来促使政府收回公廨。①公益研究会为此拟有《收回公廨编制草案》，发动各界70多个团体共同签名向外交部、司法部请愿，呼吁收回司法主权，而北京政府却一味拖延。

1922年，上海总商会再次邀请律师谢永森及英驻沪副领事，协商拟订了《改良会审公廨计划书》，并就一些重要问题提出了具体意见。10月下旬，在会长主持下，上海总商会召集会董对计划书进行审定、修正并表决通过，再邀上海各团体共同签名，向江苏省政府及交涉使公署呈请，江苏省政府复电表示赞成，总商会就又复电追呈北京，提出为主权和改良现状计，应刻不容缓地收回会审公廨。同时，又与各商业团体一同致函各国驻沪领袖领事，表明“此次我国提案，实为沪埠全体商人最低度之愿望，请转达各领，勉于容纳”。可惜结果还是因北京政府推诿，仍“积年希望，依成虚愿”。

1923年，国内民治运动兴起，上海总商会就收回公廨主权继续与江苏省当局交涉，并提出民选法官的主张。1924年4月，上海总商会又以“司法策进”的名义，公推会董盛竹书、赵晋卿及聘法学专家董康、李祖虞、

---

① 穆家修等编著：《穆藕初先生年谱》，上海古籍出版社2006年版，第221页。

陈霆锐等赴京向外交部、司法部请愿，吁请政府尽快收回会审公廨，并由民众选举法官。为此，请愿团还发表谈话，对租界以扩大区域为交还公廨华人利权的交换条件予以严词驳斥，强烈要求北京政府不容外人干涉内政，以民族独立原则“立约共谋亲善与平等”。上海总商会在收回会审公廨这一爱国斗争中，始终立场鲜明，并起着组织者的作用，应给予充分肯定。此后这一斗争的胜利，也是和以上的不断努力是分不开的。

上海总商会在这一期间，对具有爱国和公益双重意义的苏州河疏浚及管理问题，也投入极大的关注。苏州河是上海的母亲河，她关联着全上海人民的安危与福祉。英美等列强进入上海后，也竭力攫取苏州河的管理和疏浚权，上海商界人士自清末就尽力抗争，后经交涉也派员参与浚浦局事务。1921 年 11 月，上海总商会会董常会议决继派罗国瑞代表总商会出任浚浦局顾问。罗国瑞系首届赴美留学生，与詹天佑是同学，曾读过河海工程、机械工程专业，担任国内京奉铁路总工程师、交通部技师等职。出任浚浦局顾问后，总商会依章聘其为特别会员。1924 年 2 月，罗因年老辞去浚浦局顾问职，由总商会推举，赵晋卿继任顾问，并致函会董虞洽卿、傅筱庵请随时协助赵处理相关事务。

总商会派员参与苏州河的管理和疏浚，其后对维护内河航运权确实起到了作用。1919 年，英美等国又策划扩张公共租界区域，同时图谋霸占这些区域内河流的内河航运权。上海和江苏各县沿苏州河流域绅商竭力呼吁主权不能旁落，敦促江苏省江南水利局掌握上海境内新闸桥以西，到梵王渡铁路桥苏州河河段的治理工程主动权。在此情形下，外人操纵的浚浦局，多次授意上海英商公会致函上海总商会，谋将新闸桥以东到苏州河入海口的河段交由浚浦局代为开浚。总商会以关系主权具函严加驳拒，并召开由各商业团体、沿岸工厂、轮船公司等代表参加的联席会议，共筹对策，并拟定解决方案，致函江苏省长，请政府拨款，自行承担修浚苏州河的工程。同时，上海总商会出面发起，组建了吴淞江（即苏州河）水利协会。

1923 年 1 月，吴淞江水利协会召开第一次会议并宣告协会成立，协会会员包括上海的 17 个商业团体及总商会，江苏省议会，吴县、昆山、吴江、太仓、嘉定、上海、闸北（当年以上三县均隶江苏）的县议会、农会、商会。水利协会由上海总商会副会长方椒伯担任会长，设有议事会和委员会。协会章程有 14 条，规定协会的任务是：浚河经费的筹集和管理；工程并管理上的实施及会议等。

1924 年上半年，吴淞江水利协会就新闸桥以东河段的疏浚工程完成了招标事宜，并请吴淞江水利工程局主持监督。8 月 10 日，开始用机船挖浚，标志该工程正式开工。1926 年 5 月，工程告竣，计疏浚河道长 3 公里，挖出土方 128321 立方米，用款 210000 余元。上海总商会抵制外人侵我苏州河等内河管理、浚浦权图谋，是维护国家主权的爱国行为，在当年就受到人们的赞誉。

## 8. 联合上海商会团体共维商界权益

自民国初年上海总商会成立，上海地区就存在着其他地方或行业等形式的商会团体，总商会始终和他们保持着联合、合作的关系。自辛亥革命、反袁斗争到五四运动，上海商人群体也在不断地发展、进步，其团体必然也出现各种重组、分化和斗争，尤其五四运动带来的各种新思潮，极大地影响到商界，因而在总商会大改选后，其他商会、商界团体因不同的政治背景和理念，也产生了新的变化。但是总商会在种种冲击下，仍能继续坚持联合各商界团体共维国家及商界利益的原则，也是值得肯定的。

这些商界团体中，首屈一指的是上海县商会。1919 年 3 月，县商会经第 10 次选举大会，选出由苏筠尚、顾馨一、王一亭、姚紫若、张乐君、莫子经、闻兰亭、朱吟江、汪宽也、陆松侯、叶鸿英、穆抒斋、沈润挹、叶丹庭、干湘春、李泳裳、陆伯鸿、干兰坪、李平书、钟新甫、朱子谦 21 人为会董，顾馨一、苏筠尚为正、副会长。

由于“佳电”风波，因县商会许多会董也正是总商会会董，两位会长迟至 8 月 13 日才到任。11 月副会长苏筠尚病故，会长顾馨一因故又提出辞职。虽经一再挽留，并补选朱吟江为副会长，但顾仍坚辞不就，朱也表示辞谢。1920年1月9日，会董会再次补选副会长，姚紫若当选，便由姚暂维持会务。这种情况与运动期间社会和商界内部的激烈批评、攻击有关。直到1920年12月1日，县商会举行第11次选举大会，选出姚紫若、王一亭、叶惠钧、张乐君、马骥良、王伯埙、顾馨一、虞洽卿、干湘春、徐炳辉、姚慕莲、臧连生、王杏塘、傅佐衡、陆竹坪、瞿鹤鸣、胡访鹤、吕葆元、吴芹甫、孙永年等20人为新会董，姚紫若当选为会长，姚慕莲当选为副会长。

1922年12月，第12次选举仍选姚紫若、姚慕莲、顾馨一、叶惠钧、马骥良、王伯埙、莫子经、叶鸿英、朱吟江、陆伯鸿、陆松侯、汪宽也、闻兰亭、沈润挹、姚伯裳、穆杼斋、傅佐衡、李泳裳、徐炳辉、瞿鹤鸣、虞洽卿等21人为会董，姚紫若、姚慕莲连任正、副会长。而"两姚"却联名一同坚辞。其缘由是当年商会的通病，出任者是谋振兴商务、维护商业权利而来，实际却变为官府筹款和加征苛捐杂税的机构，使人不堪负担，会员也颇多啧言，自己的商务也业务凋零，所以要求照章重选，另举贤能。后由闻兰亭、朱吟江、叶鸿英、穆杼斋亲赴"两姚"宅第面谒恳请，两位会长才到会就职。① 这一情况说明，当年商会作用的发挥不尽如人意，因受制于客观的社会环境。

这一任上海县商会还属有所作为，1923年由县副会长姚慕莲提出，总商会已建筑一新，而县商会仍简陋如故，不符上海大商埠的形象，也桎碍会务发展，应另行择地建造会所。次年5月，县商会在中华路小南门外小九华街口（今王家码头路西段）购置地基筹建新会所。为此，以筹措经费发行公债60000银两，分成600张债券，每张100银两，年息9厘，12年为期，到期归还。6月15日，召开全体会员特别大会，报告了各业代表先后认定的定额公债，但为贯彻公正、公平的原则，会议确认凡隶属县商会

① 上海市工商业联合会、复旦大学历史系编：《上海总商会组织史资料汇编》（下），上海古籍出版社2004年版，第816页。

的各业商均应摊派认购，并且当场分发，以应建筑急需。会后将一切事由、手续、兴工建筑以及购地募债等项，呈请淞沪护军使公署备案。6月24日会董常会听取了建筑主任徐佑勋汇报工程准备情况，并决定招标建筑。这样，县商会新会所便于当年下半年动工，姚紫若、姚慕莲为工程筹款、规划都不遗余力。这一动议本系总商会新工程连连落成之触动，筹建中总商会也予协助。

当时在上海商界属于新成立的地方性商会是闸北商会。自19世纪90年代起，英美等列强也试图在上海市中心苏州河北岸的闸北地区扩充租界，但华商极力抗争，尤其是江浙丝商，他们本凭借苏州河水运以此为集散地。此时沈联芳等商人便在闸北的新大桥北面创办一批丝厂，以振兴闸北商市，后米粮、木材及调剂金融的钱业也在闸北发展，连带商场、游乐场、剧院等接踵而至，闸北一度出现了繁华的市面，与租界的工商实力相比仅逊一筹，并呈突飞猛进之势。因此，闸北华商急待成立自己的商业社团。

1919年11月12日，闸北商业公会召开成立大会，到会代表达几百人，公推曾任上海总商会副会长的沈联芳为会长，王彬彦为副会长。各行业代表顾梓铭、李启贤、黄本仁、曹叔荣、徐永清、钱梅生、翁履洲、沈绳武、许亦甫、顾钦章、周祖仁、王金和、冯宗弼、陆端甫、方浚卿、李广珍、王理卿、李传尧、鲁家福、薛云升、陈德贵、朱忠谦、沈裁庭、胡增铣、奚少峰、江仲亮、卞海程等27人被推为公会董事。由于筹措较仓促，开会时尚未向政府呈请备案。①

1921年3月26日，闸北商业公会召开会董常会，会董李广珍提议：闸北已经工厂林立，商业繁盛，而与南市的上海县商会联系则被公共租界阻隔，极为不便，为免闸北商业遭受影响，应遵照《商会法》第二条的规定，将本公会改组为闸北商会。该提议得与会者一致赞成，并依照《商会

① 上海市工商业联合会、复旦大学历史系编：《上海总商会组织史资料汇编》(下)，上海古籍出版社2004年版，第857—859页。

法》第六条所列资格，由会董共同作为商会发起人，着手进行改组。后经过公会内多次讨论，于同年5月拟定成立闸北商会章程草案，呈请北京农商部、江苏省长及上海道尹、县知事等核准备案。闸北商业公会又请上海总商会备函致各级官府催准，上海总商会义不容辞，热情相助。

1923年7月，闸北商会发起人沈联芳、王彬彦等获悉，闸北商会已奉农商部核准，兹因未在农商部备案，须由原发起人另组，不得由公会改组。于是7月28日又召开了闸北商会筹备发起人大会，到会者有钱贵三、尹村夫、王彬彦等60余人，决定成立筹备处，推钱贵三、王彬彦、沈礼威为筹备处正、副主任。所需经费由到会者每人垫50元，合计3000余元，交付备用。筹备处暂假闸北新民路（今天目中路）慈善会团所在地，由江苏省派员会同上海县商会和宝山县商会就划分区域磋商妥协后，再正式呈请农商部予以备案。闸北商会组建中，总商会曾给予协助，后许多活动也共同合作。

在五四运动中，作为新兴商会团体崛起的是上海各马路商会，其主体多为中小商人。运动掀起了全国人民的爱国浪潮，也警醒了上海商界，在上海的租界商人们纷纷以马路或区域命名组建商会。他们以“匹夫之责、奋发图强、共谋救国、为我商人争人格”相号召，确立“提倡国货挽回利权、实行自治维护主权、团体互携强我商权”的宗旨，以团体的力量就巴黎和会等大局问题，公开发表政治主张、进行罢市并捐助学生。同时发起抵制租界当局增捐加税，要求在租界中华人参政，同马路商店共同加强治安、调解纠纷、捐输公益、救济商困，借以固结团体。由于同马路或区域的商店每月只要缴纳0.10—3元的会费，便可成为商会会员，所以，上海各商业街市的中小商人闻风而动，很快组织起来。

据现存档案，当年上海各马路商会计达72个，由此可见它作为中小商人团体的群众性、广泛性，详见下表①：

---

① 上海市工商业联合会《上海工商社团志》编纂委员会编：《上海工商社团志》，上海社会科学院出版社2010年版，第242—244页。

| 名　称 | 成立日期 | 会　所 | 历任会长 |
| --- | --- | --- | --- |
| 北城工商联合会 | 1919 年 7 月 4 日 | 老北门萨珠弄、候家路福兴坊 | 冯志卿、章晴荪、许少卿、张秉鑫、丁复林 |
| 浙江路商界联合会 | 1919 年 7 月 19 日 | 浙江路斗鸡桥民厂 | 朱一笙、刘同嘉 |
| 民国路商业联合会 | 1919 年 7 月 27 日 | 福佑门边 54 号 | 楼善和、潘伯良、吴亮生 |
| 文监师路商界联合会 | 1919 年 7 月 31 日 | 蓬路德兴里 529 号 | 沈星德 |
| 新闸路商界联合会 | 1919 年 8 月 5 日 | 西新康里 1 弄 227 号 | 胡鉴人、项惠卿 |
| 北河南路商界联合会 | 1919 年 8 月 17 日 | 河南路南成太弄 | 陆文荃 |
| 北福建路工商联合会 | 1919 年 8 月 20 日 | 北福建路小菜场徐医内 | 陈宝德 |
| 河南路商界联合会 | 1919 年 8 月 22 日 | 带钩桥源泰里 | 金馥生、周企逢 |
| 沪西商业联合会 | 1919 年 8 月 31 日 | 老西门外中华路 | 吕耀庭 |
| 东北城商界联合会 | 1919 年 9 月 4 日 | 福佑路边 37 号 | 陆汇泉、冯秋心、陈天生、石运乾 |
| 豫园商界联合会 | 1919 年 9 月 6 日 | — | 张士元、张寄生 |
| 南京路商界联合会 | 1919 年 9 月 20 日 | 大庆里、福源里 29 号、牯岭路 16 号、民丰里、民永里 | 王才运、邬挺生、方椒伯、徐乾鳞、余华龙、王廉方、张子廉、司徒尚盛 |
| 四川、崇明路商界联合会 | 1919 年 10 月 4 日 | 北四川路青云里 | 张鳣堂、陆文中、俞铭巽 |
| 九亩地商界联合会 | 1919 年 10 月 11 日 | 露香园路 | 冼冠生、乐子祥 |
| 山东路商界联合会 | 1919 年 10 月 14 日 | 金隆街美伦里 16 号、麦家圈、天安堂后 | 徐时隆、钱龙璋 |
| 天潼、福德二路商界联合会 | 1919 年 10 月 19 日 | — | 蔡仁初、陈广海 |
| 五马路商界联合会 | 1919 年 10 月 22 日 | 五马路王大吉弄 | 朱霞馆、周崧生、王汉良 |

续表

| 名　　称 | 成立日期 | 会　　所 | 历任会长 |
|---|---|---|---|
| 汉口路商界联合会 | 1919 年 10 月 31 日 | 汉口路勒威大药房、鼎丰里 | 宋汉章、吕静斋、张秉鑫 |
| 沪北五区商界联合会 | 1919 年 10 月 31 日 | 北四川路大德里 | 范鹏、戚顺友、蒋介民 |
| 福建路商界联合会 | 1919 年 11 月 13 日 | 福建路 345 号 | 王宗藩、邬志豪、王屏南 |
| 虹口唐家弄商界联合会 | 1919 年 11 月 16 日 | — | 朱尧臣、汪礼斋、陈少廉 |
| 西华德路商界联合会 | 1919 年 11 月 23 日 | 师善里 | 沈佩兰、傅声茂 |
| 武昌路商界联合会 | 1919 年 12 月 1 日 | — | 万国安 |
| 法租界商业联合会 | 1919 年 12 月 1 日 | 东新桥街 4 号 | 叶贶宸 |
| 四马路商界联合会 | 1919 年 12 月 7 日 | — | 项松茂、赵南公、周邦俊 |
| 沪西商界联合会 | 1919 年 12 月 7 日 | 戈登路陈家桥三乐里 | 金省三、葛品生、唐美甫、颜芹香、陈蔚文 |
| 广西路商界联合会 | 1919 年 12 月 8 日 | — | 余民进、谢惠庭 |
| 中城商界联合会 | 1919 年 12 月 23 日 | 县基路 7 号 | 吴伯春、郑五福、黄耕伯 |
| 爱克界三路商界联合会 | 1919 年 12 月 25 日 | — | 宋士骧 |
| 汉璧礼路商界联合会 | 1919 年 | 中虹桥老三官堂内 | 黄慎康、胡石泉、周森若、张贤芳 |
| 百老汇路商界联合会 | 1920 年 1 月 4 日 | 百老汇路百禄坊 | 俞东怡、许庭佐、程伯男、邓志杨 |
| 大东门商界联合会 | 1920 年 1 月 10 日 | — | 凌伯华 |
| 北京路商界联合会 | 1920 年 1 月 30 日 | 敦贻里 | 陈楚湘 |
| 沪北六路商界联合会 | 1920 年 2 月 29 日 | 甘肃路德兴坊 714 号 | 穆子兰、成燮春 |

续表

| 名　称 | 成立日期 | 会　所 | 历任会长 |
|---|---|---|---|
| 海宁路商界联合会 | 1920年8月17日 | 海宁路鸿安里 | 虞洽卿、虞兆芳 |
| 山西路商界联合会 | 1920年12月19日 | 昼锦里 | 王少庵、周伯尧 |
| 北海路商界联合会 | 1921年1月8日 | — | 陈国梁、程子敬 |
| 爱多亚路商界联合会 | 1921年8月10日 | 麦家圈天安堂后 | 穆杼斋、顾馨一、鲁廷建 |
| 沪东商界联合会 | 1921年12月25日 | 杨树桥东84商社内 | 翁康甫、林仰之 |
| 闸北五路商界联合会 | 1922年6月19日 | — | 陆端甫、陶子敢 |
| 虬宝各路商界联合会 | 1923年2月1日 | — | 俞宗阁 |
| 江西路商界联合会 | 1923年3月25日 | 江西路宁绍公司内 | 冯少山、章友石 |
| 虹镇商界联合会 | 1923年9月23日 | 虹镇海华织造厂 | 袁秀全 |
| 闸北十一路商界联合会 | 1923年11月10日 | — | 余锡品、周森若 |
| 沪南东区商界联合会 | 1923年11月11日 | — | 高鉴清 |
| 闸北八路商界联合会 | 1923年 | 中兴路角洽兴里19号 | 顾紫霞 |

从上表中，可见这些马路商会不仅有成立年月，还有路名、负责人，并布满全市大小马路，大马路以一条路独立组织，小马路多条合组，说明中小商人组织起来，表达自己声音、维护自己权益的意愿十分强烈。

在这种形势下，上海各马路商会便寻求联合起来的道路，这就推动了上海各路商界总联合会的成立。1919年9月17日，南京路商界联合会筹备会负责人王才运、陈则民召集其他马路商会的张慕曾、林大松、杜春荪、张汉杰、金锦源、虞兆芳、黄次俊、张鳣堂、沈星德、汤介藩、潘冬林、张连发等12位代表在闸北文监师路（今塘沽路）的飞虹学校开会，酝酿成立各路商界总联合会，众推南京路代表王才运为筹备主任，各马路商会也都推出了筹备人员。

10月25日下午，在上海总商会议事厅，共有18条马路商代表合计30人举行总董选举会，选出总董陈则民，副总董金馥生、俞国珍，会计议董张慕曾、张鳣堂等。会后四处张贴海报，通告于26日开成立大会。

10月26日，各马路商店纷纷悬彩旗、挂国徽庆贺各马路商界总联合会（简称“商总联”）成立。比原发起又多出数条的山东路、海宁路、南京路、河南路、广东路、汉壁礼路、嘉兴路、浙江路、七浦路、爱而近路、克能海路、文监师路、四川路、天潼路、福州路、北福建路、新闸路、汉口路、福建路等22条马路商会的董事，会同各界、各团体人士近千人，汇聚总商会议事厅举行成立大会。大会主席潘励绅向当选总董、副总董颁发当选证书，当选总董陈则民向大会发表了就职演说，并宣读了成立宣言书，宣言书声明：“上海租界商人平时以不谙外情，暨为旧章所束缚，不得受同等之待遇者垂七十年。今幸天诱其衷，公理日昌，我各路商界外顺世界之潮流，内悟散沙之非计，结合团体，先后组成商界联合会者有二十余路之多，又惧其各自为政，漫无统系也，于是有各路商界联合总会之组织，……今日宣告成立。”从以上马路来看，多数确实是在黄浦、虹口公共租界内。所以宣言书还提出其宗旨是争取华人在租界参政，修改中外商约，力争关税自主等。会员代表对会场门前所悬挂的商旗当场作了解释，它以蓝底白五星红色字样，取意是青天白日和一腔热血，五角星寓意五族共和，更寓意中华民国“五九国耻”、五四运动之五字，望为国民切记。与会者均深为感动。最后，来宾代表戴季陶、聂云台、黄炎培、曹慕管、穆藕初等12人发表了主题演说。商总联成立后办公地设在南京路福源里。①

① 上海市工商业联合会《上海工商社团志》编纂委员会编：《上海工商社团志》，上海社会科学院出版社2001年版，第245页。

1920 年 4 月，商总联会董会议讨论添聘名誉董事，以扶助该会事项。会议一致通过提名陈独秀、汪精卫、吴稚晖、宋汉章、许建屏、张东荪、温宗尧、邵仲辉、瞿宣颖、包世杰、穆藕初、薛宝成、欧彬、郭乐、诸青来等为名誉董事。从以上名单来看，一部分明显属南方国民党要人，一部分为总商会会董。

然而，这样风风火火成立的商总联很快出现了分歧。1920 年 7 月 21 日董事会在讨论通过“（1）应解决建立国会问题，这是民国法统所系，否则国将不国；（2）实行废督裁兵；（3）履行地方自治；（4）清查国家财政；（5）清皇室应迁至他省”等 5 点时局主张后，该会以南京路等 57 条马路商界联合会名义将此致电江苏督军李纯，并请转吴佩孚师长等。结果以武昌路、浙江路、四马路商界联合会为首的一些马路商会，在 8 月 4 日至 7 日的《申报》上，向商总联发难，指责商总联总董陈则民擅用各马路商界总联合会的名义，袒护旧国会，阻挠召开孙中山发起的国民大会，要求弹劾总董陈则民。双方争论激烈，从此，商总联董事会发生分裂。董事赵南公等策划另行组建各马路商界联合会。这样，商总联只得提前举行第二届董事会改选，又选出总董袁履登，副总董潘励绅、吕静斋等新董事会。1921 年 4 月初，袁履登因去汉口经商辞职，各路董事又公举陈则民继任总董。

但是，霍守华、汤节之、冯少山、赵南公等董事，又召集四马路、北海路、吴淞路、山西路等 24 条马路商会，于 9 月 25 日正式成立了上海各马路商界联合总会（简称“商联总”）。选出总董汤节之，副总董汪醒斋、赵南公，议长杨春缘，副议长周伯尧、霍守华。会所设在江西路 60 号。

1922 年 8 月 3 日，商总联整顿组织、修改章程，由南京路、四川路、山东路、河南路等 19 条马路的 48 位代表开会选举第三届领导机构，改董事会为理事会，选出理事长余华龙，副理事长钱龙章，常务理事邵仲辉、邬志豪、成燮春、蒋梦云、潘冬林，评议长陆费伯鸿、周剑云等。这样一字之差，将商总联或商联总分成两个对立的商会团体。当然这种分裂，除一定程度的误解外，和国内南北政治斗争也是有背景关系的。

不过，有一部分马路商会反对分裂，其中以五马路、沪北六路、文监师路、新闸路、北山西路等商界联合会为主，他们呼吁商界通力合作，希望通过召集联席会议促成双方和好合并。

1923 年 8 月 26 日，商总联和商联总在会内外呼吁下，在南园召开合并会议，各马路商联会均派代表出席。双方推出 11 位委员组成合并委员会，南京路商联会副会长陈伯男任委员长，并就订立新章程草案征求意见，拟定在一个月内正式合并，定名为上海各路商界总联合会，确定以“联络情谊、交换智识、发展自治、提倡国货”为宗旨。10 月 28 日，上海各路商界总联合会在宁波同乡会召开合并选举大会，选举正、副会长和议董会正、副议长。会长陈伯男（后辞职，袁履登继任），副会长钱龙章、陈翊庭，议长余华龙（后辞职，叶惠钧继任），副议长杨春缘。1924 年 12 月第五届职员改选，会长袁履登，副会长邬志豪、钱龙章。

由《上海各路商界总联合会章程草案》看，这两会合并后是将“联络情谊、交换智识、发展自治、提倡国货”作为了合并的共同基础，而允许“本会之各路商界联合会作其地方情形，得自制定会章，但不得与本会章程抵触”，即有了相当大的自主权。并强调了“本会会员，一律平等”的原则，而且“各路会员关于商事争执，有陈诉于本会，请组织评断处秉公评断之权”。并吸收前引起争执的教训，所有内政外交种种问题于提交本会未经议决前，不得对外单独发表，以免意见分歧。章程中的以上条文，维护和弥合了马路商界联合会的内部分歧，也表明了当时商界谋求合作发展的愿望。

上海总商会在以上各商业团体酝酿组织中，都采取了团结合作的态度，无论是互为会董多人的上海县商会，还是会董参与发起创办的闸北商会，以及为马路商界联合会成立提供会场。并且在这些商会换届或成立时，总商会都派有会董前往祝贺或致辞，这都体现了上海总商会在其他商界团体中的引领作用。

# 四、活跃在国内政潮中的总商会

## 1. 吁请“体恤商艰”，发起“南北议和”

1917年孙中山在广州揭起护法大旗，创立广东军政府，宣布以武力讨伐段祺瑞，段也调动皖系大军南下和西进，征讨湖南和陕西，南北军事对峙和混战局面形成。由此，全国人民陷入民不聊生、流离失所的灾难之中。商界也首当其冲，战乱的破坏和战费耗糜税厘加增使无数商民破产歇业。在这一民初政争和战乱频乱时期，上海总商会坚持以“顾念国本颠危、民生困苦和体恤商艰”为念，联络国内商界团体和人士积极推动和促成了1918—1919年的上海第二次南北和谈。

这次南北和谈原是英美列强于欧战后劝导中国南北息争而举行。徐世昌出任大总统后，美国总统威尔逊也劝诫中国实行和平统一，一时国内和平空气弥漫，国内各界人士也呼吁发起和平运动。当年10月，在上海和广州两地的社会名流人士蔡元培、张謇、熊希龄等24人的发起下，先成立了和平期成会。继又在北京由另一些名流设立了和平联合会。这两会为召开和会积极奔走，要求废除中日密约和参战军，实现国内和平，以苏民困。商界人士盼和平如盼甘霖，上海总商会会董、会员纷纷表示拥护并参与，当时中华国货维持会发起各商帮、会团举行联席大会，研究欧战结束如何发展国货、振兴实业，并发起组织和平研究会，总商会会董虞洽卿、叶惠钧、汤节之等多人参加。后中华国货会派杨小川为代表出席国际和平研究会，总商会也予以协助。

实际上，在南北刚成对垒之势时，北方北洋直、皖、奉几系军阀都已各占地盘，自立为王：直系盘踞长江流域江苏、江西、湖北3省和河北大部，皖系掌控京津和山东一带，奉系占东北为王，已成兵戎相见之势。当时地处要冲的汉口商会，于1918年3月4日致电上海总商会，请以上海、汉口两地名义发起成立商会调和会，解决南北争端。3月11日，上海总商会复电汉口总商会，主张以沪汉总商会名义通电全国各省商会，取得一致意见后，再召集各省商会开会。这时，上海、汉口两地总商会发起商会调和会的倡议，得到了各地商会的支持，尤其是饱受战乱威胁最严重的济南、开封、南昌、福州、广州等地的总商会响应积极，商会便成为一支推动南北和会召开的重要力量。

可是，一意孤行的段祺瑞政府却罔顾民心，竟然与日本秘密签订了中日军事协定，企图以获取所谓西原借款，供作内战之用。信息被披露，全国商会联合会在天津召开各省、市商会会议，上海总商会派代表出席，会议一致要求段祺瑞政府公布中日秘密外交真相，停止内战，实现和平，废除额外捐税。会议还推派代表赴京请愿。然而，段祺瑞政府丝毫不肯改弦更张，继西原借款后，北京又有中日币制借款的流言蜚语。8月21日，上海总商会特电北京政府，指斥这无疑是奉行自杀政策，认为这是以币制其名，获得兵饷是实，全然以出卖国家金融主权，换取内战之军实。

此后，和平运动声势更加猛烈。上海总商会部分分会如广肇公所、宁波同乡会和一些人士便组织了商业公团联合会，于1919年3月4日发表宣言，尽管此时和议已遭遇梗阻搁浅，但还坚持主张南北让步和平统一。该会由虞洽卿任主任干事，在河南路原宁波同乡会设办公处，总商会会董、会员方椒伯、汤节之、冯少山、张让之等都是骨干人员，其背景为“北京政府派朱启钤为议和代表到上海，上海各界都主张和平，商界亦发动起来”，“就是为了南北议和”。由于议和、和平深得人心，一时有60余团体参加。这样，总商会及和平期成会、国民外交协会都为南北和谈的召开鼓吹宣传。

1919年2月20日，南北和会在上海黄浦滩德商总会开幕，上海总商会和全国各地商会纷纷致电祝贺，福州等地总商会甚至还专程派代表“赴会敷陈管见”。可惜，在国内广大民众包括商界热切盼望中的和会，仅开了一周就因段祺瑞坚持不肯取消和公布“参战军案”陷入僵局，后又由于陕西南北军队仍继续开战而宣布休会。3月20日，商业公团联合会举行紧急会议，要求南北立即停战，7日内续开和议。①此后，上海及天津、济南、南昌、杭州等地总商会人士再三呼吁续开，并扬言到会场哭求：“商民渴望和平，切于云霓，务恳化除畛域，共谋统一，以苏商困。”但这一和会终因南北各方、各军阀及背后各列强的利益互不相让，使矛盾不可调和，最终如泡影破灭一般陷于流产，并很快演变成为全国范围内南北直皖奉、桂滇川几大派系军阀的大混战。

上海总商会和商界人士想竭力促成的“南北和平”局面，虽被人批评为不切实际的空想，但渴望有一个统一和平的国内环境以振兴、发展实业和国家经济，是无可厚非的。

## 2. 呼吁“裁兵、制宪、理财”及发起“国是会议”

全国范围内南北几大派系军阀之间走马灯似的大混战，使南北政局诡谲多变，动荡不安，导致金融、经济风潮迭起；又使国内各阶层人民到了无法生存，不得不大声呐喊的地步。这样，由于“五四”引发的新文化思潮的催生，国内各种政见、政潮也汹涌激荡。当时由国内部分社会名流如张謇、黄炎培等倡导的以“召开国是会议明定国是”的主张，得到了上海总商会及国内商界人士的拥护，因为这一主张的前提就是“裁兵、制宪、理财”，这是最符合工商业者愿望的，也是他们最迫切需要的。

1922年12月，上海总商会的会董常会通过决议，发出《致北京参众议员请规定裁兵、整理财政办法并速制宪电》，继又发出《致各商会（总商会）请一致主张裁兵、整理财政、制宪三义通电》，向全国发表“裁兵、理财、制宪”的政治主张，并通电表明，“国家乱源，端在养兵”，治乱之道“首先是裁兵”，“应将现有军队，尽量裁减至足敷维持治安为度”；“其次是

① 宋钻友著：《广东人在上海（1843—1949年）》，上海人民出版社2007年版，第406页。

整理财政”,“度收支公开,公共之财源,应专用以维持公共之事业,不得供一系一派之私用”;“其三是制宪,制定宪章,对军人干涉政治应加以禁止”,建立责任内阁。

随即,总商会又吁请上海商界、学界、报界等各团体一致主张,以总商会为主体联络各团体协力进行,共同推进“裁兵、理财、制宪”的治国大纲,以实现和平统一,经济复苏。此时正值年关,人心最为动荡,上海总商会举办了登报征集体现“裁兵、理财、制宪”政治主张春联的活动,应者众多,后择定“裁成始见乾坤大,兵气销为日月光”一联中奖,制成春联式样印刷品,广为散发于大小商铺,竭力进行宣传。

眼见军阀战争此起彼伏,已成难以扼制之势,上海总商会为推行“裁兵、理财、制宪”的政治主张,又发出《致全国各金融机关请一致拒绝政府承募一切债务通电》,呼吁各省银行公会、钱业公会及金融机关,坚决不要给政府或各省官厅借款或代募债券,实际就是切断混战的“兵饷”。还同时致电各国商会:“请于中国未统一前,勿作政府借款,勿售军用物品,欲以绝中国之乱源。”当时北京政府由直系军阀曹锟、吴佩孚操控,计划于1923年春发行毫无担保的“十二年公债”1200万元,总商会立即会同上海银行公会、钱业公会再次联合通电全国,告诫“政府现拟发行此项新债,誓不承认”。继发出《致国务院、财政部反对发行十二年公债电》,不但阻止发行这一无担保公债,还要求北京政府将自1912年起至1922年止的所有逐年收支款项、数目、用途及内外债确数、合同全文等件,于4月30日以前造表成册,向全国民众公布,并听候审计。由于上海总商会和全国商会、银钱业会一致的坚决态度,终使这次公债没能发行成功。

同年9月,恰逢各国修正关税会议在上海召开,英、法、美、日4国公使团向北京政府试探性提出:“以增加后之关税为整理外债之用。”北京政府甚为心动。消息传出,上海总商会和银行、钱业两公会连夜紧急磋商,次日即公开声明强烈反对。1923年1月6日,这三团体又召开紧急联席会议，表示绝不应听任腐朽政府摆布，而甘心受愚，应火速采取抗争行动，拿出应对办法。这次联席会议立即在各大报发出《致国务院请切实履行整理内外各债电》。同时，又特意致电海关总税务司安格联及领袖公使，表示赞赏安格联曾经的“必竭力维持关税及关余已成立之优先权”的声明。这次联席会议在致外交部《请阻四使移用指抵内债关余电》中，竭力晓以内债基金失去保证的危害，指出北京政府积年发行的各项内债，已达3亿元之巨，它“非但散布全国商场，抑且中人之家视为恒产，如基金一有动摇，即无异制全国于死命，洋商在华商业，亦将牵连俱仆，殊非利人之义”。面对英等4国公使的过多欲求，“尤应通过外交途径诚意相阻”。在全国工商界团体的一致努力抗争之下，北京政府遂发表公告表明：“新增关税已指明用途，即以5厘增加关余充内债之担保，并扩充而为1922年发行的‘九六公债’之担保。”

1923年，上海总商会民治委员会几经会议讨论，决定先以整理财政入手维护国家建设达成共识，由委员盛竹书会同徐沧水、马寅初、钱新之等人，编撰出了《中央财政研究报告书》，详细介绍了中央财政支出短拙之原因、近年中央重要收入之概数、近年中央军政经费之概数、现负外债之概数、现负国内公债及国库券之概数、现负银行欠款之概数等全国民众所关心，又难以弄懂的问题。接着，总商会民治委员会又在《申报》等报刊上登载广告，征求理财意见书；同时致函全国各省商会，拟于9月召集以全国商会代表为主体的全国理财会议，清理全国内外债及收支款项，并制定管理全国、省、县各级财政的办法。这次会议，因受到各地军阀控制的政府抵制，未能成功，至9月10日开会日，仅到江苏、四川、福建、江西4省代表6人。上海总商会又将《中央财政研究报告书》分别寄往各省商会，要求研究后并提出理财意见，并连同各省财政情形报告书，一道寄来上海总商会民治委员会再准备召集会议共商，而后因形势变化又暂搁置。

当然，为实现“裁兵、理财、制宪”的治国主张，就必须先召开他们竭力呼吁的“国是会议”。1921年10月，由上海总商会会长聂云台、江苏省教育会副会长黄炎培倡议和主持，在总商会议事厅举行了全国商界、教育界联席会议，国内有14个省、3个特别行政区的商界、教育界代表共150多人出席了会议。会议以“国是”为主题，议决发扬民意、反对军阀战争、组织全国性国是会议等意见。会后，向各省议会、商会、教育会、农会、银行公会、律师公会、报界联合会发出通电，发起组织7团体国是会议。

1922年3月15日，7团体国是会议在上海总商会议事厅开幕，原定有21个省区、12个华侨商会的75个团体代表参会，而实际出席的仅有45人。总商会推举聂云台、汤节之、赵晋卿为代表出席会议，经两个多月筹备会，5月28日举行正式会议，报到的代表又减少至27人。会议推黄炎培为主席，中南银行经理韩希琦为副主席。会议持续一周，结束时发表了对内对外宣言，其内容包括否认不平等条约、取消日本对华的“二十一条”、整理财政、废督裁兵、废止战争等。这次会议还推出一个国宪起草委员会，由江苏教育会副会长沈信卿为委员长。后经数月拟就出《宪法草案》，主张建立“联省共和国”，提出裁兵、限制军人干政、发展教育和实业、实现和平统一等条款，并要求通过国是会议将此《宪法草案》提交北京国会“以备制宪”。

这一期间，由于国内外种种因素，上海总商会一改以往“在商言商”的常态，而是“在商言政”的姿态在政治上表现得异常活跃，但实际的政治洞察力和社会群众基础都是很不够的，所以有学者认为，这是有误区的。①

## 3.“国民自决”口号下的总商会民治委员会

由商界等各界人士发起的“国是会议”倡议，在遽变形势的推动下日益演变成社会运动，这就是轰动一时的民治运动。1923年5月6日，津

① 冯筱才著:《在商言商——政治变局中的江浙商人》，上海社会科学院出版社2004年版，第274页。

浦铁路山东临城段铁轨被皖系军阀溃兵拆毁，一列浦口至天津特别快车上100多位中外旅客遭劫持，1名外人及3名中国人被杀，事件震惊中外。驻沪英、美等国商会派员营救，上海总商会也除电请政府援救外，又派会董董杏生等亲赴临城了解案情；继又派冯少山、闻兰亭、孙筹成等同往，专事接洽营救。这一事件发生，举国上下一致谴责北京政府营救不力。

6月13日，北洋直系军阀头子曹锟又在北京发动政变，驱逐总统黎元洪，在高凌蔚等政客的策划下，以5000银元一票的价格商议收买国会议员590人，准备贿选曹锟为大总统。这一事件引起全国民众愤慨，上海各界也闻风而动纷纷集会。当时上海商界分为两种意见，一种是以各马路商界总联合会为代表，发表了《对政潮重要宣言》，痛斥曹锟，并提出“国民自决”的三项主张：“（1）择在京文武官员被国民信任者，责令他们暂时维持局面，并立即由全国各界发起召集国民会议，推举国务委员会、处理国是、解决纠纷；（2）通告中外，誓不承认曹锟为总统；（3）在政局未定之前，暂停向北京当局缴纳捐税各款，待国民组织的财政监督委员会成立时，再行移交。”再一种就是上海总商会就时局问题举行临时会董会议，议决致电国会及通电全国，主要是斥责黎元洪轻易放弃职守，要求国会约束总统、内阁，推举出全国所信仰之临时摄政府。总商会表现出的这种不明朗、不坚决的态度，引起社会普遍不满，两天内很多团体纷纷致函总商会，一面指责、抨击上述通电，一面又寄厚望于总商会，要求“从国民自决之一途，通力合作，急起直追”，更应为“团体先导，一致进行”。

在这种形势下，6月17日总商会再次召集临时会董会议，会董们认为应顺同民意，议决于一周后的23日召集全体会员大会，就商人发起民治运动进行讨论和表决，并要求所有会董每日下午5时到会，商议对时局变化的应对。会议当场推举朱吟江、虞洽卿、袁履登、冯少山、谢蘅牕5位会董专门筹办民治运动的各项事宜。届时，会中191名会员出席大会，其他团体前来旁听者为数甚众，议事厅座无虚席，许多人站立旁听。副会长方椒伯主持大会，宣告大会宗旨："当此国家存亡之秋，商人处于重要地位，各方面对于本会属望甚殷，不得不谋挽救之策，是以召集大会，以便共商。"继而提出了 4 项议案交会讨论，请与会会员各抒己见。会上群情激烈，一致通过了 4 项决议：（1）通电全国，宣布否认现在北京高凌尉之非法摄政及否认曹锟有候选总统资格；（2）通电全国军民长官，维持地方秩序，加意保护大局问题，听候人民解决；（3）通电参、众两院及国会议员不能代表民意，所有一切行动不生效力；（4）关于以外种种建设问题，组织一民治委员会，继续讨论进行方法，成员除全体会董一律加入外，再由会员选举 35 人组织之。会员大会当即颁发了选举票，要求会员通过通信方式选举出民治委员会委员。

会议情形于次日在各报端揭载后，顿获舆论一片喝彩，盛赞"今天的大会……是对军阀官僚宣战，是做民治运动的前驱，是抱牺牲主义，是抱革命精神的"。确实，上海总商会在克服妥协、畏葸情绪后，引领上海反对曹锟贿选、发起民治运动还是应予肯定的。

继会员大会后，总商会又一次召集会董临时会，就民治委员会的组织法、与其他团体的联络、对其他省区商会的号召、对各国公使的表示及活动经费、会务分工、保境安民等问题作了详细的讨论。这次会董会还做出决定：鉴于现北京摄政府的非法性，因此，与政府各部门的文件往来一律停止。

7 月 4 日，上海总商会民治委员会召开成立大会，公告发布这一天，上海的大街小巷纷纷悬旗，以庆祝商界执起"民治"之旗。方椒伯在成立会上致词，揭露了民国成立以来常以民权、民治相标榜，却始终实行的是官治、兵治的现实，指出"更就今日混乱之状态，下一严正之评判，岂但不足以语于民治之真谛，亦并不足语于官治之局面，社鼠城狐，遭时窃位，勾结为奸，互相利用"，如今，要"以民治为指归，而必先以运动为任务，盖以世间既无不劳而获之事，则民治之真价值决非可以株守而待其自至，此本会鉴于以往十年间之历史，不得不与国人下一最后之决心，作共同之奋斗者也”。民治委员会的成立，是民治运动“以上海商界开其先，而希望各省区、各界人士之继其后”，该会的主要任务一是抛弃窃国大盗之现政府，一是就新的国家建设“当与全国人士交换意见，以次发表”。上海总商会的这次行动得到国内各政党和各界人士重视，毛泽东即曾撰文说：“上海马路商联会和上海总商会这次举动，总算是商人出来干预政治的第一声，是商人们三年不鸣，一鸣惊人的表示！”①

为保证上海地方安宁，8月4日，方椒伯等18位民治委员会委员会同上海县商会和南京、杭州两地的总商会代表举行联席会议，专题筹商维护保境安民、防止江浙两省直皖军阀爆发战争的问题。各会代表29人出席会议，联席会议通过决议，江浙两省商会一致行动，致电全国的军事长官及江浙当局，请尊重两省人民要求和平、互保治安的公意，并坚持保境安民的政策，“此后无论何方，以何种名义致有军事行动，将牵涉江浙两省入于漩涡之内者，应请切实制止”。为使致电发生效力，8月16日，由江浙两省知名人士和商界要人组成的苏浙和平协会成立，以“主持和平，发抒民意，力图保全两省治安”为宗旨。几经奔走斡旋，8月19日，由江、浙、沪最高地方长官齐燮元、韩国钧、卢永祥、张载阳、何丰林签署的《江浙和平公约》订立，次日于报端正式向两省人民刊布，公约内容共四条，第一、二条要求两省军民长官尊重人民公意，脱离、避免军事冲突行动；第三条要求对通过两省境地之外省军队，当局应负保境安民之责；第四条要求两省当局会同各国领事重点保护通商要岸上海。

至10月13日，上海总商会民治委员会共开会15次，其中包括上节所述关于理财问题的一些会议。而实际出席会议的人数一次比一次日减，据第15次会议记录只到了17名委员，原定于9月10日召开的全国理财会议被迫流产。10月10日，曹锟悍然贿选上台，孙中山等愤然抨击：“文明国家之奇耻大辱也！”总商会却持重不表明态度，在会董周佩箴函询后才答

① 毛泽东：《北京政变与商人》，刊《向导周报》第31、32期合刊。

复："摄政时，已预为严重声明，宣示全国，讵有更兹疑义之余地，似表明态度一层，并非必要。"这既说明它原有态度未变，但也难起实际作用。因总商会组织的民治委员会也已难以为继了。

1924年9月，江浙直皖军阀齐燮元、卢永祥开战，所谓《江浙和平公约》成一纸空文。11月24日，段祺瑞执政府组成，上海总商会在致电齐、卢和直系军阀孙传芳要求停战未果，即会同上海县商会等三次致电段祺瑞，强烈要求执政府顺从民意，在上海地区实行废除护军使、废除镇守使、撤除兵力、迁移兵工厂等弭兵保民措施，并强硬声明"无论何方，凡有军事饷糈等项，本会无力代筹"。当然，握有军权恣肆妄为的段祺瑞也不会顺从民意，上海总商会在民初政争、战乱愈演愈烈的情况下，虽对"裁兵、理财、制宪"及"民治"等不无空想，但反对曹锟贿选和江浙军阀战争的努力，其积极的一面不应抹煞的。

# 第四章

# 国民革命兴起与上海总商会

1921年10月全国商教联席会议在上海总商会召开

1928年3月14日，各省商会联合会执监委员会联席会议的全体代表在上海总商会合影

# 一、进入低潮的总商会内部分歧与争议

1924年1月，中国国民党第一次代表大会在广州召开，会议通过孙中山倡导的“联俄、联共、扶助农工”三大政策，极大地推动了国民革命的兴起。在此之前，中国共产党也于1921年7月在上海建立。在国民党一大上，国共实现了第一次合作，反帝爱国和工农运动势如破竹一般迅速发展。应该说，在总商会“以商言政”最风光的期间，内部也积累了很多不同的政见，总体上看，它作为商会在国内政治活动中应有主张和发言权，但不是政党，不能够也无法承担起社会运动领导的重任，所以一旦内部分歧加剧，连会董都承认：“现在此会本身如散沙一般，乌能办理国家大事，长此以往，恐到者愈少，如同无形消亡。”这种分歧和争议，在上海总商会1924年第七次选举中充分爆发出来。当年5月26日第9次会董常会议决筹备换届选举，于6月1日通函各会员、会友，并发出选举票共计633张。

6月15日，总商会正式召开第七次会董选举大会，沪海道尹派代表颜德清到场监选，选举产生了35名会董。此次选举共收到有效选票437张，其中方椒伯获327票排得票首位。新会董会定于7月5日举行，会董及正、副会长，沪海道尹王赓廷拟亲自到会监选。但此时也当选会董的谢蘅牕却致函总商会，称继任会长候选人的宋汉章因是上海中国银行所派代表会员，7月1日已由该行改派史久鳌为入会代表，这就影响到宋的会董资格及能否当选会长的问题。① 这样，总商会只得暂时延迟选举。

然而，在总商会作出宋的当选有效的解释后，谢蘅牕仍与总商会一再

① 上海市工商业联合会、复旦大学历史系编：《上海总商会组织史资料汇编》(上)，上海古籍出版社2004年版，第418—423页。

通函，坚持己见。同时会员中也产生泾渭分明的两种意见，如李征五等认为宋确已丧失资格，袁近初等认为宋的资格无强制剥夺之理。实际上，这是总商会内部早已存在的拥护宋汉章一派，与以谢蘅牕为主的拥护傅筱庵一派针锋相对斗争的爆发。总商会此次改选前，原任会长宋汉章的确因病无意连任，5月14日，由宋所在的上海中国银行曾致函总商会，改推史久鳌为代表会员，从7月1日起替换宋汉章的会员代表资格。而一直觊觎会长一职的傅筱庵，自知宋的声望甚高，自己无力竞争，因此宋的离去，傅认为他作为通商银行行长正是良机，足有实力当上会长，便指使亲信纷纷加入总商会以培植势力。

6月15日选出了第七任会董，宋汉章仍当选为第一候补会董。当时被选为会董的王一亭函辞会董职务，按章程将宋由候补会董依次递补为会董。6月27日，叶惠钧、闻兰亭等6位会董曾赴中国银行，向宋汉章陈述傅筱庵等行为卑鄙，早在暗中密谋会长之职，要求宋汉章顾全会务，改变主意，不当引退以与傅抗争，宋的挚友前任道尹王省三也从旁敦劝，使宋被迫同意这一意见。这样，当天即又由中国银行致函总商会，称史久鳌坚辞不当会员代表，仍由宋汉章担任。总商会即复函同意宋汉章的会员资格继续存在，这样，宋的候补会董资格在7月1日以后仍然有效。这就意味着可参加7月5日的会董会，互选正、副会长。

7月2日，傅筱庵的心腹、新会董谢蘅牕造访宋汉章，劝其辞去候补会董之职，遭到宋的拒绝。7月4日，《新闻报》刊登吕静斋以上海汉口路商界联合会名义向农商部控告总商会宋、方两会长篡改选举的文章。同时谢蘅牕也与总商会展开论战，声称章程规定选举前两个月内停止调换代表，既然中国银行在5月14日就声明更换代表，就不应将退会的宋汉章列入候选人名单，既是被误选就不应承认其当选为候补会董的资格。至于中国银行后来重新推宋汉章为会员代表，是见到选举结果的补办手续，不符合总商会章程。

7月5日的会董会，因争论而无法投票选举正、副会长。7月14日，总商会召开会董紧急会议，认为根据1916年总商会会章“凡曾任会长及会董者，皆为永久会员”，宋汉章当然有会员资格，并议决7月17日互选正、副会长。但是，谢蘅牕等拥傅派致函要求在官方解释后才可以选举，以致选举当天仅有7名会董到会，互选会长再行延迟。谢蘅牕还串通朱葆三的秘书，以朱葆三名义领衔反宋，并取得淞沪护军使何丰林的支持。闻兰亭、王晓籁、严成德、陆维镛、项如松等会董对谢蘅牕不满而提出辞职。霍守华等5名会员认为谢蘅牕干扰会务，函请会董会依据章程解除他的职务。其他会员也纷纷致函总商会，指责谢蘅牕，要求召开会员大会进行表决，或以法律起诉。8月初，总商会霍守华、赵南公、陈泽民等20多名会员刊登广告，发起筹备沪商正谊社，宣称庄严清白的上海总商会，竟被一二人任意捣乱，会务停顿，千钧一发。成立该社宗旨即是求得消除危机，破除区域观念，促进会务正常、健康地发展。

后经江苏省府和沪海道尹等各方竭力调解，至8月18日调停成功。方案是宋汉章与傅筱庵均不作为正、副会长的候选人，另由第三方出任会长。8月21日召开会董会选举第七任正、副会长。在同任期中，经总商会会董常会决议，将曾任过正、副会长的会员都列为当届的特别会董。选举产生：

会长：虞洽卿

副会长：方椒伯

会董：徐乾麟、顾馨一、沈联芳、劳敬修、闻兰亭、顾子槃、田澍霖、谢蘅牕、傅筱庵、乐振葆、陆维镛、孙梅堂、徐庆云、项如松、谢仲笙、祝兰舫、谢弢甫、戴耕莘、宋汉章、陈良玉、严成德、张乐君、李厚垣、沈燮臣、王晓籁、穆杼斋、陈子勋、何积璠、施善畦、陆伯鸿、董杏生、冯仲卿、项松茂

另有特别会董：朱葆三、李云书、贝润生、王一亭、严子均、聂云台、秦润卿。

这一任会长、副会长和会董的任期由1924年8月至1926年6月。期间有病故会董田澍霖、张乐君，即由叶鸿英、吴蕴斋增补。在这一任期内，总商会下属机构和人员无大变动，即财政委员会6人、陈列所委员会3人、图书馆委员会2人、出版部委员会2人、交际委员会8人、公证委员会5人、调查委员会6人、华商道契委员会2人、商号登录委员会6人。会员、会友数共达到507人。

这次总商会内部的大争议，从表面来看似无明显政治背景，但聂云台、宋汉章两任会长期间，总商会内则会务有所开拓，外则能顺应历史潮流，和社会名流多有合作，在许多社会运动中起到了一定引领作用。

虞洽卿此次为平衡宋傅之争膺选会长，实际是和南北政局相关。1924年9月爆发的江浙战争，历时一个月又二十天，双方动用军队达19万人，对上海经济破坏之烈，郊区："浏河全市，弥望瓦砾，方泰一镇，洗劫殆尽。"津浦、沪宁、沪杭等铁路停开，"所属各省份运输阻绝，几乎无货可售"。①总商会领衔向段祺瑞政府提出根除战争的呼吁，1925年1月15日，段祺瑞复电对上海事件的处置，下令：（1）立即裁撤淞沪护军使；（2）作为通商重地的上海不宜驻兵，嗣后永不驻兵，同时不得再设军事机关；（3）上海兵工厂停止军火生产，暂交总商会接管，听候陆军部的饬令。为执行此令，总商会先后筹款近100万元，用作补足军队给养及遣散溃兵，借以阻止军人的劫掠，保得上海一方的平安，财政部及陆军部允诺以上海兵工厂及制造局厂基地契及财产作抵，同时由地方团体组保卫团进驻制造局及龙华兵工厂。然10月间，孙传芳自任浙、闽、苏、皖、赣五省联军总司令，再度侵占兵工厂，并用以加紧制造枪炮，使段的命令有令难行。②这一北上交涉都由虞洽卿与段周旋，因为他和段的关系交往较深。当时孙中山在广州发起国民会议，段祺瑞在北京发起善后会议，作为解决国事分歧

---

① 张宪文主编：《中华民国史纲》，河南人民出版社1985年版，第220页。

② 上海市工商业联合会《上海工商社团志》编纂委员会编：《上海工商社团志》，上海社会科学院出版社2001年版，第265页。

的途径。1924 年 12 月，段祺瑞公布《善后会议条例》，被邀参加者除各省督军、省长及大军阀、著名政客外，各省议长、商会会长也在其列，南方与国民党有渊源团体和人士都拥孙反段。2 月 1 日正式召开时，原定代表 166 人，仅到 86 人。① 虞洽卿代表上海总商会出席了段的善后会议，所以总商会选他任会长，和他在南北斡旋中的特定身份不无关系。

① 张宪文主编：《中华民国史纲》，河南人民出版社 1985 年版，第 226 页。

## 二、五卅风潮中的“交涉”与“调停”

就在上海总商会内部陷于分裂时，国共第一次合作以及中共在上海地区的工人运动逐步打开局面，上海的反帝爱国运动形势发生很大变化，这就使“民治运动”销声匿迹后，陷于涣散、消沉的上海总商会更感迷茫。

1925年2月，上海日本内外棉工厂工人因反对打骂工人和要求涨工资，发动罢工，棉纺界商人的华商纱厂联合会组织后援会支持并出面调停。上海总商会态度较为审慎，尤其是会长虞洽卿。后在各方呼吁下，总商会才出面调停，达成一个所谓“四条协议”，仅取得工人“体面复工”的虚名。实际上，虞洽卿明白和日本人交涉，一般是难以获得成功的。果然，协议墨迹未干，内外棉就开除20余参加过罢工的工人，并在5月15日残暴地打死工人顾正红，打伤工人多名。工人发动二次罢工，上海工学商各界爱国人士积极声援，35团体成立日人残杀同胞雪耻会，其中有天潼路、福德路等马路商联会。就在学生于5月30日在南京路游行时，租界当局英巡捕捕头爱活生竟下令向人群开枪，造成当场“捕去学生四十余人，登时击毙学生四人，伤六人，途中又死二人，路人受伤者十七人，已死三名”的惨剧。继于“六月一日又枪毙三人，伤十八人”①。这就是震惊中外的“五卅惨案”！惨案发生，迅速在上海及至全国形成了声势浩大的反帝爱国运动，各界开展了罢工、罢课、罢市的三罢斗争。

5月31日，上海各马路商界总联合会会董常会决议一致罢市，总商会则欲请求政府进行外交交涉，暂不作罢市决定。6月1日下午，上海各团体决心一致行动的联席会议在总商会议事厅召开，会场外数千群众聚集，等待行

① 张宪文主编：《中华民国史纲》，河南人民出版社1985年版，第226页。

动。会上，上海学生代表提出，要求全体商界举行罢市，商总联、纳税华人会相继表示同意。这时候，总商会的会董们则在二楼的会董室内议论事态，由于会长虞洽卿正巧在北京参加善后会议，以致长时间议而不决。当晚，副会长方椒伯在各团体代表及民众包围压迫下，又发电虞洽卿："速回沪主持。"这才签发了上海总罢市通告，宣布上海商界于第二天实行罢市。①

在北京的虞洽卿，此时便接受了段祺瑞执政府的委派和旨意，对内安抚民众情绪，控制罢工局面，对外则以强硬态度抗议，以民意迫外人让步，于6月3日赶回上海调停事件。他先与总商会方椒伯、江苏交涉使署官员、各国驻沪领事及工部局总董接触，就解决惨案的条件作了探询。6月10日，他召集总商会临时会董会和会员大会，阐述了处置五卅事件宜"单独对英"的宗旨，且"与英亦稍有分别"，指出五卅事件完全由英领事与工部局负责，进而强调"吾人与英国及工部局素无恶感，实以此次无故惨案，迫于良心上之驱使，不得不然"，要求会员认清目标，不要妨碍与美、法等国的情谊，也不要把日本牵连在内，目标仅是英国驻沪官方机构。但在会员大会上即席发言的霍守华却指出，"今日为吾国民族存亡关头，我国民族，从未受人如是不人道之待遇"，"人心不死，公理必彰"，总商会是"代表中国之有名机关，惨杀工人、学生，不啻惨杀本会同人，无论如何须出任办理，以达公正解决"。他慷慨陈词道："彼小商店，小工人以及学生，尚知牺牲血本，牺牲工资，牺牲学业，为国奋斗，我堂堂总商会，义难坐视，无论如何，应负全责办理此案，应将此案英人残忍行为，通电各国，俾明真相。"在这种同仇敌忾的气氛中，会员大会就总商会有责任处理好五卅事件达成了共识，议决以总商会的名义单独组织五卅事件委员会。②

会议当即组成了由正、副会长及会长指定的21名会董参加的五卅事件委员会，并依据办事细则作了分工，虞洽卿、方椒伯为主持人，调查股有

---

① 冯筱才著：《政商中国——虞洽卿和他的时代》，社会科学文献出版社2013年版，第98页。

② 穆家修等编著：《穆藕初先生年谱》，上海古籍出版社2006年版，第351页。

霍守华、石芝坤、顾子槃、穆藕初、叶惠钧，交际股有冯少山、谢蘅牕、赵晋卿、谭海秋、许建屏、袁履登、傅筱庵、闻兰亭、韩玉麟、宋汉章，经济股有秦润卿、倪远甫、姚紫若、祝兰舫，文书股有王晓籁、王一亭。同时，还邀请了社会知名人士谢永森为法律顾问，曹慕管为交际干事，盛竹书为经济顾问，陈翊庭、陆凤竹为调查干事。

在这期间，由上海总工会、中华全国学生联合会、上海学生联合会和上海各马路商界总联合会4个团体组成的上海工商学联合会已在6月7日召开成立大会，会上就“五卅事件”与帝国主义交涉提出17项条件（先决条件4项、正式条件13项），并已提交北京外交部专员曾宗鉴、蔡廷干。上海总商会五卅事件委员会组建后，就不再参加上海工商学联合会，并认为17条交涉条件：“有过火处，不便照提”，“故略加损益”。①另提出13项交涉条件，大致内容为“五卅事件”的善后处理：撤销非常戒备、释放被捕华人、惩凶、赔偿、道歉、工人有做工与否的自由、撤换工部局总书记鲁和；关于主权方面，提出了华人在租界的言论、集会、出版之自由、华人参与租界市政建设权、收回会审公廨诸项。而减少的4条，主要为撤退海军陆战队，解除巡捕、商团武装，取消领事裁判权等。②总商会随即单独将这13条也交曾宗鉴、蔡廷干审查，并将交涉事宜及条件通电全国各界，要求“静候解决”。而此后在很长时间内，社会舆论及学者研究将“17条”与“13条”处于对立状态，并对虞洽卿、方椒伯及总商会做出了负面的评价。6月13日，曾宗鉴将这13条送交上海领事团及六国五卅事件调查委员会，但中外双方的谈判迅速陷入僵局。6月18日，六国委员会拒绝继续谈判，离沪返京，外交交涉暂告失败。

6月19日，上海总商会会董常会议决取消罢市，在与工商学联合会反

① 冯筱才著：《政商中国——虞洽卿和他的时代》，社会科学文献出版社2013年版，第100页。

② 徐鼎新等著：《上海总商会史（1902—1929）》，上海社会科学院出版社1991年版，第337页。

复磋商后，决定于6月26日商界开市，还就疏销栈货采取了措施。

6月21日，上海总商会在各报上刊登《经办五卅事件捐款》启事，继而又发出《劝商界资助工人通函》，以维持10余万工人继续罢工的生活来源。总商会五卅事件委员会经济股还与工商学联合会达成协议，指定上海、华大、金城、中国四银行为代收捐款点。总商会为动员捐款也群策群力，于7月10日致会董、会员的信中，具体要求会董每人捐助洋1000元，会员每人捐助洋500元；继电请北京政府财政部拨款救济；另又电请各埠商会及海外侨商等大力捐输。至当年9月，总商会还通过决议组织中华爱国募金大会，在组织大纲中确定该大会的宗旨是：协助爱国运动。确定募款目标为银元530万元，每一个月为一期，每期目标是53万元，共分10期完成募款。大纲确定募款方法是总商会会员随其他志愿者分成100个队，分头劝募，由总商会会长虞洽卿担任总队长。商总联闻讯后，立即也组成了以袁履登为总队长的中华爱国募金后援队。同时，为合理地组织发放救济款，总商会又主持由各慈善团体组成的上海临时济安会，并由总商会会董王一亭、徐乾麟先后担任主任，先后接受由总商会交来的救济款达250万元。到当年10月初结束结帐时，尚余3000余元，转交爱国募金大会。爱国募金队经分头劝募，到11月20日，共募得大洋21049.36元、小洋1098角、铜190枚及少许物品。这时社会上流传，总商会募金会已募到大量款项，却留会未发。总商会为避免误会，遂于11月21日会董常会决议在报上公开实募数目，并及时结束募金会。

对于虞洽卿和上海总商会在“五卅”交涉中的作为，向来歧说纷纭，客观来看，还是为与英、日谈判交涉和支持罢工作了很大的努力。虽在交涉中不断有妥协、软化的倾向，除帝国主义势力的强大外，北京段祺瑞政府的外交政策变化也是重要因素。所以，中共在此后及在上海大革命中，对虞洽卿还是采取了合作、争取的态度。

# 三、勉力维持的各项商务和爱国公益活动

## 1. 参与政府力争“关税自主”权交涉

由于1924年后总商会内部的分歧、争议加剧，暗潮涌动，紧接着的“五卅”交涉又牵制了大量精力、财力，同时上海地区还处于北京段祺瑞政府的掌控之下，总商会在国民革命兴起后各项商务活动反处于勉力维持、未有大突破的状态，所以取得的进展也不大。有学者认为：“难有可述及者。”但是，通过全面考察它的活动，在对外经济交涉、维护国家利益中，它还是起到了作为中国最大工商、金融都市主要商会的作用。

1925年10月26日，由于英、日等国作梗，一拖再拖的“关税特别会议”终于在北京正式开幕。这时，全国商会联合会也在北京召集临时代表大会，以磋商全国工商、金融维护、发展大计，以备向政府进言，配合此次对外大交涉。上海总商会派出代表王晓籁、劳敬修、闻兰亭、陆伯鸿出席会议，王晓籁还代表总商会在临时大会上发表《谈关税自主》的演说，并向大会散发了《吾国于关税特别会议中应力争关税自主意见书》，强调先争取关税自主，使税率得以自由制定，而后以公正、平允为原则确定固定税则。

其间，上海总商会还设立了专门的关税委员会，由虞洽卿和王晓籁等会董为委员，还聘请了潘忠甲等经济学家和法学家当顾问。当年11月的《上海总商会月报》便及时以《关税会议》为主题出版了专辑，发表了一组专家撰写的颇具主见的文章，其中，述评篇有《关税自主与自动的裁厘》《关税会议日美提案之比较》《互惠协定中国应怎样主张》，时论篇有《关税自主之名义与实际》《实行税则自主的日期问题》《关税会议中日美政策之异同》《关税自主与裁厘》《关税自主与出厂税问题》等，都是有分析、有论证

的上乘之作。

出席关税特别会议的英、美、法、日等国代表，看到中国商界和民众力争关税自主权的呼声如此高涨，便变换策略以“依华约”（即《华盛顿九国公约》）加税 2.5% 为理由，对中国商界等提出的关税自主权问题采取回避或搪塞的态度，以致会议拖宕半年之久，几乎成一“马拉松会”，刚入正题忽又草草闭会，使此次会议，无一点实质性收获。北京政府出席会议的代表王正廷、颜惠庆等人，于会后便受到上海及全国商界、经济学界人士的严厉批评、指责，被抨击为“交涉无力”。当然在中国仍是贫弱国的境遇下，也不会有更理想的结局。

1926 年 6 月，上海总商会会董、出席全国商会会议代表王晓籁在接受报界记者采访时，依然措辞严厉地指责北京政府对民众力争自主权的呼吁，先表现得“信誓旦旦，有如皓日”，致使“海内喁喁热望，以为 80 年来吾国外交之失败，其转机或出于此”。实际上，对自主提案则“尽力争持倾全力以注之者，乃在于所谓过渡办法”，即“依华会约加税 2.5%，税议即行结束”的做法。王晓籁指责这是“坚历来各种税约之壁垒，授各国以支配财政之锁钥，至于自主政策，固如冰炭之不相容”，不仅辜负了全国民众力争关税自主权的热情和意愿，而且半年来耗费百余万的关税会议开销，也加重了百姓的负担，他再一次呼吁“吾华人苟犹未忘力争自主之初心，不忍坐视经济之亡国，即应共同奋起，一致力争”①。王晓籁这番话说的全是实情，中国处于连关税都受制于人的半殖民地境地，国民及华商对此极不认同的义愤抗争及政府在交涉中低头服小的尴尬，就是当年中国的真实情形。

从维护国家主权来说，关税自主本是一国基本的经济权利，商界人士自清末 1902 年建立商会，就为此而不懈奋斗。由于清政府和民国初年北京政权仍因不平等条约受制于列强，总商会对此屡屡抗争，也只能望洋兴叹。

① 《关税会议专号》，《上海总商会月报》第 5 卷第 11 号。

这次，总商会所作的种种努力，尽管成效不大，但使更多的人通过报端媒介，进一步了解争取关税自主对国家独立、经济发展的意义。

关税自主还涉及关库管理权。因此，上海总商会在力争关税自主权的过程中，也提出关税自行管理的重要性。对此，在1925年9月的会董常会上，通过一个议案：提出国家应依照国际惯例组织中央银行，作为征收税机关，并代理国库发行纸币，调剂金融，发展经济。这一新建中央银行的资本总额可订为5000万元，先由全国官、商各认集半数，商界由全国各总商会分别代募。关库管理权就和这一中央银行基金发生直接联系。

就此，上海总商会还专门请银行专家陈光甫就关税存放案作一详尽意见书，其中叙述了关款由总税务司管理，大权落外人以来，中国的金融命脉基本为外人所掌握，给国计民生带来了极严重的不利影响。而且，一向把关税款存放于汇丰、德华、道胜等外国银行，对扩张外商资本和经营，压迫中国的金融发展和调控能力提供了机会。陈光甫更指出，汇丰“收存关款，虽系备付外债之用，万一到期该行遇有特别变故，不能付现时，凡持有债票者，仍须向吾政府取偿”，其危害尤可见。所以，他建议：“此每年9000余万元之收入，急应另筹存放办法”，即于“上海海关内专设一库，名曰中国关税保管库，用钥匙两付，归政府委托上海关监督及税务司会同保管，所有各关税款统解该库保存，俟届偿还或付息时，照数提解。国内公债本息款项，亦按期划拨，经理机关，发给妥订保管专章，除指定用途外，不得丝毫移用，惟遇上海银根紧急，银折高至4钱以上时，准由上海总商会、银行公会、钱业公会斟酌情形，负责领出若干或借或押放给，非特利息不得过周息7厘，以两天为期，如须转期，须经同意，俟风潮平定，即行收回，设有疏虞，由总商会等共同负责”。

这份意见书还就结汇问题，建议绝不能任汇丰银行一行说了算，“应由我国政府于每月初，将本月份交款日期以及收款银行，通知上海银行公会，报告交款日市场上汇价，如价格与收款银行结算较高，应提出抗议，抗议无效，便咨照上海中外银行报告真正行市，择其最低者，直接汇交各债权国，该行不予经手”。上海总商会的主张就以陈光甫的这份《意见书》为依据，并以此提交全国商会临时代表大会商议，得到了与会代表的一致赞同。继此，总商会又将此意见书内容电告北京农商部、外交部、财政部，以及正在举行的关税特别会议。随即，全国商会联合会为实现落实此议案，便组织成立了关库促成会，上海总商会会长虞洽卿、副会长方椒伯以及会董王晓籁、沈燮臣、吴蕴斋、傅筱庵、顾子槃等人均为委员，联合全国商会和各界人士共同致力于关税自主这一目标的实现。

上海总商会这次会议前后及期间的种种努力，则又使这一目标的最终实现推进了一大步。

## 2. 继续开展各项商务和文教事业活动

上海总商会作为商会团体，尽管处于国民革命的风潮中，仍秉承“在商言商”，为商界、商人服务的主旨，尽力于各项有关商务和文教事业活动。这方面，作为主持日常事务的副会长方椒伯很为尽力。而各项活动中，尤为社会注目并为学者称道的，是随着爱国风潮迭起而日盛一日的国货运动，在总商会和其他国货团体推崇下，涌现出一大批被国人赞誉，兼及百姓吃、穿、行、用等方方面面的“国货名牌”产品。

1921 年，经上海总商会会董冯少山、虞洽卿、王晓籁、简照南等人倡导，由总商会、上海县商会、闸北商会、各马路商界总联合会等 48 个民众团体参加，总商会等提供活动经费，上海对日外交市民大会改组为市民提倡国货大会。它倡导市民广用国货，抵制日货，并多次组织国货旅行团，举行国货流动展览会，一时深受好评。① 总商会就此便有“如有国货商场之组织，则各地产品，罗列一堂，不但出口家得以比较竞争，以渐进于改良之域，而爱用国货者，亦知所别择，而不致以舶来品为代用品类”的设想。

① 潘君祥主编:《中国近代国货运动》，中国文史出版社 1996 年版，第 25 页。

1925年“五卅”爱国运动掀起，一些国货团体纷纷就此筹议开设国货商场，上海总商会便借助市民提倡国货大会的筹划，联合各商团率先在南市开设国货商场。经过紧张的招商等筹备，7月5日，位于上海老北门东首民国路（今人民路）上的第一国货商场隆重开张，商场以“裕经济实力根本救国，愿工商各界协力同心”为号召，团结、联络了一批国货工厂。首次进入国货商场三个楼面的即有85家国货工厂，一楼有南洋烟草公司、张裕酿酒公司、鼎丰油酱厂、华商烟草公司、双合盛厂、屈臣氏饮冰室、泰康罐头公司、灵生油墨厂；二楼有三新布厂、冠华帽厂、爱国玩具厂、三友实业社、冠生园、南洋烛皂厂、爱华香皂厂、祥泰丝织厂、双轮牙刷、济生工业厂、利康饼干厂、震隆织造厂、鸿新布厂、建新手帕厂、申电织造厂、瑞泰手帕厂、介纶绸缎局、楚兴袜厂、永利陶器厂、恒隆铁厂、增盛麻线厂、尝胆公司、三益绸缎公司、美记华珍公司、醴泉啤酒厂、新大陆伞厂、中华工业厂、德和厂、中华凤记厂、足安袜厂、商务印书馆、中国兄弟工业社、胜德织造厂、隆兴制革厂、久和袜厂、求是制药社、华纯府绸厂；三楼有香亚公司、统益厂、铸丰搪磁厂、兴业烟草公司、亨利皂厂、益丰搪磁厂、明和化妆品厂、金昌厂、振艺玩具公司、根泰和合粉厂、扫叶山房、协大厂、天厨味精厂、五洲药房、益泰厂、中国留声机公司、化学工业社、仁昌永、华福帽厂、宏生织造厂、振丰厂、肇昌皮件厂、丽华女子精织公司、森林藤器厂、元丰夏布号、明明药厂、隆兴祥、元通染织工场、德隆袜厂、鼎阳观、大陆药房、鸿裕袜厂、达丰染织工场、永和实业公司、求精厂、启明橡皮厂、永芳梅兰霜公司、光明电器厂、平民贸易公司、合众机器厂等。由于场地偏紧，以上各厂仅能使产品露露面，此外尚有十几家国货厂商因场地实在无法容下而等待进入。

当日下午3时，总商会会长虞洽卿在市民提倡国货大会委员长冯少山和沈九成等陪同下，亲自打开商场大门，宣布国货商场正式开张，这时鞭炮升空、锣鼓齐鸣，气氛极其热烈。大会主席曹慕管在开幕典礼上致辞：

“提倡国货虽不自今日始，然集国货于一堂，而成一较有规模之国货商场，则始于今日”，“盖提倡国货之效用，内足以充裕经济，外可以抵制外货，实为救国根本之要素。”①听众掌声如雷。接着，各团体代表和来宾也在开幕典礼上演说，形成了鼓舞人民爱用国货的宣传声势。

开幕典礼后，国货商场便向北京、天津、汉口、济南、长沙、杭州、广州总商会及各报馆发出倡议函电，请各地有条件者，也迅即发起组织国货商场，以“积极提倡实业、消极抵制日货及劣货，而国家前途，实利赖之”。国货商场于次日上午开始对外营业。

由于这次国货商场在“五卅”交涉期间，筹备、开张，十分仓促，总商会在其开张后不久，又推举会董陈翊庭和各商团继续筹办上规模的国货商场事宜。不久，陈翊庭便选定小东门原通商银行隔壁地皮为场址，立即着手购地、营建。1926 年 1 月 4 日，号称第一国货商场的新商场在这里正式开张迎接市民。新商场营业面积扩大，能够容纳更多的国货厂商入市，这次进场的厂商基本以国货民用商品为多数，这里成为上海市民一处购物佳地。

上海总商会在筹建国货商场，拓宽国货在国民、市民中销路的同时，还一如既往地组织国货商品参加各类国外展，尤其是世界博览会。1926 年，美国为纪念独立 150 周年举办费城世博会，中国商界人士极想参与。由于当年南方国民革命军已开始北伐，北方直、奉和西北军也捋袖攘臂，北京政府朝不保夕，接到美方邀请书后，虽有参展愿望，又苦于经费难筹。因博览会惯例，所有参展方的一应费用，包括展厅租金、营造、装潢费用，都须自理，即土地租金一项，一般展位每平尺 5 美金，加上展台等费用，自不是小数。当时工商总长寇遐属清廉名流，历来倡导实业，扶助工商，但苦于经费难筹。

① 上海市工商业联合会《上海工商社团志》编纂委员会编：《上海工商社团志》，上海社会科学院出版社 2001 年版，第 285 页。

当时上海总商会和江浙工商界人士，不甘坐视这一良机流失。加上美国华侨宣传团又到上海总商会等处宣讲，费城博览会远比1915年旧金山巴拿马联合博览会规模大得多，更使商界人士向往。于是，有人便提出由东南五省组团参展，得到江苏省长陈陶遗等人支持。陈又找东南五省联军总司令孙传芳商量，孙传芳正自诩保境安民，振兴工商，表示支持。这样，经孙、陈联名与工商部交涉得到同意。随后，孙、陈复函上海总商会，表示组织五省筹备委员会，由孙亲任会长，副会长由五省军政长官出任。经费预算总额12万元，由上海和江苏、浙江、安徽、江西、福建五省共同摊派。因各省展品由上海装船启运，后便决定将会址设在上海总商会内，预展则在国货陈列所。上海设立展品管委会，由江苏实业厅长徐兰墅任会长，虞洽卿为副会长。要求各省展品必须在1926年4月20日前一律送到上海收品所。这样上海总商会不仅承担本市参展组织工作，还负起全部展品的管理、运输等事务。

当时中国工业还处于起步阶段，真正的机器制造品很少，大量是传统手工艺产品，包括宜兴紫砂壶和陈设器皿、苏州丝绸及刺绣、扬州的漆器和玉雕、杭州的纸伞及刀剪、徽州的文房四宝、景德镇的瓷器、福建的木雕和寿山石雕等。这次有一个信息，即作为纯艺术品的中国画，也可以在博览会上展出，这让国画家们也忙碌起来。后潘天寿、刘海粟等共有42幅作品参展。中国国画参加世博大会，对宣扬中国艺术也是极有意义的事件。5月20日开幕，中国展品所获甚丰，除天厨味精等工业品获博览会大奖外，一大批手工业品也取得辉煌的业绩。获甲等大奖的，瓷器有江西瓷业公司等5家；漆器有福建福州沈绍安兰记等3家；刺绣有南通女红传习所等11家。获乙等奖的，有宜兴吴德盛紫砂陶器、徽州胡开文墨庄等。中国传统手工业品在走向世界的潮流中，总商会担当的引路人作用是不应被淡忘的。

总商会在这一期间很重视的还有代领华商道契问题。1925年11月，经会董常会议决制定公布了《总商会代领华商道契订定章程五章凡十五条》，以为进一步开展为商民服务的规则，十五条中包括宗旨、请领手续、过户、征费规定、附则等，确定范围还在上海、宝山两县境内，请领人原持有凭据也包括执业田单、前清藩司执照等8种，甚至含台湾召变执照、洋商道契等。① 这说明它比以前的业务范围明显扩大了。

可是，不久总商会这项业务发生了舞弊事件。1926年1月，华商道契处办事员范某通过造假支票、盖假印章、欺骗业主等手段，贪污办事公款及业主押金，数额达银12000两、银元12129元，并携款及会计单据潜逃。这对总商会声誉影响极大，并影响到会董内部的关系。总商会除照会章责其担保人一会董退赔外，还请官府缉拿。由于所赔款额远不及所亏款额，此事件即拖累了华商道契处的业务发展。

与代领华商道契处情形稍有不同，但也关系微妙复杂的是商事公断处。1924年5月由会长宋汉章主持，经北京司法、农商两部批准，制订公布《商事公断处新章程》(7章39条)，处长仍由沈联芳担任。1925年4月，因前新章程中第8条、第37条于执行中“施之实际，发生窒碍”，请求全国商会联合会转呈司法、农商两部允准修改，一直拖至1926年7月农商部仍批示：“商事公断处章程，现正与司法部会商修正，仰静候公布施行可也。”直到9月，两部修正公文下达，总商会对商事公断处的一些关键问题才有据可依。因为，上海总商会觉得必须修改的是最关键问题，即该处的评议员、调查员的选任，规定以会员为候选人，但选时必须有半数会员投票，当选者又须有三分之一以上的同意票，这就使该处人员的换届异常复杂。直至1926年12月，在得司法、农商两部修改通知后，总商会也换届，由傅筱庵、袁履登任正、副会长，该处人员才得以更新，由方椒伯任处长，秦润卿等任评议员、调查员。由于连续两届没有换选人员，人事纠葛层积，业务自难发展。

---

① 上海市工商业联合会、复旦大学历史系编：《上海总商会组织史资料汇编》(下)，上海古籍出版社2004年版，第742页。

商业补习学校、商业图书馆、《总商会月报》总商会的这三项文教事业，于此期间还属健康、平稳发展。1924 年 10 月，商业补习学校教职员及学生有较大变动，由徐可陞任校长，于楚卿任教务长，专职英文、商学、簿记、国文等课教员由 4 人增加为 7 人，学生 1924 年上学期 171 人，下学期 173 人；1925 年上学期为 200 人，下学期为 190 人；1926 年上学期就达 321 人。① 学生数近成倍的增长反映了它的欣欣向荣。以致总商会也说："近因学生渐多，收费较前亦多，故 1926 年上期可免补助。"

商业图书馆也逐步完善了各种阅览、借书、寄存等章程和规定，总商会图书馆委员长、委员按章程按届正常更换，由第二届高翰卿、王一亭、陆费伯鸿等，经第三届沈联芳、穆藕初等，至 1926 年 7 月第四届张仲劭、林孟垂等，基本无大纠纷，只是限于经费全靠总商会拨款，藏书增加有限。据 1926 年统计，当时有经史子集古籍类，货币、汇兑、财务、公债、信交商学类，科学数学珠算商算等计算类，文学、文字、诗词、戏曲、书画、碑帖等艺术类，各种各类藏书有 16484 册，作为精神食粮，很受商界青年职员、店员尤其是商业补校学生的欢迎。

《总商会月报》于 1921 年创刊后，经二三年办刊，所刊内容从立意、观点到文字，都更臻成熟，还配合国内外经济大事，编发过很有影响的专刊。从代销到广告代理都建立了有效率的网络，使《总商会对月报》的经济负担有所减少。1924 年 9 月，月报出版委员会换届，由闻兰亭接任袁履登，后又由方椒伯主持，但始终有许多与学界有交往的会董、会员出谋划策，如钱新之、盛丕华、陆费伯鸿、徐寄庼、孙景西、王一亭等，许多有分量的文章都由他们出面邀约。所以月报在当时上海是一份既反映商界声音，又很有学术见地的商务类刊物。

上海总商会在国民革命和"五卅"爱国风潮狂飙兴起，南北政治分野

① 上海市工商业联合会、复旦大学历史系编：《上海总商会组织史资料汇编》（下），上海古籍出版社 2004 年版，第 757 页。

愈发白热化，总会内部分歧、矛盾亦趋激化的形势下，勉力推动会务前进，继续开展各项商务及文教活动，还作出若干受人称道的业绩，是难能可贵的。

### 3. 组织中国实业家参观团赴日参观

1926 年 5 月，在中国接连爆发“五四”“五卅”以日本为主要反对对象的反帝浪潮后，日本企图缓和中国人民的反抗，并进一步占领中国市场。在筹备举办大阪电气博览会之际，日本外务省、日本商业联合会、大阪商业陈列所等相继给上海总商会会长虞洽卿发出邀请函，恳请中国商界选派代表赴日本参观、访问，声称以“增进两国人民敦睦亲密之感情”。日本驻上海的总领事矢田、上海日本商会会长田边等，也向虞洽卿表示了所谓“盛情邀请”之意。

接函后，虞洽卿一面报告北京外交部，一面以上海总商会的名义向各地商会发函联络，发起筹组中国实业家赴日参观团，宣称：“斯行要旨，除参观博览会及彼国之各大工厂以资借镜外，并拟一睹彼国民众之态度，同时宣传我国真正民意，希望彼方了然于两利互助之不可缓，起而督促其政府改弦更张，俾中日亲善，由宣传而进于实现。”虞洽卿重视此行，是更着眼于当时风行的“国民外交”。随即，经北京外交部同意，订立了组团简则，内容有宗旨、团员、组织、报名、服装、旅费、出发、参观共 8 条。不久，组成了由上海总商会会董、会员 23 人，上海各企业及工商团体的代表 22 人，外省商会代表 13 人及交通部特派员加入的赴日参观团。虞洽卿出任中国实业家参观团团长。组团过程中，上海总商会做了大量工作。

5 月 14 日下午，参观团团员在上海总商会议事厅集会，虞洽卿在会上强调，本团除负参观使命外，更有交涉之目的：其一，针对影响中日亲善的“二十一条”，“本团此行，以国民外交之手腕，唤醒日本商民，请愿该国政府，根本废除，此外如旅顺、大连，亦早日交还”；其二，中日双方“年来商业，均甚发达，不无帐款纠葛，若动辄涉讼法庭，累日耗资，诸多不便，若双方能尊重商会公断，惠益非浅”①。行前，虞洽卿又收到上海对日外交市民大会的来函，要求参观团“此行当有坚决之表示，促进日本朝野上下改正其对华政策”。5月19日中午，总商会设午宴为参观团饯行，虞洽卿作为团长再次强调了赴日的目的、方针，虞洽卿几次在公开场合表明宗旨，说明他对各方包括中共对此行的关注也很在意。②总商会会董王晓籁致欢送辞说：“年来盛倡中日亲善，障碍未除，心劳日拙，无论交际上如何谦恭，终归貌合神离”，愿此次史无前例的大规模华商赴日游历，能“得日人诚意之亲善，扫除障碍”，真正“获国民外交之胜利”。当场，王晓籁将自己多年研究著成的《中日外交史》一书，赠送给随团秘书张振远作参考。

5月20日清晨，在上海杨浦提篮桥汇山码头上，入口处悬挂着中日两国国旗，上海总商会、宁波同乡会、上海日本商会树起了三条欢送的横幅，救济妇孺会、上海县商会、闸北商会等组织的乐队奏起了送宾曲，各商界团体还点放爆竹以壮此行，中日要人也到场送别。当年成立不久的新人影片公司拍摄了场面的盛况，又派摄影人员随团赴日拍摄，在看似热闹又隐藏不安的心情下，中国参观团登上“上海丸”轮船驶往日本。

实际上，日本对虞洽卿等人的到来也心存疑窦，大阪《朝日新闻》发表的《中华实业家来东视察》评论文章，臆测“参观团以五月中国国耻月为东行日期，且要员虞洽卿、余日章原系著称的排日中坚分子，此次能来，诚有深长之意味也”，恳请“日本方面有力团体之代表人物，宜预先聚会，对于中日关系之改善，互相交换意见，要之为避免不注意发言之失态起见”，达到两国有力人士为“促成中日关系转成良好，互开胸襟，共谋进步”之目的。

① 上海市工商业联合会《上海工商社团志》编纂委员会编：《上海工商社团志》，上海社会科学院出版社2001年版，第295页。

② 冯筱才著：《政商中国——虞洽卿和他的时代》，社会科学文献出版社2013年版，第128页。

5月21日至6月14日，参观团先后参观、游览了长崎、神户、大阪、京都、名古屋、东京、横滨、广岛、下关诸地的市容、景观、企业，每到一地拜访政府和商会，并与实业界、学术界、新闻界、华侨界广泛交流，吁请日本在野人士敦促政府废除中日间的不平等条约，实现真正的中日亲善，扫除两国经济互惠发展的障碍。在东京期间，虞洽卿还亲赴东京无线电放送局，向东京市民发表广播演说，他赞誉中日两国友好交流的深远历史，及两国人民对于友好交往关系的清醒认识，告之参观团此行更是期日本人民“秉彼此弟兄国之精神，抱共存共荣之决心，于五色国旗及旭日旗相义之下，携手同心，实力进行中日两国之亲善”。在与日方的接触中，日方始终强调“在商言商”，虞洽卿及参观团成员则在各种欢迎会的演说中表明“贸易与政治二者不能分离”，只有改善了政治上的不平等，方能促进经济上的平等和贸易的发展。从以上言论来看，国内一些报纸批虞洽卿“在日大发媚日论”①，有失公允。

6月15日下午3时，中国实业家参观团乘坐的“长崎丸”抵达上海，总商会副会长方椒伯和10多个商会团体的代表，以及日本驻沪领事等千余人到汇山码头迎接。虞洽卿以团长身份接受了上海新闻记者的采访，在谈到日本电气、棉纺、制铁、造纸、水泥、啤酒工业的发展成绩时，虞洽卿认为令人赞叹；在谈到此行受到日本朝野各界的隆重欢迎时，虞洽卿盛表谢意；在谈到日本国民对中国亲善的诚意时，虞洽卿表示“敝国同仁未曾预料”，认为这种诚意“乃其觉悟的表现，不得不视为中日双方谅解之初步”。

6月17日，上海对日市民外交大会致函虞洽卿，称参观团此行“为亘古未有之创例”；但函中又称，你的谈话也屡见于报端，已将中国国民对中日亲善的诚意昭示于天下，而为何日本在我国东北的侵略行为并无收敛，

① 冯筱才著：《政商中国——虞洽卿和他的时代》，社会科学文献出版社2013年版，第128页。

所以诘问："似中日间尚有亲善之可能也，未悉果何时而有良好之时期也。"虞对此自然无以作答。

当日傍晚，上海总商会、宁波同乡会、上海县商会及闸北商会等商业团体，又设宴于大东旅社三楼为参观团洗尘，日本驻沪领事馆官员、上海日本商会会长也出席，总商会副会长方椒伯致欢迎词，虞洽卿发表演说，述说了参观团在日受到各界人士不同程度的欢迎情况，方、虞的讲话同时通过无线电波向全国播放，欢迎会上还有名角的京剧表演。

虞洽卿回沪后，声称要"冷静谋研究对日问题"，还组织了对日问题研究会。但就他率总商会等组织的中国实业家赴日参观团来说，主要还是出于与日本的贸易、商业来往。

## 4. 坚持推选华董、华委和收回会审公廨

上海总商会作为地方统一的最大商人团体，始终把维护国家主权和商人利益视为一个整体，尤其是上海市中心区公共租界和法租界的不断扩充、发展和日益繁华，关乎到华商和居民的地位、利益及参政权。自清末以来，上海商界团体和人士为此不断呼吁并进行抗争，首先就公共租界工部局董事局即纳税人会华人董事、华人委员的产生、推选，与租界当局多次谈判、交涉。

"五卅"惨案引发中国全民反帝大风潮，上海总商会虞洽卿等提出的后被北京政府定为交涉方案的"13条"，其中一项就是关于华人参与租界市政权管理，具体内容是：（1）工部局董事会及纳税人代表会由华人参与组成，其华董及纳税人代表数额以纳税多寡比例为定额，纳税人年会出席投票权与各关系国西人一律平等；（2）公共租界外人的纳税资格，经查明其产业为己有的或代理的两层，己有者方能有投票权，代理者如系华人产业，不得有投票权，其投票权应归产业所有人。"13条"虽曾遭人指责，但此项条件与工商学联合会提出的"17条"之一基本相合。

由于"五卅"交涉陷于僵局，公共租界纳税人年会即将召开，1926年

4月13日，上海总商会在《申报》等各大报纸上发表了《华人对于五卅惨案各大问题的宣言》，其中第二点主张："公共租界之纳税华人，应予吾人以绝对的平等地位，并使吾人享有市民固有之权力，勿予歧视，俾得办理界内市政之进行，互相得益；并以纳税人同等之地位，参加外人纳税人会议，解决一切界内问题，其尚有须郑重声明者，则关于工部局之华人代议权及参与市政管理权，我全体华人尤严重反对外人对于华董议席之任意支配，故坚决主张代议权之范围，应以所纳税额实数之多寡为比例。"① 表明了坚决要求同等享有租界参政权的意志和决心。

4月14日，纳税人会年会如期召开，工部局主动提出"创设华董三人"的议案，工部局总董费信惇对此案作了详细说明，甘维露律师及美籍华人露雪臣对此案提出了修正，认为"加入华董三名"应修正为"华董人数应对本居留区内华人所纳税额，有适当之顾及"，并加以说明。工部局接纳华董及其修正案获得了本届纳税人会年会的通过，并呈驻沪领事团及北京公使团批准。5月18日，上海总商会会长虞洽卿在大华饭店宴请中外各界领袖，工部局总董、董事、总办、秘书长及总商会会董，县商会、纳税华人会、商总联的头面人物，共有45人出席。虞洽卿在致辞中希望各方多多接触，联络感情，消除隔膜，排解误会，"由友谊关系，而有合作精神，租界各项事业，将日趋完美焉"。工部局总董及各团体领袖均表示赞同附和。

延至当年12月，北京外交部和江苏省长公署对上海公共租界工部局添设3名华董的意见正式批示："暂予承受。"并批令江苏交涉使公署函告上海总商会，与各方协商。至此，上海租界华人参政的问题才有了眉目。1927年1月15日，由江苏交涉员许沅主持，上海总商会与纳税华人会冯少山、邬志豪、吕静斋、林炎夫、黄瑞生5位代表共同会商办法，决定由总商会函告各团体发表意见和建议。然而，由于北伐战争的快速推进，以

① 《本埠新闻》,《申报》1926年4月13日。

及纳税华人会改组，工部局华董选举事宜暂时被搁置了。

如同推选租界华董、华委一样，收回会审公廨也是上海总商会和商界人士始终坚持的斗争目标。在1925年上海总商会“五卅”事件委员会与英国交涉的“13条”中，其中第六条就是“收回会审公廨”。上海工商学联合会提出的“17条”交涉条件中，也同样有此项内容。总商会会长虞洽卿在宴请外交部“五卅”事件交涉专员和江苏交涉使署、沪海道尹府官员时，也强调“非将会审公廨收回，恢复以前原状，不能平公众之气”。五卅事件委员会在历次会议上，与会委员一再指出“收回会审公廨”为最紧要之务，认为“此次罢工，损失甚大，不如是不能抵补，难平民愤”。然而，外国使团在中方一提及此事时，就虚与委蛇不正面回应。

上海总商会及各界团体对这项交涉条款绝不放弃，北京外交部于1926年2月专门在北京与外国公使团举行协商收回上海会审公廨谈判，但由于对方顽固仍无进展。4月13日，上海总商会《华人对于五卅惨案各大问题之宣言》发表，其第三条重申：“以今日公共租界会审公廨之特殊现象，依然处于本埠领事团势力支配之下，致华人遭遇屈抑，莫可伸诉，为此声明，该公廨应立即无条件交还。”随即，又会同上海律师公会、会计师公会等团体，联名向江苏省长公署致电，指出收回会审公廨已属刻不容缓，主张“由省政府主持，订立暂行办法，先行收回”。此电发出后，又于4月25日，推派会董赵晋卿、律师公会代表陈霆锐、东英法学院教授李祖虞、前司法总长董康亲赴南京，向五省联军总司令孙传芳、江苏省省长陈陶遗当面请愿。这样，省长只得当面应允，省政府于设立淞沪商埠督办公署后，将派员就地与外人交涉。①

5月初，淞沪商埠督办公署成立，由孙传芳兼任督办，丁文江任总办。江苏省长陈陶遗致电上海总商会等团体：“嘱丁文江君就近会同商办公廨收回事宜。”赵晋卿等4代表便往龙华淞沪督办公署，向总办丁文江及上

① 《本埠新闻》，《申报》1926年4月26日。

海交涉员许沅再次呈交《收回会审公廨建议书》。自5月21日起，丁、许与英、美、日三国驻沪总领事就收回会审公廨举行了谈判，历经4个月的磋商，在让步、争执中反复较量后，于8月31日双方终于签订了协定大纲。再经近4个月的进一步完善，确定了大纲的各项细则，决定于1927年1月1日由驻沪领事团交还会审公廨。此后于这一天，在公廨原址上举行了隆重的交还仪式，后便改组为上海地方临时法院。收回会审公廨，意味着中国司法主权的回归，上海总商会为维护国家主权所尽的努力功不可没。

## 5. 团结联络上海各类商会团体

大革命兴起以后，尤其是“五卅运动”激发了全民的爱国激情，各阶级、阶层人士都行动起来，纷纷结成各自的利益群体，商界人士和商会团体也处于分化、改组之中，并出现新的变化。在当时几类商会团体中，一类是原与总商会有下属关系的地方商会，已有多年密切交往；一类是五四期间涌现的马路商会，也已发展成为全市统一的商总联，和总商会有各种合作；一类是五四期间也由商民为主的对日外交市民会等，这时改组成为上海市民提倡国货会，并又有新的团体上海国货团等出现，使国货运动在此期间基础更为广泛，气势更为壮大。总商会对这几类团体，都从不同角度采取了团结、联合和相互促进的态度，其动机自然是设想在动荡的战争状况下，如何维持上海社会和市面的安定，如何维护商界的利益，并取得民族工商业和经济的发展。

第一类商会，当然首推上海县商会。1925年3月21日，县商会举行第13次改选，上海县知事派代表到会监选。姚紫若、顾馨一、王一亭、陆伯鸿、姚慕莲、闻兰亭、马骥良、朱吟江、莫子经、叶鸿英、王伯埙、叶惠钧、张乐君、李泳裳、虞治卿、穆杼斋、陈良玉、傅佐衡、陆松侯19人当选，姚紫若得98票为最高。4月11日新会董互选会长、副会长，上海县知事李祖夔到场监选，顾馨一、朱吟江分别当选，但顾、朱两人均致函辞职。4月23日的会董常会议决，除设法挽留正、副会长外，还推上一任正、副会长姚紫若、姚慕莲为驻会办事董事暂代理正、副会长之职。由于当年8月县商会新会所建筑即将落成，一切验收、开幕事宜原都由两姚负责，二人也接受了。

县商会不仅建筑，连内部装潢、布置也参照总商会。建筑为朝南三层洋式楼房，一楼为大厅及会长室、会客室、总务室，二楼是评议室、常会室、公断室、保卷室，三楼是议事厅。8月31日，县商会就迁址、开幕召开会董会议。各位会董认为，上届会长姚紫若在受到战事影响时期仍费心维持会务，完成会所工程，功绩不凡，应刻铜质碑铭记载业绩，以志纪念。10月18日，上海县商会举行新会所开幕典礼，应邀出席来宾有千余人，总商会副会长方椒伯和会董多人到场祝贺。

上海县商会新会所开幕以后，在代理正、副会长、会董及上海县知事多次催促下，正、副会长顾馨一、朱吟江于1926年3月1日正式到会主持会务。在这一期间，凡是于商界有关事务，无论是参与五卅交涉，还是发起国货商场，以及与租界当局交涉华董、华委推选等，县商会都和总商会精诚合作，步调一致，这成为维护上海商界和商会团体内部团结的重要基础。

其次是闸北商会。由于江浙齐鲁战争对闸北的兵灾破坏尤为惨重，闸北商会的筹备也一度停顿，一直延迟到1926年4月，筹备处才通知参照上海总商会选举办法，用通信连选法，选举第一届会董。筹备处决定选举会董31名，于5月16日起发放并投票，6月1日开票。范和笙获185票最高赞同票，依次有余锡品、陆端甫、祝厚甫、李广珍、周麟峰、陶子敢、朱静庵、王彬彦、王尧臣、蒋石稚、顾竹轩、朱兆圻、陆景文、王晓籁、朱士骧、陈翊庭、韦伯成、王耀祖、沈志贤、徐颂仁、奚少峰、黄锦文、陈炳谦、钱梅生、刘淦泉、陆葆荪、陆伯鸿、陈才宝、庄百俞、赵镜若等31人当选会董。6月20日，当选会董互选正、副会长，陈炳谦当选为会长，王彬彦当选副会长。因陈炳谦坚辞会长之职，便由副会长王彬彦暂维持会务。9月30日重新选举会长，沪海道尹公署、上海县署、宝山县署均派员监选，王晓籁当选闸北商会会长。1927年4月2日，闸北商会正、副会长举行就职仪式，总商会派会董代表到会祝贺。①

1926年9月30日，新会董刚产生就举行会议通过议决，将陈炳谦曾以26291银两购得的中华新路11.682亩地块，于一年之内不加利息，照原价转让给闸北商会建筑会所。该土地的四面围墙，拟无偿让给南洋烟草公司长期做广告，以为闸北商会倡导国货的贡献。

在闸北商会会长王晓籁和31名会董中，多人都曾是总商会会董或会员，在筹备期间仍参与总商会活动或有多种联系，因此两会之间的关系也十分密切。但闸北商会正式成立之日，已距北伐军到来不久了。

另一类商会，是由各马路商会联合组成的上海商总联，在"五卅"风潮中，它的态度虽比总商会激进，并发起、参加了上海工商学联合会，但它的领导人袁履登、叶惠钧等因是总商会会董，又是总商会的五卅事件委员会委员，所以在运动中它们之间仍有若即若离的协作、联络。如在对英、日经济绝交斗争中，商总联就成立了经济绝交委员会。而总商会未予真正实施，它也没做出明确的强烈反应。有学者认为："这正是假手于他们（指袁、叶等人）在商总联内贯彻总商会的意图。"②后总商会发起组织国货商场，以及最受人诟病的由虞洽卿组织的访日参观团，它也是参与的团体之一。因此整个来看，这一时期它和总商会的关系，双方有合有分，但是合多分少，这也是当时商界与外界其他群体，更包括外国势力斗争的必然要求。这一阶段，商总联的下属马路商界联合会又取得很大的发展，下表为1924年及以后新成立的各马路商会的名单③：

---

① 上海市工商业联合会、复旦大学历史系编：《上海总商会组织史资料汇编》（下），上海古籍出版社2004年版，第864—874页。

② 徐鼎新等编著：《上海总商会史（1902—1929）》，上海社会科学院出版社1991年版，第336页。

③ 上海市工商业联合会《上海工商社团志》编纂委员会编：《上海工商社团志》，上海社会科学院出版社2001年版，第244—245页。

| 曹家渡商界联合会 | 1924年5月4日 | 曹家渡五角场 | 姚榆关、俞紫标 |
|---|---|---|---|
| 南区商界联合会 | 1924年5月25日 | — | 沈润挹 |
| 沪南六路商界联合会 | 1924年6月15日 | 南火车站黄家阙 | 朱汉光、周运忠 |
| 闸北四区里正商界联合会 | 1925年5月31日 | — | 赵冰谷 |
| 静安寺九路商界联合会 | 1925年9月15日 | 静安寺路关庙内 | 张品山、王翰成 |
| 湖北、海口两路商界联合会 | 1926年3月15日 | 三马路鼎丰里116号 | 王延松 |
| 西藏、九江路商界联合会 | 1926年4月1日 | 西藏路平乐里 | 胡凤翔 |
| 西城商界联合会 | 1926年4月18日 | — | 徐济美、马德年 |
| 南阳桥商界联合会 | 1926年 | 茄勒路义业里 | 吴进之、龚静岩、张瑞琛、徐庆荣 |
| 宁波路商界联合会 | 1926年5月27日 | — | 谢惠庭 |
| 法租界商界总联合会 | 1926年7月14日 | 南阳桥茄勒路义业里 | 张　寅、尚慕姜、杜月笙 |
| 南城商界联合会 | 1926年7月23日 | — | 奚赓虞 |
| 法租界西区商界联合会 | 1926年8月18日 | 霞飞路鼎吉里 | 盛植人 |
| 爱文义路商界联合会 | 1926年9月12日 | — | 詹松山 |
| 唐家湾九路商界联合会 | 1926年10月17日 | 唐家湾平江里18号 | 方伯琴、程祝荪 |
| 王家宅十路商界联合会 | 1926年12月 | — | 陆安民、葛瑞卿 |
| 南市商界总联合会 | 1927年1月5日 | — | 曹龙田、闵子贤 |
| 虹口吴淞路商界联合会 | 1927年5月1日 | — | 张介寿 |
| 徐家汇商界联合会 | 1928年7月8日 | — | 周呈祥 |
| 蓬路、伯顿、北江西路三路商界联合会 | 1928年10月1日 | — | 唐　一 |
| 川宝商界联合会 | 1928年11月3日 | — | 王成栋 |

续表

| 闵行商界联合会 | 1929年3月16日 | — | 陈　鹿 |
|---|---|---|---|
| 虹口六路商界联合会 | — | 梧州路经纬里内 | — |
| 沪西九路商界联合会 | — | 大沽路马安里 | — |
| 引翔港华德路商界联合会 | — | 华德路底引翔医院内 | — |
| 中央九路商界联合会 | — | 五马路清和坊 | — |

由于商总联的下属马路商界联合会大量增加，其组织机构也逐步完善和正规。1924年12月举行第五届职员选举，选举出会长袁履登，副会长邬志豪、钱龙章，总务科长潘冬林，文书科长严谔声，会计科长许廷佐，交际科长张贤芳，卫生科长吴仲谲，调查科长王汉良、王廷松，教育科长邵仲辉等。

1925年11月该会又举行第六届职员换届选举，该会在设正、副会长同时，会机构又加设正、副议长，选举出正、副会长霍守华、邬志豪，正、副议长钱龙章、余华龙，这些人后相继辞职，又于12月9日重选。当选者是：会长邬志豪，副会长余华龙、王汉良，议长钱龙章，副议长严谔声，总务科长俞国珍、王延松，文书科长严谔声、张静庐，会计科长陈勇三，交际科长潘冬林，卫生科长谢惠廷，教育科长吴仲裔，调查科长汪醒斋。

1926年12月举行第七届职员换届选举，选出会长余华龙，副会长陈翊庭、陈勇三，议长蒋梦芸，副议长王延松等。会的机构呈现会长、议长双层重叠，其职责虽在会章修改中有所规定，但难免互相推诿、扯皮，实际也反映了内部矛盾、磨擦的增加，后由于新的商会团体商民协会和商业联合会的出现，上海各路商界总联合会的活动日益走向沉寂和低潮。

第三类商会团体，是国货团体。它始终在中国近代工商团体中占有重要的一席地位，总商会也十分看重它的独特作用。1924年8月，总商会和中华国货维持会曾联合在总商会议事厅，举行过第一次国货救亡大会，杨小川等人发表演讲。第二次国货救亡大会在宁波同乡会举行，总商会正、副会长虞洽卿、方椒伯都出席并演讲。

1925 年五卅抵制日货风潮掀起，中华国货维持会联合各国货工厂，拟发起中国国货公司组织，并致函总商会请领导组织，总商会因正忙于五卅的调停，暂未答复。随即，总商会和工学商联合会共同发起上海提倡国货会，积极筹备国货商场开幕。这期间，因“五卅运动”的推动，一些新的国货团体如雨后春笋般涌现，如上海振兴纱带厂、三星棉铁厂等 30 余家民族企业主陆星庄、张子廉等人发起组织的上海国货团，顿时得到许多中小厂家响应，上海总商会也予以大力支持。该团后在新新公司楼顶花园、半淞园等处举行国货展或宣传活动，并发展成有 100 余厂商参加的上海国货工厂联合会。① 在此前后，总商会会长、会董及会员始终积极倡导、参与和推动国货运动的，有虞洽卿、王晓籁、项松茂、刘鸿生、方椒伯、冯少山、简照南、盛丕华、沈九成等人，他们在促进总商会与国货团体的密切合作中，始终起到了桥梁和纽带的作用。

上海总商会通过与以上三类商会团体的交往和合作，显示了它在商界团体中的引领地位。

① 潘君祥主编：《中国近代国货运动》，中国文史出版社 1996 年版，第 26 页。

## 四、傅筱庵当选会长和依附孙传芳

1926年7月，上海总商会第8届改选大会在即，这时会内矛盾更形尖锐，暗潮涌动。其根源是在第7届改选时，因会内拥傅筱庵派和反傅筱庵派激烈争斗，使宋汉章和傅筱庵都未能出任会长，改由第三方虞洽卿担任。傅筱庵对此耿耿于怀，对面临的第8任有志在必得的决心。为了保证足够当上会长的票数，傅凭自己是中国通商银行总经理和招商局董事的双重身份，于会前大拉选票，把许多有关系而不符合会员资格者拉为会员，以保证当选票数。

6月16日，在沪海道尹代表盛形伟的监督下，有人投票时采用冒名代投票等手段，以致有一人代投23票，以确保大多数会董职位被拥傅派所占。在开匭检票后，这一公然舞弊的行为遭到会员赵南公、石芝坤、冯少山等人当场严词谴责。经清点394张票有效，结果方椒伯以276票为首选，依次35人包括傅筱庵在内当选会董，而赵南公等人认为会员中有不合格身份者，初选有舞弊疑问，要求暂不公布当选会董，暂封存选票，待次日开会，请道尹亲自到会再公布。

17日，道尹托故未到，会中拥傅派和反傅派双方又展开激烈争论，但仍无结果。19日继续开会，争吵、对骂更成一团。并且，有从会场转向报刊展开笔相互战扞之势，沪上各报当然也乐意登载这种吸人眼目的文字。这样，总商会内有反傅派与拥傅派的说法，也就各界皆知。客观上讲，也是事实存在，反傅派除赵南公、石芝坤、冯少山等人，还有直接发电给北京农商部及江苏省长要求彻查选举舞弊的霍守华、吕静斋等人。但浙闽苏皖赣五省联军总司令兼江苏总司令孙传芳，却发来梗电明确支持傅筱庵："当选人业经依法通知，办理甚是，俟声明就任，即行册报，特复。总司令孙梗。”① 孙传芳原属北洋直系军阀，当时在上海及东南五省是一言九鼎的实力军人，他拍板赞成选举名单，江苏和上海的官署都不再吭声。江苏实业厅事先不摸孙的真正意图，曾复函主张先审查会员资格，再审查舞弊问题，孙复电后，也就此装聋作哑。实际上，傅与孙传芳的关系，确实是有一定的政治渊源，傅本依附盛宣怀起家，民国后盛曾遭到打击，傅与北方军阀的关系较密，且和孙传芳等都与日本有较多联系。这一层关系，前任会长虞洽卿心知肚明，所以赵南公等人请他说明选举真实情形时，他发启示回避。

由于新选会董中有22名是傅筱庵一派，反傅派的霍守华、赵南公、冯少山、石芝坤、沈泽春、郑仁业联名登报再次表示反对这次选举，各马路商联会也纷纷致电当局，要求纠正另选，并致电农商部、江苏省当局，要求对会员资格详为解释，甚至起诉到上海地方审判厅。由于孙传芳对傅筱庵力挺，这些反对的声音都无济于事。

继于7月8日选举正、副会长。沪海道道尹傅疆出席监选。选出会长傅筱庵，副会长袁履登，会董有方椒伯、陈良玉、谢蘅牕、孙梅堂、简玉阶、谢仲笙、陈子壎、戴耕莘、盛筱珊、薛文泰、谢弢甫、张延钟、孙衡甫、陈雪佳、王心贯、盛泽承、虞洽卿、严子均、谢永森、厉树雄、陈鹤亭、李伟侯、傅其霖、谢光甫、严康懋、邵立坤、林孟垂、沈厚斋、刘万青、洪雁宾、朱子衡、傅瑞铨、张仲照等。

该任期间，下设机构和人员仍为财政委员会5人、陈列所委员会3人、图书馆委员会3人、出版部委员会4人、交际委员会9人、公证委员会3人、调查委员会8人、华商道契委员会3人、商号登录委员会4人。会员有119人，会友有431人，共550人。

傅筱庵出任总商会会长后，很快就暴露出孙传芳力挺他的真相。北伐

① 上海市工商业联合会、复旦大学历史系编：《上海总商会组织史资料汇编》(上)，上海古籍出版社2004年版，第493页。

军已向江西进军，他出动招商局 9 条轮船从长江上为孙提供军运。1926 年 9 月，轮船员工罢工以抗议为北军军运，他协助北军查封中华海员工人联合会。他还以上海总商会名义发出函电，向北伐军呼吁和平，呼应孙传芳要求北伐军退回广东的叫嚣。1927 年 1 月，孙传芳败退沪杭一隅，通过傅筱庵掌控的总商会，以海关二五附税作抵，向上海银、钱等各业强摊 1000 万元库券，以供紧急军饷。傅于 3 月 12 日召开会董常会商量贯彻之计划，后邀集县商会、闸北商会、银钱两会会董共商，要求当场认定库券数额，遭与会人员拒绝。后傅以通商银行一行名义从准备金中拨款 200 万捐赠孙传芳，其甘心依附北洋军阀，即遭商界人士唾弃。①

傅筱庵执掌总商会时间不及一年，但其对总商会带来的影响是十分严重的。

① 李新等主编：《民国人物传》，中华书局 1984 年版，第 157 页。

## 五、上海商民协会和商业联合会的成立

随着国民革命高潮席卷全国，国民革命军在两广实现统一，积极筹划北伐，湖南、湖北、江西等地工农运动风起云涌，并有向北方迅速扩展之势，北洋军阀已处于颓势走向败亡，上海民众运动也转向南方，轰轰烈烈地开展起来。这样，一些原倾向国民党的商界人士便酝酿组织新的商界团体，尤其在傅筱庵公然挟持总商会依附孙传芳之后。这就是稍后在上海出现的商民协会。

1926年4月，陈洪洲、王侠峰、林钧、汪醒斋、张静庐、钱育才、王汉良等商界人士50余人发表组织沪商协会宣言，指出沪上华商外受洋商之操纵，内受战争之影响，恐慌日甚，痛苦日深，苟非群相团结，不足以图挽救，而原有各马路商联会和总商会均以商铺为单位，且手续繁多，不能接纳普通商人，为此，特发起组织沪商协会，以便使中小商人团结于该协会之下，共谋商界同业之利益。这一商民协会，是响应孙中山召开“国民会议”号召的商人团体之一，具有明显服从、追随国民党的倾向。它后于4月24日、7月1日两次召开发起人会议，公举筹备委员，可令人费解的是筹备事宜却在进行中又突然中止。

直到1927年3月，北伐军已抵浙江，国民党党部发来指示，原为沪商协会发起人的王延松、邬志豪等加紧奔走起来，于3月20日召集各业代表200多人召开商民协会筹备大会，宣称宗旨是应时势需要，为商民谋幸福，解决商民一切困难。大会当场通过筹组事宜，并选举产生了由31位执行委员包括虞洽卿、袁履登、王晓籁、王延松等人组织的临时执委会。会后，发布了临时执委会的三个公告，一公告宣布上海商民协会临时执委会成立，该会为全上海商民谋福利的；二公告要求商民于国民革命军抵沪日3月21

日一律悬旗欢迎并休业一天；三公告该会暂假南京路 61 号为临时办公处，希望各商业团体推派代表，共策进行工作。①

而原也为沪商协会发起人的王汉良等人，见王延松、邬志豪等人将另起炉灶，也紧急策划重提沪商协会之事，并于 3 月 20 日当天，把沪商协会恢复组织宣言刊登于上海报端，称上年 5 月实因环境所迫即孙传芳的镇压而停顿，现国民革命军抵沪，应乘此大好时机恢复成立沪商协会。于是，在 3 月 27 日，由 200 余商界人士集会，推举王汉良、肖效仁、胡凤翔、章郁庵、汪醒斋、王晓籁、陈春盈、赵南公、张梅庵、陈际程、马润生、王汉强、林钧等 25 人任筹备委员，着手筹备沪商协会，起草章程草案和成立宣言，以及推王汉良、肖效仁、汪醒斋等为代表参与欢迎蒋介石。筹备办事地暂设于老城厢内侯家路。②

面对两个商民协会即将内讧的局面，已公开活动的国民党上海特别市党部考虑这两个商民协会确实都有国民党的关系，决定统一组织商民协会，并在两商民协会中选定王汉良、汪醒斋、章郁庵、陈芝寿、许云辉、王晓籁、陆文韶等 7 人筹商合组统一。4 月 8 日，商民协会和沪商协会假座总商会议事厅，召开两执委会合并会议，正式成立上海特别市商民协会。会议内容有：（1）会议主席王汉良报告两会遵照国民党市党部的意合并筹组经过；（2）会议选举产生 52 名临时执行委员，计有王汉良、王延松、王晓籁、邬志豪、陈勇三、王一亭、袁履登、沈田莘、霍守华、王彬彦、陈翊庭、虞洽卿、严谔声、赵南公、陈芝寿、张梅庵、汪醒斋、潘冬林、陈蔚文、张子廉、陆文韶、冼冠生、余华龙、钱龙章、章郁庵等人；（3）确定办事机构设总务、文牍、财政、交际、宣传、庶务、仲裁、组织等科；（4）议决市商民协会下设 10 个区分会，各业分会则按照规划的区域隶属于

① 上海市工商业联合会、复旦大学历史系编：《上海总商会组织史资料汇编》（下），上海古籍出版社 2004 年版，第 878 页。

② 上海市工商业联合会《上海工商社团志》编纂委员会编：《上海工商社团志》，上海社会科学院出版社 2001 年版，第 248 页。

各区分会，嗣后，组织科划定并由大会通过的10个区分别是闸北、南市、法租界、英租界、美租界、浦东、引翔、吴淞及江湾、新西区、真如区。① 这一上海特别市行政区划概念，也是和国民政府的区划一致的。

4月9日，上海各报刊登《上海特别市商民协会通告》，宣称该会已与沪商协会合并，定于4月11日起在上海总商会内办公，凡各区各业已经筹备商民协会分会者，请前往接洽。此后，按照这一通告，各区区分会和行业分会迅速建立起来，下表即为各分会名称、会所、常务委员名录及会员数②：

| 会名 | 地址 | 常务委员姓名 | 会员数 |
|---|---|---|---|
| 绸缎业分会 | 天津路福绥里70号 | 骆清华、张鸿荪、屠仲英 | 235人 |
| 药业分会 | 西藏路文元里495号 | 张梅庵、费慎斋、岑志良 | 80人 |
| 南货业分会 | 城内也是园浜崇义堂 | 胡监人、陈子翔、程东屏 | 227人 |
| 酱酒业分会 | 邑庙酒业分所 | 张大连、沈维亚、胡幼庵 | 326人 |
| 纸业分会 | 爱多亚路80号6楼 | 刘敏斋、曹显裕 | 105人 |
| 米业分会 | 福佑路丹凤街嘉谷堂 | 张念萱、陆文韶、史鸿勋 | 338人 |
| 布业分会 | 北泥城桥鸿祥里2136号 | 唐继宣、朱伯雄、陈宝德 | 141人 |
| 茶业分会 | 南市太平门内东街142号 | 杨尚廷、汪彩堂、翁约初 | 136人 |
| 衣业分会 | 南京路61号 | 郝海珊、金培庆、宋勉椿 | 164人 |
| 书业分会 | 三马路西藏路平乐里 | 丁云亭、陈协恭、张叔良 | 85人 |
| 煤炭业分会 | 四马路东合兴里129号 | 毛春圃、陆祺生、潘以三 | 306人 |
| 彩印业分会 | 白克路18号 | 陆凤竹、樊竞美、黄仲明 | 72人 |
| 铜铁机业分会 | 虹口华德路206号 | 赵孝林、钱锦华、吕时新 | 188人 |
| 水炉业分会 | 老北门穿心街 | 杭国治、陈文彬 | 507人 |
| 旧花业分会 | 共和路镇安里西4弄94号 | 巫濂毅 | 90人 |
| 理发业分会 | 斜桥同德里后 | 顾发泉、邱紫亭、潘镇山 | 55人 |

① 上海市工商业联合会《上海工商社团志》编纂委员会编：《上海工商社团志》，上海社会科学院出版社2001年版，第249页。

② 同上，第250—253页。

续表

| 会　　名 | 地　　址 | 常务委员姓名 | 会员数 |
|---|---|---|---|
| 丝光棉织业分会 | 爱多亚路瑞麟里 78 号 | 诸文绮、严光第、潘旭升 | 121 人 |
| 皮钉楦业分会 | 闸北新民路飞星里 324 号 | 张海记、董余卿、黄金桂 | 109 人 |
| 梳妆镜箱业分会 | 城内虹桥大白栅 | 陈恒龙、余德仁、解建德 | 239 人 |
| 花粉业分会 | 城内王医马弄 91 号 | 汪献廷、张厚生、张馥卿 | 77 人 |
| 牙骨器业分会 | 城内北张家弄 | 王守安、陈庆龙、汪绍荣 | 115 人 |
| 人力车业分会 | 小南门外复善堂街 11 号 | 王荣清 | 147 人 |
| 牛羊业分会 | 虹口密勒路慎安里 714 号 | 陈广海、张文鳌、陈九皋 | 112 人 |
| 广帮杂货业分会 | 天潼路联安里 44 号 | 陈道生 | 51 人 |
| 镌业分会 | 邑庙文昌阁 | 吴鹤松、范志恒 | 54 人 |
| 面馆业分会 | 小南门外大街 42 号 | 姚泉荣 | 69 人 |
| 履业分会 | 也是园后金家棋杆 | 黄正卿、孙长庆、周元敬 | 114 人 |
| 烛业分会 | 大南门内凝和路 | 童观文、厉宸卿、厉梅生 | 50 人 |
| 饭业分会 | 小南门内硝皮弄对面 | 周杏园、王升泉、吴文渊 | 69 人 |
| 笔墨业分会 | 城内王医马弄 91 号 | 汪衡远 | 74 人 |
| 裘业分会 | 城内曲尺湾 | 毛逢知、张松年、谢福昌 | 50 人 |
| 火腿业分会 | 北河南路富庆里 | 詹志良、阙儒卿 | 83 人 |
| 绣业分会 | 九江路陶朱里 182 号 | 杨涌润、刘国斋、熊凯南 | 50 人 |
| 板箱业分会 | 七浦路桃源坊 226 号 | 王竹林、陆海泉、钱金发 | 149 人 |
| 酱园业分会 | 法界茄辣路新福里 9 号 | 朱云生、宋星绥 | 200 人 |
| 鲜肠业分会 | 北浙江路华兴坊 9 弄 306 号 | 周凤鸣、谢万亨、潘灿斌 | 50 人 |
| 飞花棉业分会 | 自来水桥七浦路 | 鲍国梁、李厚椿、胡桂笙 | 116 人 |
| 洋装钉书业分会 | 闸北香山路两宜里 7 号 | 丁贵卿、楼维卿、石锺玉 | 54 人 |
| 熟货业分会 | 小东门中华路 67 号 | 周钜原、潘宗熙、朱祥赓 | 98 人 |
| 邑庙豫园分会 | 邑庙文昌殿 | 张筱堂、胡文翰、陈云吉 | 260 人 |
| 浦东分会 | 浦东澜泥渡大街 | 张载伯 | 377 人 |
| 水电业分会 | 南京路 61 号 3 楼 | 刘耕华、丁涤新、俞铭巽 | 54 人 |
| 书画笺扇业分会 | 邑庙豫园路 212 号 | 周五明、叶树泉、黄志浩 | 58 人 |

续表

| 会　名 | 地　址 | 常务委员姓名 | 会员数 |
|---|---|---|---|
| 藤器业分会 | 爱文义路戈登路口森标号 | 吴春泉、金春亭、沈根水 | 57人 |
| 茶食业分会 | 中华路迎勋路 | 朱永清、周荣昌、张兰亭 | 51人 |
| 吴淞分会 | 吴淞车站对面 | 程松龄 | 83人 |
| 七宝分会 | 七定东圣堂 | 李痪竹、冯葆生、李友贤 | 104人 |
| 江湾分会 | 江湾乡公所 | 沱宝贤、王雨荪、姚应魁 | 77人 |
| 木器业分会 | 小南门复善堂街三德里1号 | 郑朝锡、邵岩森、葛佐周 | 50人 |
| 参业分会 | 小东门咸瓜街 | 姚长卿、余仰周、凌芷霞 | 51人 |
| 咈洋漂印业分会 | 老北门西城脚平安坊64号 | 卢云通、谢凤祥、鲁玉堂 | 77人 |
| 阳伞业分会 | 北京路余荫里418号 | 王建勋、朱纯伯、倪国卿 | 80人 |
| 粢饭业分会 | 华兴路华兴坊240号 | 徐鸿山、瞿云山、瞿云标 | 145人 |
| 保险业分会 | 九江路384号 | 董仲章、陈也桥、张星辉 | 51人 |
| 香业分会 | 梅家弄一区党部 | — | 103人 |
| 铅印业分会 | 福州路太和坊内541号 | — | 51人 |
| 袜机业分会 | 小西门少年路63号 | 易长生、张桂岸、胡苏郎 | 73人 |
| 弹花业分会 | 闸北宝兴路公兴路 | — | 105人 |
| 鸭贩业分会 | 南市青龙桥妥澜里6号 | 蒋元清、宓倍大、沈键荣 | 153人 |
| 邮运业分会 | 浙江路洪德里483号 | — | 74人 |
| 粉面业分会 | 南市吾园路50号 | — | 74人 |
| 高桥分会 | 浦东高桥镇 | 孙荣德、孙晋康、吴履昌 | — |
| 鲜猪贩运业分会 | 陆家浜南仓街仁吉里5号 | 黄志扬、丁隆盛、单卓斋 | 75人 |
| 鸡贩业分会 | 闸北虬江路139号 | 王　桂、金文祥、沈裕生 | 72人 |
| 水果食物摊贩业分会 | 里马路会馆弄福兴路1弄3号 | 朱小宝、李金华、陈凤山 | 98人 |
| 五金杂货业摊贩分会 | 里马路会馆弄福兴路1弄3号 | 赵林森、祁金波、李光斗 | 77人 |
| 棉纱线业分会 | 法租界打铁浜得胜里3号 | — | 54人 |
| 成衣业分会 | 老大沽路马安里384号 | 姚君毅、孙　鼎、陈福祥 | 115人 |

续表

| 会　　名 | 地　　址 | 常务委员姓名 | 会员数 |
| --- | --- | --- | --- |
| 鲜肉业分会 | 闸北大统路安祥里4号 | 叶享显、沈　夔、范芝祥 | 53人 |
| 糕饼业分会 | 海宁路文昌里万金号 | 赵锡珊、张福元、蔡荣卿 | 53人 |
| 袜成染踏业分会 | 九亩地开明里68号 | 胡张基、吴福云、单梧生 | 53人 |
| 镜木业分会 | 闸北宝通路严家角565号 | 陈大裕、陈勤芳、张瑞松 | 73人 |
| 驳船业分会 | 画锦里西延康里343号 | — | — |
| 皮件业分会 | 广西路683号 | — | — |
| 旧货业分会 | 北浙江路华安坊294号 | — | — |
| 莱货铜业分会 | 小南门大街42号 | — | — |
| 铜锡业分会 | 小西门外利涉桥 | — | — |
| 报关业分会 | 四马路青云里60号 | — | — |
| 典质业分会 | 城内候家浜吴家弄7号 | — | — |
| 帽业分会 | 邑庙飞丹阁 | — | — |
| 砖灰业分会 | 老闸桥轮记砖灰行 | — | — |
| 先施、永安、新新特别分会 | 南京路永安公司五楼 | — | — |
| 闵行分会 | 闵行 | — | — |
| 曹家渡分会 | 曹家渡救火会 | — | — |
| 北新泾分会 | 北新保卫团 | — | — |
| 江桥分会 | 江桥 | — | — |
| 呢绒业分会 | 南京路民永里145号 | — | — |
| 报贩业分会 | 虬江路文孝坊 | — | — |
| 牛奶业分会 | 小南门大街42号 | — | — |
| 绍酒业分会 | 大东门内麦家弄朝南石库门 | — | — |
| 小猪贩运业分会 | 江湾第七区党部 | — | — |
| 唱机业分会 | 闸北宝通路严家角 | — | — |
| 菜摊业分会 | 闸北虬江路文孝坊15号 | — | — |

从以上商民协会的组织经过、宗旨以及所属成员来看，它是为了适应新形势需要而设立，仅代表一部分商会团体，总商会虽有会董、会员参与其中，但没有取代总商会的动机。所以与此同时，又有另一些商界人士和团体组织了上海市商业联合会。

1927年3月22日，上海县商会顾馨一、陆伯鸿、姚紫若，闸北商会王晓籁、王彬彦、范和笙，银行公会吴蕴斋、宋汉章、徐新六、钱新之、胡孟嘉、叶扶霄，钱业公会秦润卿、谢韬甫、胡熙生、楼恂如、严均安，交易所联合会虞洽卿、穆藕初、闻兰亭、孙铁卿，南北报关公所石芝坤，杂粮公会叶惠钧，纱厂联合会荣宗敬、徐静仁，纱业公所吴麟书、徐庆云，面粉公会孙景西、荣宗敬、王一亭，纸业公会冯少山、刘敏斋，金业公会徐补荪、蔡久生，粤侨商业联合会陈炳谦、黄式如、劳敬修，茶业会馆朱葆元，丝经同业公会沈田莘，振华堂余葆三、顾子槃，书业商会陆费伯鸿、李拔可，商船会馆李泳裳，通商各口转运公会尤森庭等19个团体代表举行联席会议，议决组成联合团体，拟定了章程，定团体的名称为上海商业联合会，以“互助精神，维护商业”为宗旨。

3月25日，上海商业联合会在《新闻报》上发布成立公告，表明：“为维护各行业安全起见，决定组织上海商业联合会，即日正式成立。自此以后，凡关于沪上商业有利害关系的一切事件，敝会当群策群力，共同进行。各商业团体，经会员介绍，均可照章加入作为会员。”会所通讯处设在香港路4号银行公会内。

3月24日至28日，上海商业联合会筹备会还召集会员会议，推选委员、常委及委员分工，选出主席为虞洽卿、王一亭、吴蕴斋；常务委员为王晓籁、穆藕初、秦润卿、叶惠钧、冯少山、荣宗敬、姚紫若、顾馨一、王彬彦、钱新之、徐补荪、陈炳谦、石芝坤、闻兰亭。下设总务、经济、交际、调查、外交等委员会，各委员会内都有主席或常委若干人负责。会议还议决，推定虞洽卿等25名委员代表本会专门与国民革命军总司令蒋介石接洽、沟通。

4月7日和11日，上海商业联合会主席就分别向蒋介石以及国民党上海临时政治分会呈请备案，4月13日，国民党上海临时政治分会复函："准予暂行备案，并由本会随时指导进行。"

随后，又有一批工商社团相继加入上海商业联合会，其中有中国棉业联合会、花业公所、运输公会、上海机器碾米公会、沪北经营米粮公会、沪北米业联合会、参业公会、华商织袜公会、银楼公会、绸业绪纶公所、酒行公会、中华水泥厂联合会、染织布厂公会、杭绸业钱江会馆、华商码头公会、电机丝织公会等数十家商会团体，一时可谓声势浩大。

上海商业联合会于成立当日，在上海各大报刊刊登了章程，其章程共为十五条，确定"以互助精神、维护商业为宗旨"，"会员以商业团体及代表商业团体之机关为限"，领导机构"取委员制，额定四十一人，就会员代表中推定"，下设"总务、交际、经济、调查四委员会，分理一切事务"，"会员会议公推一人为临时主席，委员会议设主席团，额定三人"等。商业联合会暂借香港路银行公会为会址。

从以上发起过程、人员、机构及章程等来看，商业联合会内有多名前总商会会长和重要会董参加，并出任主席、常委，一些重要人物如虞洽卿、王一亭、荣宗敬等也在商业联合会内任要职，其机构也参照总商会设专门委员会，但是从其章程来看，并没有取代总商会之意图。

商民协会和商业联合会在北伐军进抵上海时，几乎于相同时刻成立，这是很有意味的，也说明商界人士和团体已经面临着一个新时代。

# 第五章

# 南京国民政府成立和上海总商会结束

1927年上海特别市参事会王晓籁（右二）、王一亭（右三）、林康侯（右四）、冯少山（左四）、严谔声（左一）等合影

1928年9月9日，外交部外交讨论委员会成立纪念林康侯（前左二）、赵晋卿（前左七）代表上海总商会参加

# 一、上海总商会临时委员会成立及正式改选

## 1. 总商会的被“接收”

1927年4月18日，国民政府在南京成立。4月26日，国民党中央政治会议上海临时分会第八次会议决定派员接收上海总商会，并发布了3个命令，即《接收总商会之令知》、《训令委员克日接收》、《缉拿傅筱庵之通令》。3个命令认为总商会现任会长傅筱庵甘心附逆，依附反动军阀；现会董系由傅筱庵一手操纵舞弊，而非法选举产生，使傅氏兄弟叔侄当选会董的有3人，与傅氏有经营或下属关系者当选会董的有23人，占会董总数三分之二以上，足见傅氏包揽会务，此会董已不具合法性，因此令解散此届会董，并派钱新之、虞洽卿、冯少山、王一亭、潘宜之、郭泰祺、吴忠信暂时接收会务，办理改选和改组；并指出傅筱庵挟令营私，献媚军阀孙传芳，阻挠北伐，当严缉惩治，政治会议上海分会还训令招商局及通商银行免去傅筱庵的职务，训令上海临时法院以两周为限缉拿傅筱庵。

从这3条命令来看，还是未将总商会团体定性非法，只是限于傅及原拥傅的一些会董，前来接收会务的主要人员也都曾任总商会会长、会董。次日，总商会各会董遵命停阅例行公文，各部门办事员静待接收。

5月7日，奉令接收上海总商会的钱新之等在总商会议事厅召集会员临时紧急大会，到会员150余人。王一亭宣读了国民党上海政治分会接收总商会的训令，宣布组建总商会临时委员会，大会当即推举出临时委员35人，候补委员5人，原拥傅的会董被一概清除。会议上还通过决议，临时委员会任期不超过三个月，职责是接收会务，维持现状，办理正式改选会长、会董事宜。总商会因傅筱庵的附逆招致其被接收，对其以后恢复正常活动影响深远。

## 2. 临时委员会主持的总商会第九次改选

1927年5月7日，奉国民党中央政治会议上海临时分会第八次会议命令接收总商会，当场于会员大会上选举产生了40人的临时委员会，临时委员会由以下人员组成：

执行委员：冯少山、林康侯、穆藕初

常务委员：冯少山、赵晋卿、吴蕴斋、穆藕初、石芝坤、林康侯、陆凤竹，临时委员冯少山、霍守华、谭海秋、穆藕初、王晓籁、叶惠钧、胡熙生、诸文绮、陆凤竹、闻兰亭、沈田莘、吴蕴斋、赵晋卿、石芝坤、项松茂、沈燮臣、吴麟书、荣宗锦、顾馨一、孙景西、劳敬修、楼恂如、董杏生、林康侯、郭　标、刘鸿生、倪文卿、陶梅生、陈良玉、孙铁卿、严成德

这一名单中原为接收人员首席的钱新之却不在其中，后来从国民政府发布的委任令得知，他已被任命为南京政府财政部次长，主持部务。而当选后当即辞去临时委员的有王一亭、虞洽卿，他们也各有南京政府的委任，其他还有秦润卿、方椒伯、朱吟江、冯炳南、顾子槃、庄得之、胡孟嘉等原为会董的人，因各种因素没有当选临委会委员。这样一个局面，临时委员会便由冯少山实际主持，委员中也有不少曾任总商会会董的。

临时委员会按接收时会员紧急人会决议，只维持3个月就必须改选，但由于进入改选筹备后并不顺利，首先是会员、会友登记和职员清理等问题，就迁延不决一再延期。因而一直拖到1928年2月28日，总商会才登报申明：上海总商会本届第九次改选用分业选举法，选举61名执行委员。各行业入会会员凡满8名可选出1名执行委员，不满8名会员的行业，按照选举细则第一条第三项的规定，并入其他行业共同选举。对于候补执行委员的选举法也照此比例办理。

3月6日，总商会举行分业选举开票仪式，上海特别市市长特派俞鸿钧到场监督。开箱检票共得执行委员选票203张，候补执行委员选票202张。唱票揭晓当选的执行委员人数不足61人，有12个行业没有选出执行委员，须另行补选。3月13日，补选完毕。

4月12日，召开新一届执行委员会议，选举常务委员。4月14日，举行常务委员会议，选举主席委员。这样，选举出的1928年4月至1929年4月的领导机构如下：主席委员3人为冯少山、林康侯、赵晋卿，常务委员4人为陆凤竹、石芝坤、胡熙生、徐寄庼，执行委员61人为孙景西、裴云卿、顾棣三、穆藕初、王介安、陈翊庭、乐振葆、虞洽卿、黄楚九、闻兰亭、叶惠钧、赵南公、叶扶霄、袁履登、诸文绮、劳敬修、霍守华、邬志豪、顾馨一、谭海秋、严均安、俞子章、聂潞生、施省之、陈翊庭、顾子槃、沈燮臣、尤森庭等。

当年5月5日，总商会举行执委第一次会议修订《各股委员会组织大纲》(11条)，各股委员会的设置和职责是：(1)法制股委员会，研究商工业法规建议事项及撰拟本会应用各项规则；(2)设计股委员会，筹议商工业之安全及改进并图会务之发展及征求会员事项；(3)财政股委员会，整理本会各项收支使适合预算制度；(4)审计股委员会，审计本会预算、决算及收支款项；(5)调查股委员会，调查各种商业事项；(6)宣传股委员会，宣传本会主张表示商人公意及管理出版书报事项；(7)公证股委员会，证明各种商业事项；(8)交际股委员会，担任本会中外交际酬酢事项；(9)统计股委员会，考察国内外经济状况及编制统计表册事项；(10)商品陈列所委员会，监理所内各事并图其发展改良；(11)商业图书馆委员会，监理馆内各事并图其发展改良；(12)商业夜校委员会，监理校内各事并图其发展改良；(13)华商道契处委员会，监理处内各事并图其发展改良。大纲规定各股委员会委员人选由执行委员、会员或会外名人经执行委员会决定担任之，并互推主任一人。明确各股委员会议决事件须经过半数同意，并随时将议案录送常务委员会，并由常务委员会视该事件之性质，分别提交执行委员会议决及施行。①

这一新组织大纲使总商会机构进一步扩充，新设了法制、设计两股，并且将股和委员会双重设立，其机构人员情况如下：法制股委员会7人，负责人穆藕初；设计股委员会6人，负责人陈沧来；财政股委员会9人，负责人虞洽卿；审计股委员会7人，负责人闻兰亭；调查股委员会9人，负责人陈良玉；宣传股委员会7人，负责人赵南公；公证股委员会4人，负责人劳敬修；交际股委员会8人，负责人沈田莘；设计股委员会6人，负责人徐新六；商品陈列所委员会6人，负责人石芝坤；商业图书馆委员会9人，负责人陆费伯鸿；商业夜校委员会7人，负责人陆凤竹；华商道契处委员会7人，负责人陶梅生。

11月1日，第9次大会修订的《上海总商会暂行章程》经国民政府批准施行，内容包括总纲、会务、会员资格、会员权限、会员之入会与出会、委员会之组织、委员之职权及任期、办事员、选举、会议、会费、会计、附则等共13章47条。12月30日，总商会又鉴于国民政府将上海行政区划定为特别市，便向南京政府和上海特别市政府申报核准，正式改称上海特别市总商会，并于1929年1月1日启用新关防。

截至1928年3月总商会第9次大会召开，计有会员116人，会友417人，共533人。其中会员、会友按行业统计：银行业43人，钱业29人，轮船业24人，房地产业19人，纺织业15人，棉业10人，保险业13人，进出口业13人，五金业13人，丝茧业13人，药业16人，丝织业13人，矿业9人，颜料业10人，面粉业10人，茶业8人，煤业8人，卷烟业8人，交易所业15人，其他各业231人，共计520人。两统计比较相差13人，此13人因不在行业统计之内。

应该说，由临委会主持的第9次大会，尽管比原规定改选时间延迟了半年之久，然而改选还基本是成功的。从此，上海总商会在新选出的执委会领导下，又开始了正常工作。

① 上海市工商业联合会《上海工商社团志》编纂委员会编：《上海工商社团志》，上海社会科学院出版社2001年版，第224—226页。

## 二、总商会继续参与、开展各项爱国和商务活动

### 1. 参加发起对日本经济绝交

南京国民政府成立后，总商会面临的是国内外一系列复杂而棘手的事务。首先是日本通过施压，妄图使新政府继续屈服于它。1927 年 5 月 29 日，日军在中国北伐军继续向华北进军时，悍然出兵占领山东的胶济地区，制造借口以阻止国民政府统一中国，并侵犯中国的领土主权。对此，上海各界民众纷纷集会表示抗议，并组成由工、农、商、学、兵等 16 个团体参加的上海反对日本出兵来华运动委员会，决定于 6 月 12 日在南市、闸北、江湾三处，举行全市各界民众反对日本出兵来华市民示威运动大会。当天，近 60 万民众出席了三处大会，声讨日本的侵略行径，并提出抵制日货、与日经济绝交、取缔以日纱为大宗交易的上海纱布交易所、日本企业中国员工罢工、日轮中国海员罢工、政府与日本断交等办法来进行抵抗，总商会按照该委员会要求，组织商界人士出席了南市的市民示威大会，并有执委代表作大会发言。当日，南市大会提出对日抵制办法 4 条:（1）国民经济绝交;（2）国民停止合作，所有日企中国员工罢工;（3）海关对日封锁;（4）请政府与日断交。

为落实大会上民众的倡议，会后总商会又召集各行业会团集议，专门讨论了对日经济绝交的行动计划，议决各行业已购定的日货商品，于最短时间内直接向总商会登记。随后，通过商品陈列所举行公卖，并坚决杜绝再定购日货行为。

6 月 16 日，上海商界数十团体代表 500 多人，再一次在总商会议事厅聚集，召开对日经济绝交大会。大会通过发起组织上海民众对日经济绝交大同盟，并当场草拟大同盟组织章程，推定总商会临时常务执行委员冯少

山等 35 人为执行委员；还议决参照总商会办法，对各批发商号所存日货及存栈已付货款的日货，实行登记及公卖；银钱业也坚决不向日商放款、不买卖日产生金生银、不收用日钞、不代理日商号解款；大会还制订《惩办“奸民”条例》，坚决打击破坏对日经济绝交的汉奸分子。

由于国民党当时把主要精力放在反共上，在运动进入高潮的 7 月下旬，国民党上海特别市党部却发出通告，称“对日经济绝交”在原则上固应努力进行，“然若处置失当，而为惯使捣乱毒计之共产党所乘，则于吾人革命精神上反多一层障碍”，更指责对日经济绝交的各种办法是“谋乱后方，动摇大局”，“亦必严予制裁”，这一通告反使商界方兴未艾的对日经济绝交运动突然间中途停止。

然而，日军对蒋介石并未完全屈服的态度大为恼怒。1928 年 5 月 3 日，日军悍然制造了惨绝人寰的“济南惨案”，使中国同胞死 6123 人，伤 1700 余人，财产损失不计其数。更残忍的是日军将中国驻山东外交特派员蔡公时及随员 17 人绑去全部杀害，蔡竟被割去耳鼻，剜去舌眼。① 噩耗传来，在 5 月 5 日总商会执行委员会会议上，大会主席冯少山首先提出临时动议：“对日军在济南惨害中国官员和人民的事件，如何对策？”有执委主张致电日本商业团体及在野政党，指责田中内阁的侵华政策，以引起日本朝野一致反对，乃至引发倒阁；有执委提出坚决抵制日货，不仅通电各商会，还将已定的日货一概退还，将日侨驱逐。经当场议决，推定闻兰亭、赵南公、陈沧来、陈良玉、聂潞生、陆培之、裴云卿 7 人组成对日委员会执行抗议行动。随即，上海总商会发表对外宣言，评述、抗议日军的残暴罪行，要求日本商业团体及在野政党“奋起以涤此种太古原人时代行为之污点”，并致电南京外交部请严厉抗议；同时还致电各省商会请一致起来行动，为政府作后盾；更发出致华北军阀当局的函电，呼吁：“停息内争，集合全力，以御外侮，乘此释止干戈，召集国民会议，解决国是。”

---

① 张宪文主编：《中华民国史纲》，河南人民出版社 1985 年版，第 336 页。

与此同时，总商会还派出闻兰亭、聂潞生为代表，参加由上海 21 个团体组织的反日暴行委员会，参与制定了《对日经济绝交计划大纲》。5 月 24 日，总商会为落实这一对日经济绝交计划，“不再蹈前次覆辙”，专门召集县商会、闸北商会及各行业会员联席会议，再次宣传反日暴行主旨，征求落实办法，各行业代表约 50 人出席了会议，就所订计划大纲中规定对已定购日货的疏销，须征收 30% 作为救国基金，而对执行中困难提出的意见，最后议决请上海反日暴行委员会酌情考虑。

上海反日暴行委员会派出的检查员，在对商家进行检查日货时，有个别人员因行为不公正、不规范引发事端，招致商家不满，进而对抵货产生消极、抵制的情绪。总商会试图对这些检查人员行为进行规范，却感阻力重重。7 月初，抵货开展仅一个月，总商会就感觉抵货力度在逐步下降，对已定购的日货疏销，仅收到救国基金洋 709.52 元。这时，国民党淞沪警备司令部又发出布告，荒唐地声称：“据报共产党希图煽动，利用停课罢工，破坏秩序，应严密查拿究办，至外交问题，须静候中央解决。”这样，民众的反日积极性，就又遭到冷落打击。据报载，这是蒋介石下令要“忍辱负重”①。实际上，南京政府在山东兖州召开的军政会议已决定对日本采取妥协退让的政策。

## 2. 协助南京政府实现“关税自主”

1927 年 7 月 6 日，南京国民政府发布《关于重订新条约宣言》，其中就有关税自主的内容。23 日，它公告宣布关税自主，并定本年 9 月 1 日为实行裁撤厘金之日，并于当天正式开始实行，这当然受到国内民众包括商界人士的热烈拥护。废除不平等条约，是国民革命也是中国人民几十年前仆后继坚持斗争的目标之一。其中，关税管理权的行使和税则统一，仍然是悬而未决的难题。因为，“南京国府宣布关税自主时，并未与列强交涉，

① 刘绍唐：《民国大事日志》(第一册)，台湾传记文学出版社 1973 年版，第 393 页。

也未与武汉的国府取得共识，时人并未将之视为中国政府的政策，缺乏实质的意义。”①

所以，上海总商会对这一时刻的到来，除感兴奋之余，更意识到前途未卜。总商会内曾专门设有关税委员会，并聘请一批经济和法律专家就此进行过研究。因此，在8月11日会内发动组织会员讨论国定税则时，执委会要求会员就“帮助政府收回关税管理权”这一关键问题，畅所欲言，直陈高见。总商会在致各业会所函中还曾慷慨激昂痛诉：“80余年之久，金钱尽量地外流，经济尽量地恐慌，商业尽量地衰败，土货尽量地滞销，”“最不堪的是在我主权下的自己海关，因为用人、行政都为外人把持，就只有替外商争气的份儿，而未尝有替华商争气的份儿，故外货进出口，拼命使其利便，土货进出口，拼命加以留难，盗憎主人，欠假不归，亦固其所，但这些举动，愈使我经济状况陷于万劫不复的地位”，因此总商会疾呼“坚决不承认向来外人宰割下的洋关”，“不许任何个人或商店向洋关说话和纳税”，“并愿以血肉和生命来做主权的保障和政府的后盾”。此函对商民鼓舞很大，在讨论中也启迪甚多。

8月29日的执委常会上，总商会又推选出沈维挺、王介安、潘旭生、曹显裕、谢培德、黄播臣、朱静安、王鸿滨、邬志豪、陈翊庭、顾子槃等11位执委，专门负责主持、审理向政府建议有关关税管理权的问题，提议政府“在未收回前，（关税）估验处，用华人为主任”。

同时，总商会又协助南京政府进行新税则订定。南京政府随后宣布，规定凡进口货物均分为7类，按类别分别缴纳5%—30%的关税，陆关和海关税率一致，以昭公平。而各国与中国缔结关税条约后，又都可按条约各享最惠国待遇。②这一规定宣布后，1928年7月中国首与美国签订关税条约，继与比利时、意大利、英国、法国、日本等国相继签约。由于海关还

① 林美莉著：《西洋税制在近代中国的发展》，台湾“中央研究院”近代史所2005年版，第127页。

② 张宪文主编：《中华民国史纲》，河南人民出版社1985年版，第350页。

是由外国人执掌，外国人很大权力，所以真正的自主并未完全实现。

1929 年 1 月，国民政府制订的新税则颁布实行，确定进口货物除征收海关正税 5% 和附税 2.5% 外，另按货物种类分成 7 个等差，加课 2.5%—22.5% 的附加税，税负明显有所加重。当然，关税自主大幅增加了中国政府的财政收入，1928 年关税总收入为 17914 万元，1929 年就达 27554 万元，占财政收入总比例也从 41% 上升到 51%①，这和上海总商会多年的奋斗和努力是分不开的。

### 3. 协助北伐军饷等的募集和推销

1927 年 3 月 26 日，担任国民革命军北伐军总司令的蒋介石刚到达上海，虞洽卿就前去会见，就外交、财政等问题进行密谈，此后上海商界给予了蒋强有力的经济援助。3 月 31 日，上海银行公会垫借洋 200 万元，上海钱业公会垫借洋 100 万元，以供蒋介石暂充作军需。随即，由蒋介石、虞洽卿等人经协商组织设立的江苏兼上海财政委员会出台，与银、钱两公会订立了借款合同，以江海关二五附税作抵押进行借款。

4 月 12 日，南京财政部长宋子文声称前垫借之款已用完，请上海银、钱两业公会续借洋 300 万元，后于 4 月 25 日签订了借款合同，并声明此后不再向两公会加借。5 月中旬，国民党政府颁布发行短期债券，即"江海关二五附税国库券"3000 万元。这时，由虞洽卿和多名总商会会董、会员发起、参加的上海商业联合会认购 202.7 万元，上海各行业会所和企业认购 325 万元，加上江、浙两省及两淮盐商的认摊，基本完成筹款 3000 万元之数。

除此以外，北伐军下属各军也向上海商界筹款。8 月末，国民革命军第一路军总指挥白崇禧要求给养费 100 万元，中国、交通两银行承担 70 万元，银、钱两公会及商业联合会、总商会、县商会、闸北商会等合募 30 万

① 张宪文主编:《中华民国史纲》，河南人民出版社 1985 年版，第 352 页。

元，双方口头言明，以上海的房捐和禁烟款项作抵。

然至10月初，南京政府又发布“续发江海关二五附税国库券”通告，发行总额追加至4000万元，规定1000万元作整理短期借款用，3000万元充作军政费用，为了保证4000万元库券早日到位，南京一面请虞洽卿、王晓籁、秦润卿、谢韬甫、贝淞荪、胡孟嘉、徐寄庼、倪远甫、林康侯等上海商界知名人士担任劝募续发二五库券委员会委员，一面由宋子文与银行界商讨并要求，由几家有钞票发行权的中国、交通等银行，按各行钞票发行额的10%先行垫借。上海银行界和商界颇感负担沉重，压力巨大，一些有影响的头面人物如宋汉章、叶葵初也表示消极。上海总商会临时委员会出面承担了此次库券的劝募任务，冯少山、虞洽卿多次召集银、钱两公会及县商会、闸北商会、商总联会等联席会议，传达劝募委员会的要求，并函告各业“为使北伐统一早日底成”希踊跃募集。可是，由于蒋介石一再向商界筹款，商界实已承担乏力，至次年2月底仍有1000多万元未能销出，①因而“商民最后希望于国民政府者，未获达到相当程度，反受无穷隐痛，……失望太多，营业萧条，相率观望。如果政府能稍顾商民隐痛，或有办法”。这是蒋介石掌握政权之后，日益失去商界民心之始。南京政府当时急筹这样浩大的巨资，除满足北伐军继续向华北等地推进外，又以消灭共产党和红军为目标，另各路北伐军已成新军阀，都急于扩充实力和地盘，这就更扩大了战费开支。所以，这时二五债券的推销，商界和总商会都已失去了热情。

## 4. 向南京政府请愿裁兵、减税及裁厘

如此浩大的军饷，使商界已不堪重负，甚至远超出北洋军阀的搜刮。1928年8月6日，国民党中央二届五中全体会议在南京召开。当日，上海总商会召集有县商会、闸北商会、各行业会参加的联席会议，共有76位代

① 上海市工商业联合会《上海工商社团志》编纂委员会编：《上海工商社团志》，上海社会科学院出版社2001年版，第266页。

表出席，会议共商工商界组团赴南京请愿事宜。虞洽卿在会上发言：“组织请愿团，名为请愿，实为监督，盖革命军来沪时，商界曾竭力协助，苟事成而不顾商民痛苦，是违反革命意旨，商困已极，咸知而不敢直说”，“最苦呼吁无门，五中全会是一门，故应去呼”。这次会议主旨即通过请愿，要求国民政府以国民为主体，实行裁兵、轻税、自主等国策，为商业、实业的生存及发达扫除障碍。与会代表一致赞同虞洽卿的发言，认为“能言者必赢”，工商业“起死回生，即在此举”，会议议决，组织“商业请愿团”，代表由“各业推定 1 至 3 人，川资各业自备”，更重要的是“备好意见书”，并请曹慕管集众议起草请愿书。

自 8 月 9 日起，各业代表分头出发至南京总商会汇合。8 月 11 日，上海商业请愿团共 90 多人，会同南京总商会代表 10 多人，由虞洽卿带领同赴中央党部。虞向五中全会递交了请愿书，请愿提出 10 项要求，关于治本方面的有 3 项请求，即颁布约法、监督财政、永保安宁；关于治标方面的有 7 项请求，分别是裁减兵额、财政统一、整饬党纪、关税自主、免除杂税、劳资合作、恢复交通。随后，请愿团还获得派代表出席五中全会机会，则推虞洽卿、冯少山、林康侯、贝淞荪、聂潞生、穆藕初、胡熙生、王介安、王晓籁、邬志豪、杨健 11 人为代表出席发言，阐明请愿内容，工商界请愿团寄希望于政府“继往开来，树立百年大计，解决民众痛苦，增进国家幸福”，更实现孙中山“人尽其才、地尽其利、物尽其用、货畅其流”的良好民风。期间，蒋介石还特别关照宴请虞洽卿等请愿团成员。8 月 14 日，请愿代表返回上海。

几天后，上海总商会又接到国民政府秘书处来电，嘱派代表列席于 8 月 21 日举行的国府会议，以便就请愿各项要求提供咨询。经总商会、县商会、闸北商会协商，又推派虞洽卿、冯少山、王晓籁、叶惠钧 4 人再次赴南京出席会议。这次国府会议经上次请愿，上海商界得到了南京政府解决劳资纠纷、举办国家银行、整理国库、取消地方包捐制度、疏通商货等方面的承诺，国府会议还提议上海总商会在南京设立事务所，“俾便随时就商业问题咨询”。

上海总商会组织南京请愿团，出席国民党五中全会与国府会议时，所要求的重要一项是减轻税捐，这就是处理好与关税自主直接相连的裁厘问题。国民党经过北伐建立了南京政权，为顺应民情曾于7月23日宣布：于9月1日宣告关税自主同时，又为裁撤厘金之期。所以，对此又颁布了一系列的条例，如《裁撤国内通过税条例》《出厂税条例》《国定进口关税暂行条例》《奢侈品品目表》等，并在《国民政府布告》及财政部通令中明确规定：从9月1日起，将先就江苏、浙江、安徽、福建、广东、广西6省境内的厘金及与厘金性质相同的过境税实行裁撤。工商界对此议论大哗，尤其上海工商界疾呼“受害最甚”！因为照此实施“裁厘加税”，它的结果必然将使洋货进口不经这6省口岸以避免加税的约束，再从这6省之外口岸向6省之内转销获利，而本作为国内沿海经贸发达的6省，以及最大进出口商品集散地的上海，则会货流顿少。这不仅使六省商业萎缩，上海的贸易口岸地位也会降低，同时这6省关税锐减，政府必然又在其他处搜刮。此外，对上海商人更不公的是，上海及六省的商品远销六省以外，仍受厘卡盘剥，这就违背了裁厘加税的本意。

南京政府在一国之内，实行两种关税和厘金政策，无论如何都是不妥当的，也是违反经济规律的，甚至在执行上都难以操作，所以不独商界，其他界别人士也纷纷指责。上海总商会根据商界的意见，于8月发出《致国民政府财政部九月一日加税裁厘筹备不及请展期实施电》，同时虞洽卿直接向白崇禧进言，于是，国民政府宣布因“时局关系”而“暂缓裁厘加税”。①

1928年7月，经国民政府财经会议议决，又发布《裁厘通电》，规定自1928年9月至1929年6月，全国范围内厘金一律裁撤，以开征“特种消费税”来抵补裁厘缺口，划定为特种消费的商品含油类、茶类、纸、锡

① 《上海总商会月报》第7卷第10号，1927年8月31日。

箔、海味、木植、磁陶、牲畜、药材、漆、皮毛、大宗矿产、茧、丝、黄豆、棉花等 16 种，基本全系百姓的日常生活用品及其原料，并规定由各省财政特派员公署择地设局，征办特种消费税。此举也引起国内商界极大反响，纷纷请求上海总商会领衔通电反对，谴责这一变相继续征厘的做法。

总商会先会同县商会、闸北商会协商，拟具了一份关于“裁厘加税”的详细说帖，呈送南京财政部供采择施行。说帖肯定政府裁厘决心，但应使裁厘“足使商人得彻底之解放”，所以裁厘后的加税政策，不应成为工商界新的枷锁，它提出了进口税不能均一制、出厂税必须酌情减免、征收特种消费税应先征询商会意见等建议。此后，总商会又接连召开了一系列联席会议，连续发出《请迅赐通令全国裁撤厘金、产销、二五附税等税上国府电》、《请停办特种消费税呈（国民党）中央执行委员会及行政院文》、《请召集讨论消费税会议上财政部电》等，请求政府尊重工商团体的意见和权利，真正实现裁厘。1929 年 2 月 28 日，总商会公开发表了《反对特种消费税宣言》，宣布“国民政府财政部阳称裁撤厘金，阴行改办特种消费税，上海 80 余商业团体，……认此为恶税”，原“裁厘金、加关税，以保护我幼稚工商业，发展我国民经济”，现成“裁局部厘金，而改办普遍之特税”，“此种违反民意，压迫民族之恶税，吾人断然不能承认者也”。①

实际上，对于裁厘，因它涉及南京中央及各地方军政当局的利益，甚至是命根子，其阻力要比关税大得多。这种貌似裁厘，实为加税的做法，就是以“中央财政拨款协饷不足，蒋以嫡系压迫地方杂牌”等理由，各地方军政当局迫使南京政府实行的。实际上，国民党一面通过“打倒军阀”推动了国民革命兴起，而撤除厘金又是民众、商界拥护国民革命最基本的吁求，南京政府建立后一定要把它列入施政范围，作为对商界和民众拥护的回报；但另一方面，国民革命军发动北伐后，在它的旗号下又涌出更多的军队，军费开支成数倍增长，这时候的所谓“裁厘”，只能是朝三暮四，

① 《商业月报》第 9 卷第 2 号，1929 年 2 月 28 日。

或割肉补疮，甚至还大大超出商民以前的负担。这就是中国每一次“革命”后出现的“怪圈”。

这一时期，在总商会进行这类交涉时，虞洽卿在总商会及商界和蒋介石之间，还能充当“调停人”或“陈情代表”的角色，除他对蒋曾有过支持外，还有学者认为他确有特殊的“通天关系”。①

1931 年 1 月 1 日，南京政府宣布全国停止厘金。但在中国境内，许多地方军阀仍在设卡收厘或税，始终没有执行中央政府的政令，到抗战爆发仍未根绝，这就是中国商人和商会必须面临的国情。

## 5. 协助政府推行、建立新式会计制度

中国原有的中式会计制度，据研究创始于宋代，以所谓“四柱总清”即原管、新收、已支、见在四柱为体现账目的全部内容，历经元、明、清各个朝代近千年，在旧式商业中，它始终被沿用。当然，这首先是和中国的封建经济制度因循守旧、世代沿袭，商业方式变化不大一脉相承的。

中国近代城市开埠后，工商业和贸易日趋发展，传统中式会计制度，即含有私人色彩的“账房制”，虽还在大多数企业及社团中继续沿用，但已明显落后于经济和时势的发展，并且已赶不上或不敷企业管理的实际需要。经手人员在会计、账务实践中发现存在 4 方面明显不足和缺点：（1）账簿科目设置不科学，不能反映企业活动中经营发生的各种关系；（2）各项账目之间即便发现有错，由于账目设计欠缺、单一也不能纠正；（3）经营损益情况不能明白、准确地在账目中显示出来，更难以审核；（4）企业或社团的资产负债、状况及营业上的消长，不能即时或在一定期间内得以结清反映。这一传统簿记状况，对民国以后继续成长、发展的近现代工商业的管理和进步，已不能相适应，甚至阻碍了企业和经济的发展。尤其是随着股份制度的企业在中国出现，并日益成为企业发展的主流，引进科学的新

① 冯筱才著：《政商中国——虞洽卿与他的时代》，社会科学文献出版社 2013 年版，第 189 页。

式西方会计制度成为当务之急。

在从西方引进新式会计制度和会计教育过程中，自欧美留学归来的潘序伦等会计学家对此有很大建树，受到一些新型企业和商界年轻人的热情欢迎。新式会计制度的最大优势是依据国际现代企业发展实际和管理制度形成，符合中国新型工商业者加强与国际沟通的需要。1918 年，北京农商部颁布了中国第一部《会计师暂行章程》，给谢霖颁发了第一号会计师证书。这在国内引起很大关注，所以在此后出版的《上海总商会月报》上就不断有文章对此发表介绍、评论、建议，呼吁改良中式会计制度。

1924 年 5 月，上海总商会会董常会就此通过决议，在会内率先改革中式簿计，委托著名会计师徐永祚组织人员拟订新式会计制度组织大纲，后几经讨论，终逐步至善。从 1927 年 7 月开始，上海总商会实行新的会计制度，并以身作则地为各商会团体及工商企业提供示范。这一做法立即受到商界的欢迎和好评。

由上海总商会委托徐永祚代为设计的这一新式会计制度，共有 9 项内容：（1）规定会计年度以每年 7 月 1 日开始，至次年 6 月 30 日终止；（2）岁入岁出须编制预算、决算，先由会长、副会长会同会计会董共同议定，随后才提交会员大会表决；（3）每年度的收支决算书及财产目录，由会计会董及专职会计师分别进行查核后，才提交会员大会审议表决；（4）预算外大额开支，须经会董会议决及会员会通过；（5）账款进出须均有凭证，并由会长、副会长或附属机构主任签字；（6）限定会计处现金存放量为 100 元；（7）确定银元为记帐单位；（8）会计处编制收支月计表、财产月计表、收支预算差额表，送请主任及转送会长、副会长备核；（9）须提出房产、器具、图书等折旧准备金等。这一新式会计制度，基本完整反映了总商会经费来源和支出的全部情况，使最为人关注的“银钱来往”一目了然。

由此，新会计制度还明确了会计科目，计有：（1）收入项目，包括会费、捐款和各类收入；（2）支出项目，包括会议和各项活动支出费用；（3）资产项目，包括土地、房屋、器具和有价证券、现金等；（4）负债项目，包括公债、借款、未付款项和本年度结余金额数。新会计制度还确定了主要的簿记组织，有主要簿、辅助簿、表类、单据等组成。这样，总商会对自身的经济状况，便随时可查考，并清晰明了。这既有利于会团管理，也可减少舞弊的发生。

自1927年南京政府建立起，上海会计师公会就不断向南京政府呼吁和呈请，要求在全国实行统一的新式会计制度。上海总商会也多方协助，徐永祚将设计总商会会计制度的经验汇入著作《改良簿记概说》出版，影响更大。总商会停止活动后，上海会计师公会继续呈文，要求按照1930年全国工商会议决议案，尽快实行新式会计制度，终于1931年获南京实业部批准。①

上海总商会为建立、推行新式会计制度，多年宣传、介绍，并率先垂范，取得经验，以利推广，其贡献是应予肯定的。

## 6. 内外参政，提高商人、商界地位

1927年7月7日，南京国民政府正式宣布上海特别市成立，由黄郛任市长。但由于国民党内南京、武汉、上海三地的斗争，8月1日蒋介石突然宣布下野。黄郛的市长因属蒋的举荐，也一并辞职。9月，实际控制上海的桂系首领白崇禧，就任命他的参谋长张定璠为上海特别市市长。这时，上海总商会和商业联合会、县商会，闸北商会等联名致函市政府，强调上海地处要冲，市政建设尤为重要，市长一职“若由地方人士自为之谋，较诸官治或稍胜一筹，拟请于自治未完成之前，先就上海市长一职，由各法团推选物望素孚之地方领袖人士充任，以为发展民权之张本”②。随后，虞洽卿又亲自去南京在国民党要人间游说，南京政府正式批准按颁布的《上海特别市暂行条例》所规定，成立上海特别市参事会，由市长聘李平书、

① 《工商半月刊》第3卷第13号，1931年7月1日。

② 宋钻友著:《广东人在上海（1843—1949年）》，上海人民出版社2007年版，第417页。

虞洽卿、姚紫若、王一亭、赵晋卿、叶惠钧、顾馨一、冯少山、王延松、林康侯、王晓籁、管际安12位商界要人为市政府参事。

11月1日，上海特别市市长张定璠举行就职礼，同时宣告参事会成立。李平书在已久病不克出席情况下被选举为主席。① 参事会聘严谔声为书记。不久李于12月13日病故，继推王一亭为主席。参事会订有《协事细则》，设通信会商处于上海总商会内。但不到一年，1928年8月3日，根据国民政府组织法的规定，上海特别市参议会成立，参事会就宣告结束。原市长所聘的商界参事，也都担任了参议。由上海商界人士为主的参事会，在上海建特别市初期为市政建设贡献了若干建议。

上海总商会在内外参政活动中，主要精力还是放在租界方面，因租界已客观上是上海中心城区。实现华人租界参政，也是总商会多年奋斗的目标。1927年12月1日，工部局总董费信惇致函新任租界纳税华人会主席虞洽卿，要求在"敝局仍无华董襄助"的情况下，"能否获一特别顾问委员会之服务，以便襄助敝局，办理关于1928年度之预算事宜，该项委员会应由自身对界内有利益关系之相当合资者之五位任之，以便敝局经济上较大之问题，贡献高见"。经租界纳税华人会执行委员会讨论，决定委派贝淞荪、李馥荪、秦润卿、袁履登、徐庆云、何德奎、黄明道7人，组成审查工部局经济委员会，协助租界工部局做1928年的预算计划。

由虞洽卿主持下的纳税华人会，为加快华董问题的解决，坚持要求华董席数应以捐税为比例产生，并就此与工部局多次磋商，上海总商会会同商总联也从旁进行敦促和协调，终于与工部局达成谅解备忘录，同意工部局华董为3席，另外在各委员会中增加6席华人委员，其职权、待遇与其他董事、委员一律。

1928年4月10日，租界华人纳税会在上海总商会议事厅举行华董、华委选举人会。通过选举，贝淞荪、袁履登、赵晋卿3人当选为首届华董，

---

① 冯绍霆著：《李平书传》，上海书店出版社2014年版，第309页。

林康侯、李馥荪、秦润卿、陈霆锐、钱龙章、徐新六 6 人当选为首届华委。4 月 19 日，3 位华董正式到工部局就职，总商会及银行公会、钱业公会、商总联、纳税华人会等 5 团体事前通告公共租界各商店，于华董就职日悬中国国旗一天，表示市民的衷心祝愿。纳税华人会还发表宣言，称上海租界纳税华人参与市政活动是为开端，更求将来之进步。

1929 年 4 月 10 日，第二届华董、华委经纳税华人会代表大会选出，3 名华董是袁履登、徐新六、虞洽卿；6 名华委是林康侯、钱龙章、陈霆锐、李馥荪、秦润卿、贝淞荪。

南京国民政府成立后，上海总商会在内外参政活动中，十分活跃，且具重要地位。它不仅是市参事会、参议会的发起团体，在正式选出的租界华董、华委中，其也几乎拥有绝大部分席位。

## 7. 正式加入国际商会，扩大国际交往

国际商会于 1920 年在法国巴黎成立，其宗旨为：（1）由国际财政、工业、交通、商务等各业经济界代表所组成；（2）规定仅发表与国际商业有关系的意见；（3）致力于改善、解决国际间商业状况和经济矛盾；（4）增进各国商人及商业团体的交往及谅解。国际商会会员分甲、乙两种，甲种系团体会员，以各国财政、工业、商业团体为吸收对象；乙种系个人会员，凡从事商业的个人或公司，皆可申请加入。至 1929 年，已有 45 个国家的 1000 多个经济团体、商人或公司陆续加入，并先后于 1920 年、1921 年、1923 年、1925 年在巴黎、伦敦、罗马、布鲁塞尔召开了 4 次代表大会。

上海总商会早就获得国际商会的有关信息，曾于 1925 年、1927 年两次会董常会上提及这一问题，因须与北京外交部交涉，以致一再延误。1928 年，上海总商会经与南京外交部、全国商会联合会协商，于 1929 年 4 月在全国商会联合会常务会议上表决通过了《国际商会中国委员会组织章程》，并呈工商部备案。《章程》规定以中华全国商会联合会名义参加国际商会，并组织国际商会中国委员会，主持办理国际商会在中国的一切事宜。

工商部遂颁给关防一枚。首届主席由全国商会联合会主席、上海特别市总商会执行委员冯少山担任，任期为2年。并以上海白克路（凤阳路）丙18号全国商会联合会总事务所，为国际商会中国委员会的办公地点。

4月13日，轮值国际商会会长的意大利人皮来利致函冯少山，表示国际商会欢迎中国代表并接纳中国商会为会员。5月，经全国商会联合会、上海总商会及其他工商社团反复酝酿，推定陈光甫、夏奇峰、梁龙、郭秉文、寿景伟、王世鼐、张祥麟、史悠明、张嘉璈、朱吟江、俞大维、赵铁章、张悦联等为出席国际商会第五次代表大会代表，张嘉璈为代表团主席，陈光甫、朱吟江为副主席。5月24日，代表团由上海出发，于6月上旬途经西伯利亚到达巴黎，并商定柏林为代表的聚集地，以整理、起草给大会的发言及商讨事宜。

7月1日、2日，国际商会第五次代表大会大会报告书起草委员会，先期在总部巴黎召开预备会，中国代表也应邀参加。这次会议的主要内容有两项，其一是关于中国经济问题的报告书。各国商会代表及中国代表都根据自己的调查发表了意见，各国商会代表的意见与中国实际情况因各种原因不符，甚至完全不符，中国代表依据事实，一一例证进行补充或驳斥。最终定稿的《关于中国经济问题》报告书，已较多采纳了中国代表的意见，该报告书包括经济现状、政府计划等内容。其二是关于在中国的治外法权、不平等条约的废除与否的问题。上海总商会曾代表上海全市商人及全国商界致电国际商会，希望国际商会第五次大会“注意于中国之革新运动，深感友谊。欲世界经济安稳繁荣，必先求中国和平进步，欲中国和平进步，必先从废除损害中国主权之领事裁判权入手，诸公负改造世界经济之宏愿，对于中国此项合理的要求，深望其为同情的援助”①。

在这次起草委员会上，中国代表要求将废除不平等条约及治外法权的主张写入报告书，英、美、法、日等国代表根据他们各驻沪商会的要求，

① 《国际商会会议志闻》,《申报》1929年7月7日、8日。

表示反对取消治外法权，并将反对意见书在会场上散发。中国代表当即提出，国际商会是以交换意见、提倡合作为宗旨的场所，以示公平，中国代表要求废除不平等条约和治外法权的意见书，也可同时在大会散发。经过一番争执，国际商会决定收回英、美、法、日4国商会意见书，同意将中国代表提出的关于废除不平等条约和治外法权的各项理由详载于报告书中。在这次会上，还有其他的一些干涉中国内政的意见书，经中国代表严正指责，均未能得逞。

巴黎会议后，中国代表团抵达荷兰的阿姆斯特丹，大会预备会于7月6日至7日在这里举行。6日，中国代表寿景伟作关于中国财政的发言，张祥麟作关于中国农业的发言，王世鼐作关于中国工商的发言，史悠明作关于中国交通运输的发言，郭秉文作关于中国法律的发言。国际商会主席归纳中国问题为三个方面：关于撤废治外法权；关于与国际间的经济合作；关于财政、工商、交通等具体的经济建设。中国代表表明，国际商会对中国废除治外法权一项，不在于提出声明，而在于一致主张正义，竭力督促各国政府，限期放弃此种特权，以维护中国主权的完整。国际间的经济合作，必须以尊重和无损主权为前提。会场上赞成与反对中国发言各分一方，对所持理由，竞相争辩，会议气氛陷入激烈。大会主席只得提议休会，于次日再进行讨论。

7日上午，在大会开始前，国际商会主席与中国代表团主席张嘉璈进行了单独会晤。国际商会主席表明尊重中国代表的主张，并邀张嘉璈为大会副主席。当日，就各国代表关于中国经济问题的质询，分别由中国代表给予了说明，张嘉璈还以《中国财政经济思想之变迁》为题发表了演说，表明中国政府及中国人民不愿为各国的“财政援助”所约束，而希望和欢迎以平等待遇的原则进行各种交往，中国政府为此正着手制定政策和办法。朱吟江在大会上也介绍了中国商会组织的发展和现状。①

7月10日至13日，国际商会第五次代表大会正式召开。各国商界和政

---

① 朱英：《近代中国商会加入国际商会的历程与表现》，《光明日报》2005年6月14日。

府代表1300多人出席了大会，中国代表张嘉璈、张祥麟、夏奇峰、郭秉文及别国代表又分别就中国经济问题发表了演说。与之前观点一致，中国代表依然竭力坚持中国政府和人民对撤废治外法权、不平等条约的立场，并就撤废以后对外侨合法权利的切实保障作了说明。大会经修正并通过的40件议案中，就有中国加入国际商会、中国经济问题等两件议案。通过国际商会大会，中国要求废除治外法权和不平等条约的呼声，被国际上更多主持正义的人士和力量所知道。

上海总商会为中国商会参加国际商会，并为中国商会在大会期间取得成功所作的努力和贡献是显而易见的。

## 8. 各项商务、文教活动的继续展开

上海总商会经过“接收”和改选，原会中的下属机构，在清除“拥傅派”人员并进行调整、充实后，各项商务、文教活动在新选出的执委会领导下，继续得以正常开展，冯少山等执委主席、常委对各自分工的专门委员会也很尽心尽职。1928年7月，出任南京政府工商部长的孔祥熙，发起工商部中华国货展览会，并决定在上海举行。他所聘的52位筹备委员，大部分是上海总商会执委和会员，展览会址虽定在南市新普育堂，但总商会和下属商品陈列所却做了大量工作。

首先是上海参展展品的组织。全国23省市共报送展品达13271件，而上海一地就报送展品为3798件，占四分之一多。另26个大企业专门展厅，上海就有南洋烟草、申新纺织、商务印务、中华书局、先施、永安、新新等10多家公司在内。展览会于当年11月1日开始展出，期间对展品组织评奖，共评出特等、优等、一等、二等各奖项2182个，其中上海所选送展品很多都获各等奖项。

举办此次国货展览会，国民政府及孔祥熙本人的主要动机是宣示其“奖掖工商”政策，但当年对推动爱用国货、振兴实业运动确实厥功甚伟，影响至广。在此期间，总商会不仅帮助工商部“征集全国出品，分类陈列，

倡导国货”，还由商品陈列所与其合作举办了夏秋用品国货展览会，会场就设在陈列所的一、二楼，定展期两周，共计参观人数达25430人，平均每天在2000人以上。①，同时，上海总商会还参与和支持了南京内政部在总商会议事厅举行的全国国货会议，到会的有各省市商会和政府有关人员，由政府出面召集全国性的国货会议，这在商界也引为大事。

对于后来被人称为“真正发挥了作用的国货工业团体”上海机制国货工厂联合会，它由当时国货运动中声名鹊起的三友实业社、五洲药厂、天厨味精厂等发起，发起人项松茂、沈九成、张逸云等都是总商会会董或会员，初有72名会员工厂，后发展到300余家。宗旨为：发展民族工业，抵抗外国经济侵略。组织特点为：（1）以工厂为会员单位，不吸收个人会员；（2）保持国货团体独立性和纯洁性；（3）采常委会制，不设会长；（4）经费靠会员会费，不要津贴；（5）会员工厂不分大小，均一厂一权。会的工作范围，包括代办会员厂商标注册和登记、发展国货贸易、协助工厂改进管理和技术、证明国货产品、申请技术专利保护、与政府协商捐税等等。会还办有《机联会刊》等刊物，总商会对它的活动多有支持。

然而，上海总商会的代办华商道契业务却遇到了新的情况。1927年5月，临委会二次会议推谭海秋、闻兰亭等负责该项业务，7月22日，上海公共租界纳税华人大会就作出决议，请求国民党中央党部、国民政府、国民革命军总司令通令取缔华人产业及商号向外国领署、律师、洋行及香港英政府挂号注册的行为，改向中国政府部门正式注册，以避免捐税外流。8月1日，蒋介石亲自复函王正廷、冯少山，指责“此种助长帝国主义者之威风，颓落大中华民国之国体，应请中央党部、国民政府、国民革命军总司令即日取消此项辱国事件，向中国官厅正式注册，否则，一经查出，科以勾结帝国主义之罪”②。纳税华人会决议表示赞同，并批交外交部和财政

① 潘君祥主编：《中国近代国货运动》，中国文史出版社1996年版，第401页。

② 上海市工商业联合会、复旦大学历史系编：《上海总商会组织史资料汇编》（下），上海古籍出版社2004年版，第745页。

部核办。

9月下旬，上海特别市长张定璠致函租界纳税华人会及各商业团体，希望劝告所属会员，凡有产业、商号向外商机关挂号注册者，应迅即改向中国官厅挂号注册。9月27日，总商会也同时向银行、钱庄及入会的各业团体致函，要求华商地产撤销在外机关注册，改向中国官厅注册。这样，由于所有土地注册权都归政府土地局机关，原总商会代办华商道契也应自行停止。

1928年10月，上海特别市政府致函总商会，要求停止办理华商道契。总商会于10月9日召开执委会讨论，认为政府应先取消洋契，然后再取消华契，不然“一面任其存在，一面必欲停止，岂不助纣为虐矣”，并决议就此事先与土地局接洽。实际上，1928年后华商道契委员会虽又改推董杏生、刘鸿生等执委负责，而业务已基本停顿，一直处于与土地局的交涉中。1930年11月，华商与洋商的置地事宜一律由上海特别市政府土地局接办。

总商会的商业补习夜校、图书馆和《总商会月报》，在形势变动下也各有变化。尤其是补习夜校，教学日趋正规化，教学质量大有提高，但青年店员求学人数日增，校舍难以满足。这样，总商会夜校和马路商会夜校就采取学生互相调剂的办法，以解决学生容量的难题。马路商会夜校比总商会夜校开办略早，总商会副会长方椒伯也是该校的创建人之一。1920年3月，刚成立的南京路马路商会念“各商店职员及学徒颇多失学者”，便由会长王才运募捐3000元，与任东陆银行经理的方椒伯商量，以捐款“允代承储，利息格外优厚，校中需用，可随时支取”，租下新世界西福源里一幢三层洋房开办夜校，由副会长余华龙管校务兼教员，另聘正规教师执教，以高小到初中程度为限，学生为200人。后又搬到白克路上海公学处。两校生源调剂，即可满足更多学生求学愿望。

商业图书馆在这一二年间也发展很快，仅中西图书增加数就达32490册，中西文杂志、报纸总数也达225种，日报有25种。尤可观的是全年阅览人数达到38706人，还发出阅览证2002张，多数为各行业会所会员，其中银行、交通、书报、商业和化工几会所最多，都在百人以上。领证人也不全是资方，包括行业内的技术、管理人员。另外就是还对学界开放，学界领证数达到652人，这说明它已有公共图书馆的功能。而且已经实行全年开放，1929年除房屋维修、馆内整顿闭馆25天，加上每周一休息，共开馆283天。图书增加来源因经费受限制，自购很少，主要依靠捐赠和寄存，中华、泰东、医药等书局和中国经济学社等学术团体长年捐赠新书；总商会也用所发行《商业月报》和各报刊、书局、机关交换，交换数达59份。另就是工商业家中藏书人寄存和捐献，1929年上海奚氏家族一次就寄存各类图书包括线装古籍等30203册，极大丰富了馆藏。①

《总商会月报》自创刊到1927年末，虽版面内容和经营、广告等颇多进步，也深为商界人士欢迎，但其影响和发行量总难再有突破。1928年1月总商会临委会上，临委会常委林康侯提议，为推广销路，使人皆知并非仅是总商会会务刊，应更改刊名。此议得到闻兰亭、赵晋卿和穆藕初等赞同，经决议改名为《商业月报》。随即在《申报》等报刊登《本报更名启事》，称："内容益求充实，印刷益求精良，而现实国内外财政经济、商用法制、银行金融、农工商、会计、统计等各重要问题尤特加研究，以求解决方法。"②《商业月报》出刊后，栏目内容和文章风格等都有改观，发行量略有上升，对总商会和商界这一阶段的活动，更注意从大局上配合宣传、阐发，至今还是一份研究商会活动的重要资料。

## 9. 继续与各商会团体保持协调、合作

1927年4月26日，国民党中央政治委员会上海分会宣布3个命令并派员接收上海总商会时，上海县商会正筹备第14次选举，对总商会被"接收"和傅筱庵受通缉，除表态拥护外，已为接收委员、又任县商会会董的王一亭

---

① 上海市工商业联合会、复旦大学历史系编：《上海总商会组织史资料汇编》(下)，上海古籍出版社2004年版，第772页。

② 《商业月报》第8卷第1号，1928年1月。

和会董朱吟江，仍向上海政治分会为傅说情，遭到申斥。5 月 27 日，县商会正式改选，上海县县长邵树华到场监选。王一亭、姚紫若、顾馨一、朱吟江、姚慕莲、方椒伯、王伯埙、马骥良、毛子坚、陈良玉、姚伯棠、朱子谦、李英石、奚赓虞等 21 人当选为新会董。王一亭得票最高为 85 票，但此日新会董互选正、副会长，由顾馨一、朱吟江连任。此后，上海总商会经临委会改选出新的执委会，在为蒋介石筹募军饷、发起反日经济绝交、参与关税自主请愿、呼吁政府裁兵减税等活动中，县商会都是总商会的追随者和合作者。

1927 年 6 月，县商会按照南京政府工商部的规定，依据总商会的前例，改组成委员制。1928 年 2 月 17 日，县商会召开春季会员大会，由正、副会长顾馨一、朱吟江通报南京各省商会联合会事务所要求各商会自行改组的通知函，大会商议了改组章程草案，通过改组后的委员会人数增至 26 人，常务委员额定 5 人，各行业增加 1 名代表为会员。3 月 29 日，将改组章程草案呈请国民政府工商部、上海特别市市政府、江苏省政府暨民政厅、建设厅等备案。7 月又分别致函各业代表，仍照前例用通函普选的办法选举执行委员，定于 7 月 18 日至 7 月 25 日到县商会投票，进行第 15 次选举。

1928 年 7 月 25 日，上海特别市政府农工商局和上海县政府分别派代表到会监选。当众开匦检票，检得有效票数 122 张。姚紫若、顾馨一、王一亭、叶惠钧、朱吟江、姚慕莲、陆伯鸿、方椒伯、闻兰亭、陈良玉、莫子经、虞洽卿、毛子坚、李泳裳、姚伯棠、叶鸿英、瞿鹤鸣、李英石、朱子谦等 25 人当选为执行委员，姚紫若得 119 票为最高。

8 月 11 日，新当选执行委员开会选举常务委员，上海特别市社会局和上海县政府继续分别派代表到场监选。姚紫若、顾馨一、朱吟江、王一亭、方椒伯 5 人当选为常务委员。11 月 16 日，举行新执行委员和老会董的交接仪式。

新上海县商会改选产生后，对会务遵循南京政府的有关规定办理。1928 年制订、公布了《上海县商会改组章程》，进一步明确其会务有：（1）促进商业教育，纠正及改良商业行为；（2）于商业上有改进必要时得建议于行政官厅；（3）商民关于商行有正当之请求得代诉于行政官厅；（4）关于市面恐慌等事有维持及请求地方行政长官维持之责；（5）成立商事公断处，调解会员商业上之纠纷，或行政官厅及司法机关委托公断之商事争议；（6）关于商业事项，须答复行政长官及其他团体或个人之调查与咨询，但对于个人或非法人团体除会员外，得置不答复；（7）行政长官或其他团体或个人所委托商业上之事项，必须调查证明予以办理，惟对于个人或非法定团体除会员外，得置不理；（8）筹议商业上应兴应革事项；（9）提倡国货及设立商品陈列所。这一改组章程，使县商会的会务活动方向更加明确。据记载，改组当年有会员 162 人，分别代表着全县 72 个行业和 22 家企业。其后它也继续参加了上海总商会发起的各种活动。

但不到半年，1929 年 1 月 19 日，上海县商会就接奉上海特别市市政府训令："饬将该商会名称应行改定为上海特别市沪南商会。"经执委会议决，并将奉令改定名称之意义，当众讨论良久，后遵令于 2 月 1 日起将县商会改为上海特别市沪南商会，并向社会局遵章登记，以符法令。①

然而，仅 3 个多月后的 5 月 25 日，沪南商会又与上海总商会一同，被国民党中央常委会委派的上海特别市商人团体整理委员会接收，从此结束了它的历史使命。

比上海县商会历史短暂许多的闸北商会，这一时期情形几乎是一样的。1927 年 4 月 7 日，闸北商会终于正式召开第一次会董会议，通过议案 4 项：（1）暂时维持会董制现状；（2）设立总务、会计、文书、调查、交际、庶务 6 科，各会董分科负责办事；（3）推选 6 位名誉会董，沈联芳、徐乾麟、尹村夫、徐春荣、张玉墀当选，另一名额暂作保留；（4）按照《商会法》从速成立商事公断处。9 月 26 日，闸北商会商事公断处正式成立，由会员大会投票选出 15 名评议员、5 名调查员，开始此项工作。

---

① 上海市工商业联合会、复旦大学历史系编：《上海总商会组织史资料汇编》（下），上海古籍出版社 2004 年版，第 857 页。

在以上选举过程中，闸北商会将正式成立选举的情况都呈文报告南京政府工商部、江苏省、上海市两级政府，以至国民革命军蒋介石总司令处备案，并且致函通告本埠各官所及各团体机关。

1928年1月29日，闸北商会召开新年会员团拜大会，出席者有会员等100余人，会议主席王晓籁向到会者说明依照全国商会联合会议决案，应自行改组为委员制，会议随即通过成立改组委员会，由11位委员组成。经会长提名并付诸表决，陶子敢、余锡品、范和笙、徐春棠、周麟峰、萧哲明、黄锦帆、郑缄三、王锦文、陈翊庭、李广珍当选。4月13日，闸北商会改组委员会会议议决由陶子敢、范和笙、张一尘、孙启英、李广珍、王锦文、张秉鑫7人担任改组起草委员，力争一周完成改组起草的文件，并提交下届会董会通过，然后召集全体会员大会公决。会议还议决，选举法采用分行业连选制，上一年缴会费者才能享有选举权。5月18日召开了会员大会，议决通过依照全国商联会关于各商会改组的大纲，以现任会董为执行委员，名誉会董为监察委员。

5月25日，闸北商会举行执行委员就职典礼，上海市长代表、市农工商局局长潘公展、上海县县长江眉仲、宝山县长代表、上海总商会代表出席。执行委员投票互选出王晓籁、王彬彦、范和笙、陈炳谦、陈翊庭、顾竹轩、陆端甫7人担任执委会常务委员。7名常务委员又互选出王晓籁、王彬彦、范和笙3人任主席委员，并选出王晓籁为主席。

6月1日，全体委员宣誓就职办公。当天举行第一次执行委员会会议。作出两项议决：(1)公推范和笙、陶子敢、蒋石稚、刘淦泉、徐颂仁担任修订该会办事细则的起草委员，修订完稿后提交法制股审查，再付执委会通过；(2)闸北商会办公机构下设7股，即法制股、设计股、财政股、审计股、交际股、公证股、调查股，并确定了执委分工。①

① 上海市工商业联合会《上海工商社团志》编纂委员会编：《上海工商社团志》，上海社会科学院出版社2001年版，第241—242页。

1929年1月21日，经执委会常会议决，遵照上海特别市政府令，本商会定名为上海特别市闸北商会，并呈报南京工商部请颁钤记，同时呈请市府备案。同年5月，它也与上海总商会、沪南商会等商会团体一样，被市商整会一并接收，闸北商会从正式成立到被接收，仅存在两年有余。在这两年中，它和总商会等共同发起和参与了反日爱国、维护商界利益等活动。

上海各路商界总联合会即商总联，在五卅期间曾和总商会有相当分歧。南京国民政府成立后，它作为由基层马路商会联合组成的团体，则向总商会等商会团体靠拢，考虑比较多的是维护商界的利益。1927年5月16日，商总联遵照《国民政府团体组织通例》进行改组，改会长制为委员制，原有的各路议董改为执行委员，并选举产生了18名临时常务委员，有余华龙、张子廉、钱龙章、邬志豪、王汉良、张贤芳、陈勇三、陈翊庭、王延松、潘冬林等人。5月20日，商总联向国民党政治会议上海分会呈请备案，于7月上旬获得国民党市党部的批准，并"饬令该会各分会迅即改组成立"。7月13日，商总联执委会公推许云辉、张贤芳、俞铭巽为组委常委，专门负责各马路商联会改组为分会的工作，执委会议还通过《组织大纲》（7条），内容有：（1）已成立联合会必须于8月15日以前改组；（2）未成立的马路商界由总会派员帮助组织，于8月30日以前成立；（3）组织未完备联合会由总会派员于8月20日以前指导改组；（4）不受本总会指导的联合会须呈请市党部解散；（5）各分会会员须补填志愿书一份、入会表二份，一份存分会，一份存总会；（6）各分会改组后召开成立大会时，须由总会派员指导；（7）改组成立大会前，将会员册籍送交总会存查，并领取图章，以示统一。

1927年12月28日，商总联举行第8届选举大会，当选监察委员的有邬志豪、王汉良、袁履登、钱龙章、成燮春；当选常务委员的有胡凤翔、张贤芳、邱嘉梁、俞铭巽、刘仲英、张一尘、许云辉、屠开征、汪维英、王肇成、张子廉、陶乐勤、陆祺生、朱保罗、曹志功、余仰圣。

商总联下设秘书部、财政部、组织部、调解部、调查部、卫生部、教育部、宣传部，各部由常委分工负责日常事务。

1928 年 12 月 6 日，商总联进行了第九届改选。当选监委的有邬志豪、袁履登、成燮春、王汉良、沈田莘、张子廉、吴亮生等 7 人；当选常委的有张一尘、钱龙章、胡凤翔、许云辉、陶乐勤、邱嘉梁、张横海、屠开征、朱保罗等 9 人；执委会由俞铭巽、周肇成、张宝善、周辅华、虞仲咸、陈翊庭、鲁廷建、余仰圣、余玉卿、陈蔚文、乐树滋、林仰文、潘乐三、范更新、王成栋、王屏南、张庆发、张开增、李晴帆、汪维英、陈其芬、吴仲裔等 21 人组成。执委下设秘书部、财政部、组织部、宣传部、调查部、调解部、卫生部、教育部等各职，由常委、执委分工负责。①

这一期间，商总联基本和总商会采取了合作态度，涉及商界的重大活动都由总商会、县商会、闸北商会和商总联领衔发起或组织，它作为有别于全市性和市内区域性而由马路这一有街区性质组织的商会联合体，也在上海商界获得了自己的活动空间，并确实为商民所需要。

1929 年 3 月 22 日，国民党第三次全国代表大会召开，陈德征和潘公展两代表提议，解散商界联合会，统一组织商民协会。② 对此，商总联于 3 月 25 日致电南京第三次大会秘书处，认为解散时机不成熟，上海各路商界总联合会曾发挥过积极的历史作用，有存在的必要，今后仍然可努力辅助国民革命。并说明没作用的组织自然会名存实亡，有作用的组织既无名也会有组织。商总联于 3 月 30 日又发表宣言，表明帝国主义及军阀势力不能剥夺集会结社自由，如今民主政治视集会结社自由为人民的无上权利，中国国民党政纲对内政策第六条确定人民的完全自由权，各路商界总联合会是人民适应社会生存需要而成立的，在国民革命尚未成功之际，该会责任未完，应继续存在。

---

① 上海市工商业联合会《上海工商社团志》编纂委员会编：《上海工商社团志》，上海社会科学院出版社 2001 年版，第 247 页。

② 《陈德征、潘公展两代表提议解散商会案》，《新闻报》1929 年 3 月 22 日。

但当年10月23日，国民党上海特别市执委会会议决定，遵照中央确定的原则，所有商会一律接受整顿，故商总联不能例外。考虑其在继续收回租界中的努力和作用，拟将商总联改组为上海特别市特别区（即租界区）市民联合会，并委派原商总联执委钱龙章、王汉良、余华龙等25人为筹备委员。① 此决定下达后，国民党上海市执委会便强制训令，交市商整会结束商总联及各马路商联会活动。10月27日，上海各路商界总联合会以及各马路分会悄无声息地结束了它曾轰轰烈烈的历史。

① 上海市工商业联合会《上海工商社团志》编纂委员会编：《上海工商社团志》，上海社会科学院出版社2001年版，第247页。

## 三、国民党支持的商民协会和商业联合会

### 1. 商民协会

1927 年 4 月 12 日，蒋介石在上海发动“清党”当天，一个月前曾由两商民协会合组的商民协会筹备处由王延松召集紧急会议，并于会后立即发表紧要启事，宣告该会的大纲是：（1）实行拥护三民主义；（2）绝对拥护国民革命军完成北伐；（3）尊重司法独立；（4）调解劳资纠纷；（5）保障商权，振兴实业。并以此致电国民党中央政治委员会表明立场。4 月 20 日，该筹备处又再次电贺国民政府迁都南京，以及国民党恢复党权，并提请国民政府派遣外交委员到沪坐镇，以应交涉需要。①

6 月 25 日，国民党上海特别市党部商民部转发国民党中央党部委任令，委任王延松、王汉良、陆文韶、陈翊庭、严谔声、虞洽卿、吴蕴斋、王晓籁、冯少山、叶惠钧、朱吟江 11 人为上海特别市商民协会筹备员，严谔声兼筹备处秘书。7 月 6 日，上海特别市商民协会在总商会议事厅举行筹备员就职典礼，国民党中央执委会代表黄惠平、上海特别市党部商民部长俞国珍、中央宣传部驻沪办事处代表陈德征、上海特别市清党委员会暨淞沪警察厅政治部代表冷欣、国民革命军第二路总指挥部政治训练部代表钟震之、工会组织统一委员会代表费公侠、总商会代表以及各商会团体代表 500 余人出席。黄惠平宣读了委任令并致训词，虞洽卿代表筹备员发表就职宣言。宣言称：“商民协会系遵照总理三民主义各业共存共荣之原则，本国民革命之宗旨，改善商民之组织，使有伟大力量，以谋商民痛苦之解除，而增进其幸福”，所以，“组织严密、青白纯正，全系法定，责在革

① 《商民协会开会记》，《申报》1927 年 4 月 21 日。

命，商民解放端赖于斯”，又宣告任务是：（1）于最短期间完成各级商民组织；（2）促成工商合作实行总理劳资协调政策；（3）领导商民参与国民革命；（4）打破前同业嫉妒陋习；（5）树立商民实现自由平等地位基础；（6）树立商民在国际贸易得充分发展基础。宣言号召“全市商民共同奋起，努力组织，表现商民团结之力量，巩固国民革命之阵线，一德一心，群策群力”。①虞宣读宣言后，到会各界人士又致辞勉励祝贺。商民协会的筹备过程和虞洽卿的此番宣言，使商民协会的“党化”团体色彩更为彰显，并充当了它完成所谓“国民革命”的工具。

1927年6月10日至13日，《申报》还分三日于大会前刊登了《上海特别市商民协会章程》（9章40条），章程除重申宗旨外，还规定会下有两种组织：（甲）商民协会第几区会及第几分区分会；（乙）某某业商民协会。按照当时国民政府的区划，上海特别市共划分为十一区，以闸北为第一区，南市为第二区，法租界为第三区，英租界为第四区，美租界为第五区（即今虹口），浦东为第六区，引翔港为第七区（即今杨浦一部），②蒲淞市为第九区，真茹为第十区，闵行为第十一区。商民协会规定3类人不得入会：（甲）帝国主义之走狗，买办、牧师及外国籍者；（乙）军阀之走狗，劣绅贪官污吏；（丙）营业不正当者。章程中最含糊的是吸收对象，“市会以该业商协会之商店店东及现在董事、经理、协理等重要职员为会员；区分会以不属于该业商民协会之商店店东、经、协理，以及在该区域内之各商店店员、职工、小贩为会员”。就是说，商民协会不仅吸收店东，也吸收店员，此后便又与店员工会发生摩擦。

商民协会后于8月4日公布了《加入商民协会须知》，再次强调加入商民协会可以得到的利益：（1）可以免去苛暴等捐；（2）可以申雪受屈事情；（3）可以得到公平调解；（4）可以使人专买他的国货；（5）可以得到廉价

---

①《商民协会筹备员就职典礼》，《新闻报》1927年7月7日。

② 此处原件漏第八区。

广告；（6）可以得到最低利息的贷款项来供正用；（7）可以到俱乐部里娱乐、图书馆里看书等。①

此后，市商民协会筹备处为完善组织，继又制订所属的区会暂行章程，并致函督促各区筹备商民协会。8 月 4 日，又于报端刊登《告商民书》，动员全市各类商民参加商民协会，要将商民协会视为国民革命的成果来共享。并在入会须知解释，由于工会与商会均须发展会员，因而产生工、商难以界定的争持，筹备处便与总商会等商会团体，就工人与商民的划分界定，多次请示国民党中央商人部，以防产生争执。国民党中央商人部于 106 号指令中明确工与商的界限在：（1）用原料制成商品，或从事于运输等工事者，如工厂之工人，铁道、航海、土木等职工，应属于工；（2）介于生产者与消费者，或生产者与制造者之间，而从事于买卖交易者，应属于商，商店店员则应另组店员公会，与商民协会同归商人部指挥监督。这样界定工商之别，暂时从行业上避免了一时纠葛，实际上也难以分清当年大企业工商兼营的现象，但由此指令，各区、各业便纷纷筹组商民协会，并报市商民协会筹备处备案。

1928 年 3 月 1 日，上海特别市商民协会第一次全市代表大会在总商会议事厅举行。市农工商局局长潘公展、交涉公署代表郭德华、淞沪卫戍司令部代表丁国萃、市党部代表张鹃声、上海县长江眉仲，以及各公团代表和各行业分会 110 名代表出席大会。首由筹备员王汉良致开会辞，宣告商界革命团体正式成立。最引人关注的是陈果夫代表蒋介石致大会的祝贺函，蒋于上年曾亲发《告民众书》，号召："商民组织起来，以经济的力量来援助国民革命；赶快起来组织商民协会！"② 市党部、市政府代表潘公展等也致词希望商民协会成功。这就不难理解国民党从中央到市党部为何对此如此重视。9 日，商民协会于总商会执委会会议室选举执委，到会代表 134

① 《商民协会发表告商民书》，《新闻报》1927 年 8 月 4 日。
② 《蒋总司令谨告全国民众书》，《申报》1927 年 8 月 5 日。

人，收选票113张，产生31名执行委员、11名候补委员。执委有骆清华、邬志豪、诸文绮、陆文韶、李如璋、章荣成、张梅庵、王守安、吴文渊、成爕春、陆祺生、沈仲英、杨厚生、冯少山、陈道生等人。纪律裁判委员有陆费伯鸿、陆鸿竹、王介安、陈文炳、余岘秋、杨涌润等9人。继由执委公举5名常委，为邬志豪、诸文绮、骆清华、陆文韶、成爕春。执委下设立仲裁部、交际部、宣传部、组织部、合作部、教育部等办事机构。

商民协会因有国民党市党部做后台，建立后大有取代总商会之势，它的会所和前筹备处便设在总商会内，后与总商会不断发生抵牾、冲突，多次扬言要南京政府撤销总商会。

然而，1929年5月2日，国民党中常委第七次会议决定，委派虞洽卿等34人组成上海特别市商人团体整理委员会，也下令商民协会随同总商会等商会组织一律停止办公，接受整顿。这也是出人意外的。

## 2. 商业联合会

商业联合会于北伐军抵达上海开始筹建，可以讲就是国民党授意的，并且和蒋介石本人有直接联系。1927年3月27日，蒋到上海次日，就接见已任该会主席的虞洽卿，要他转告商界放心。隔一日，蒋又见虞洽卿和王晓籁、吴蕴斋等29人，商业联合会常委基本全在内，蒋又说，商界助力亦非浅鲜，还望协助为期。虞等人希望经济制度不可破坏过甚，即平息劳资冲突。① 从这一过程来看，商业联合会和商民协会虽都是国民党支持的，但它以商界上层人士为主干，很多人都曾是总商会的会长、会董、会员，并直接和蒋有联系。而商民协会的国民党关系则是党部，且多为中小商民。

1927年4月13日，上海商业联合会获国民党上海临时政治分会批函："准予暂行备案，并由本会随时指导进行。"随后，又一些工商社团相继加入，其中有中国棉业联合会、花业公所、运输公会、上海机器碾米公

① 徐鼎新等著：《上海总商会史（1902—1929）》，上海社会科学院出版社1991年版，第447页。

会、沪北经营米粮公会、沪北米业联合会（代表范和笙）、参业公会（代表孙慎甫、金子仙）、上海华商织袜公会（代表王化荃、葛胜如、谢彬儒、郑海若）、上海银楼公会（代表席云生、应贤之）、绸业绪纶公所（代表吕葆元、程用六）、上海酒行公会（代表吴志荣、石友卿、黄裕明）、上海南北梁烧酒业公所征雅堂（代表方志钟）、中华水泥厂联合会、上海染织布厂公会（代表陆松侯、张啃虞、潘旭升、陈烈胜）、杭绸业钱江会馆（代表席嘉荪、张鸿荪、鲁正炳、邵懋章、曹趾祥）、华商码头公会（代表刘鸿生、陆耕莘）、电机丝织公会（代表蔡声白、张元香、陈保钦、沈田莘、鲁正炳、钱选青）、通崇海花业公所（代表黄秀斋、刘屏孙、周斌之）、敦善堂腌腊公所、糖洋南北杂货公会、新药业公会、典质业公所（代表傅佐衡、庞松丹、沈子元）、上海料器业公会（代表陈翊庭）、油厂公会（代表薛文泰）、木商会馆（代表姚慕莲、马骥良）、布业公所（代表胡访鹤、李仲斌）、喻义堂药业公所（代表毛子坚）、饮片业和义堂（代表毛子坚）、饮片业信义堂（代表王星泉）、江苏火柴同业联合会（代表朱子谦、刘鸿生）、上海染织同业公会、上海铜锡业公会、纸业公所景伦堂、上海市区押当公所、上海糖业点春堂、嘉谷堂米业公所、上海出口各业公会、上海铁业公会、上海五金同业公会、洋货业公会、上海煤业公会、鱼业敦和公所等。有这样多的工商社团参加商业联合会，遂一度有取代总商会之说。

但实际上，商业联合会的成立主要是对付傅筱庵，因傅当时已把持了总商会。另外就是蒋想通过这些商界上层人士处理与租界的关系，所以该会设立了外交委员会，推冯炳南、余日章、黄明道、钱承绪4人为外交委员。蒋也表示：“本人对沪租界绝无用武力收回之意。”再有即是为蒋介石筹款，尽管据赵晋卿等人回忆：“二五库券不是这个会搞的，是虞所推的张咏霓（即张寿镛——时任江苏财政厅长）搞的。”但就档案中记载，商业联合会为蒋初到募集300万元劳军费。后3000万元二五库券推销，商业联合会代表吴蕴斋、吴麟书等也出力甚多。关键时刻，虞和王晓籁等都亲自出马。

由于商民协会在国民党关照下亟谋发展，商业联合会也曾专函促组商民协会；总商会接收后也由新委派的临委会顺利接掌；加上会长虞洽卿当时虽炙手可热，但对于筹款一事却深感棘手，所以很快便有了自行解散之意。

11月15日，商业联合会在香港路会所（系借用银行公会）举行会员代表会议，议决即日解散，以资结束。随后，便呈文上海市政府、国民政府财政部、江苏省财政厅仰祈注销该会。11月23日，商业联合会再次召集会员大会，虞洽卿等又解释自行解散的种种缘故和理由，强调如今上海军事行动已经结束，东南大局已定，该会已无存在的必要。会议遂再次议决宣告解散。

11月29日，会员第三次集议，正式通过该会结束宣言。宣言称，国民革命军到达上海之日，正是上海总商会发生纠纷处于停顿之际，为了对外适应时势的需要，对内谋商人自身的保障，由上海60余家商业团体联合组织成立商业联合会以维持大局。历经半年，所谓应时势之需，无非是向商人募集资金，推销库券，竭商人之全力，以供绞脑沥血之金钱，而政费之拮据，愈觉捉襟见肘；而所谓谋商人之保障，则虽有“清党”，但工厂被毁，店主被拘依然，商业联合会“在商言商”的种种努力乃是“事与愿违”，更觉“心余力绌”。兹幸总商会正式改造，商业联合会如果继续存在，殊属骈枝。经全体会员大会公决，宣告解散以资结束。从这篇宣言里，可以更深一层地看到它解散的原因，这些原因也不乏包括对蒋向商界索求无度，但又未能真正保护工商业利益的怨愤。

# 四、所谓“商会存废”争论和总商会“停止办公”

## 1.“商会存废”争论的风波

南京国民政府成立时曾于宣言中宣示保护实业，1928年初孔祥熙出任工商部长后，宣布要制订全国经济建设计划，其中包括保护民族工商企业，这给上海总商会及商界人士带来很大期望。但是也有另一些不相协调的说法，从南京国民党中央党部传来。

1927年11月17日，国民党中央商人部发出通告，称：“旧有商会组织不良，失却领导商人之地位，请求撤销……以商民协会为领导机关。”这个旧有商会显然包括上海总商会。实际上，国民党“党化”工商团体的设想由来已久，1926年广州国民党第二次代表大会就通过相关决议案。这一通告由国民党上海特别市党部转发，还要求各工商团体就此发表意见。24日，总商会对此以长函答复，对攻击总商会的言论依据历史事实进行了辩驳。同一日，又向各省总商会发出函电，并拟定于12月15日召集各省总商会代表大会，以讨论由此引发的“商会存废”等问题。此外，主持总商会临委会的冯少山也在《上海总商会月报》上发表《商民协会能否代替商会之讨论》的专文，这一场“商会存废”风波由此揭开。

12月17日，各省商会联合大会在上海开幕，到会代表104人，代表10个省的87个商会。开幕典礼上，蒋介石、戴季陶、孔祥熙等南京国府要人作为来宾出席大会。总商会临委会执委冯少山致开幕词，他就商会的地位和作用作了辩护性阐明，并指责一些对商界分化瓦解的做法，这显然是有所指的，从而整个大会将议论的重点又放在了“商会存废”争论上。这样，由上海总商会、沪南商会、闸北商会提议的《中央党部商人部拟于第三次全国代表大会提出请求撤废全国商会之议案应即一致力争案》，得到了与会各商会代表“不应撤废”的附议，并附交17件意见书一并上呈。这些意见书对此提出了种种辩诘的理由。其中一些话，如“希望商人积极参与政治，以符合全民政治之实际”，则被国民党及蒋介石认为是“冒犯”。

1929年3月15日，国民党第三次全国代表大会在南京召开，这次大会由蒋介石直接控制，共有代表406人，但只有73人为按选区由党员选举产生，其余都为蒋指派或圈定。重要议题就是宣布“军政”时期结束，已进入“训政”时期，国民党对“人民之集会、结社、言论、出版等自由权在法律范围内加以限制”，“国民须服从国民党，暂行三民主义”。[①]由此，会议上海代表陈德征、潘公展就提出《请解散各级商会以统一商民组织》的议案，对所谓“旧商会”大肆攻击，要求解散、整理。

上海总商会和银、钱业公会等30多商会团体和商人举行联席会议，发表宣言反驳，举出一系列商会对国家及商界的贡献和善举；同时又组织由虞洽卿等为代表的请愿团，发出《维持商会请愿书》征求签名，于3月23日赴南京请愿。随之，由总商会等原有商会、各业会所，包括正为蒋介石筹饷且一时举足轻重的银行、钱业公会为一方；另由受国民党中央及市党部支持、唆使，亟欲取而代之的商民协会为一方，唇枪舌剑地展开了口水战、攻击战。冯少山等广东帮总商会领导人，在这场论战中持论较为激烈。总商会主张将商民协会并入该会中，商民协会则强烈反击，以国民党正统自居，暂作政府撤销“旧商会”的后盾。实际上，商会作为商人的团体，以“在商言商”为基本准则，主要以商务、商事为活动内容。商民协会以国民党推进国民革命为任务，以“党化”为准则，成员并不全是商人，甚至含有国民党党务人员，实际这是两种性质的团体，所以它自然也不被许多商人所接受。

然而，作为以“训政”时期开始为借口的国民党，坚持实行“独负全责的政权、治权”已是它的既定国策，在上海为“商会存废”的口水战进

---

① 张宪文主编：《中华民国史纲》，河南人民出版社1985年版，第356页。

行正酣时，国民党已组织人在南京起草后于1929年8月颁行的《商会法》《商会法施行细则》等，还向总商会征求修改意见，这让总商会产生错觉，认为自己的存在是有法可据，还组织会员对此提过许多意见、建议。但国民党的真实意图，有学者已指出："再次力图削弱商会的过高威信和事权，以达到通过改组以控制商会的目的"，所以当年"虽然上海总商会通过种种努力试图维护自身独立性和权利，但此时南京政府力量已非往昔北洋政府可比，商会未能如愿保持自己的地位"。事实也确为如此，上海总商会执委冯少山等人在这一期间为维护商界利益，在裁兵、减税和裁厘等问题上发动的请愿等活动，已使蒋介石和国民党对之很不满意。在国民党幕前幕后，一系列紧锣密鼓的配合下，上海总商会维持的时间已不久了。

## 2. 所谓"商人团体整理"和总商会"停止办公"

就在总商会和商民协会争吵得不可开交时，接下来发生的事似乎不可思议。4月22日，上海一国民救国会团体，在国民党上海特别市党部干事骆清华指使下，借口向总商会借地开会，在总商会拒绝的情况下，对总商会会址进行了暴力冲击和强行占用。国民救国会前身即为反日会，总商会也曾参与发起组织，后为国民党上海市党部陈德征等人所操纵、控制。由于总商会前也参加反日会活动，国民救国会就借用总商会的办公用房。它提出增借房间，总商会不允，可能双方此时已生芥蒂，国民救国会便自行破门而入。次日下午，总商会会董常会作出议决，决定自次日4月24日起停止办公，静候政府解决。但24日这天，国民救国会和商民协会人员又冲进总商会打砸，并自称有人被对方打伤。冲突后双方纷纷发表启事、谈话，互相指责，而当局则下令媒体一律不准刊登总商会方面的任何抗议和声明。

这样，国民党中央党部就故作姿态，派和商界熟悉的中央宣传部长叶楚伧来沪查办。对于这一过程，当年总商会人员在回忆时说，党部的这套伎俩实际一看就明白了。叶楚伧连夜与总商会虞洽卿、王晓籁、叶惠钧等密谈，又与商民协会王延松等见面，后即已表示："非统一组织无由息纠纷而谋幸福。”以此，由息争纷、谋幸福而提出了统一组织的问题。5月1日，国民党上海特别市执委会决议呈请中央解散总商会和以“私通桂系军阀，暗助军饷，并把持总商会，作反动言论”等情节通缉冯少山、霍守华等7人。次日，由蒋介石、胡汉民、孙科、戴季陶、陈果夫5常委出席，孙科主持的国民党中常委会议便决定，组织上海特别市商人团体整理委员会，派虞洽卿等34人组成，陈布雷任秘书，虞洽卿、王晓籁、叶琢堂、秦润卿、陈布雷等为召集人，包括商民协会王延松在内，虽然他资望很浅，但因党部背景和解散总商会出了大力，也列名其中。这样，便以“商人团体整理”名义对现有商会进行商会及会员登记、草拟统一团体章程、筹备统一团体组织程序。实际上这一“商人团体整理”是国民党既取消总商会，又安抚一些与蒋直接有关系的商界头面人物的工具；另可在总商会与商民协会争斗中表现得貌似公正、不偏不倚，因商民协会同时也被解散，而国民党最终实现通过统一组织来完全控制的目的。

5月23日，国民党中央第14次常委会通过《上海特别市商人团体整理委员会组织大纲》，宣布总商会、县商会、闸北商会、马路商会总联合会、商民协会等商人团体一律停止办公，各将会务移交商整会。5月26日，总商会将关防、图印、案卷、簿册等一并移交商整会①，正式完成了历史使命。

① 上海市工商业联合会《上海工商社团志》编纂委员会编：《上海工商社团志》，上海社会科学院出版社2001年版，第29页。

# 附表　上海总商会暨同时并存的主要商人团体组织沿革简表

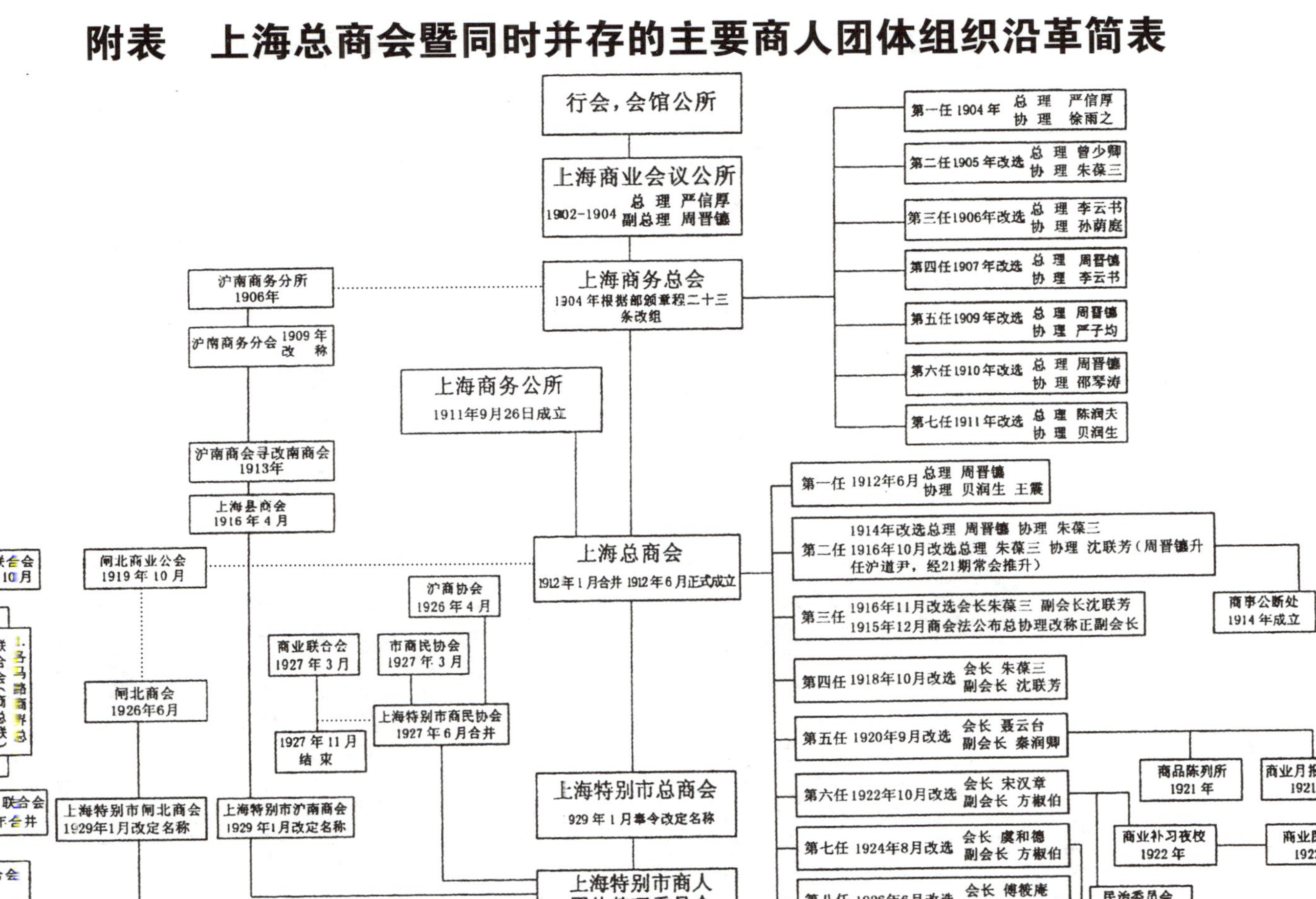

# 参考书目

## 一、档案

上海市工商联档案室藏档案：

上海总商会议事录（1912 年 3 月—1929 年 5 月）

北京政府农商部档案全宗

国民政府工商部档案全宗

中华全国总商会联合会案卷

苏州总商会档案全宗

## 二、报刊

《申报》（1902—1929 年）

《新闻报》（1915—1929 年）

《东方杂志》（1917—1924 年）

《时报》（1911 年 5 月）

《大公报》（1905 年 7 月）

《上海总商会月报》（1921 年 7 月—1927 年 12 月）

《商业月报》（1928 年 1 月—1930 年 12 月）

## 三、图书

上海市工商业联合会、复旦大学历史系编：《上海总商会组织史资料汇编》（上）、（下），上海古籍出版社 2004 年版。

上海市工商业联合会《上海工商社团志》编纂委员会编：《上海工商社团志》，上海社会科学院出版社 2001 年版。

上海市工商业联合会编:《上海总商会历史图录》,上海古籍出版社2011年版。

上海社会科学院历史所编:《五卅运动史料》(第1卷、第2卷),上海人民出版社1981年版。

上海社会科学院历史所编:《五四运动在上海史料选辑》,上海人民出版社1960年版。

上海社会科学院历史所编:《辛亥革命在上海史料选辑》,上海人民出版社1981年版。

上海市档案馆编:《一九二七年的上海商业联合会》,上海人民出版社1983年版。

上海市档案馆编:《上海工人三次武装起义》,上海人民出版社1985年版。

上海市档案馆编:《五卅运动》(1—3辑),上海人民出版社1991年版。

中国第二历史档案馆编:《中华民国史档案资料汇编》(第2辑),江苏人民出版社1981年版。

中国第二历史档案馆编:《中华民国史档案资料汇编》(第3辑),江苏古籍出版社1991年版。

朱寿朋编:《光绪朝东华录》(1—5卷),中华书局1983年版。

张允侯等编:《五四时期的社团》,(1—4册),生活·读书·新知三联书店1979年版。

刘锦藻撰:《清朝续文献通考》(第四册),商务印书馆1939年版。

陈旭麓、顾廷龙、汪熙主编:《辛亥革命前后——盛宣怀档案资料选辑之一》,上海人民出版社1979年版。

陈旭麓、顾廷龙、汪熙主编:《中国通商银行》,上海人民出版社2000年版。

中国科学院近代史研究所编:《近代史资料》,1956年第1期。

宁波市政协文史委编:《上海总商会的宁波人》,中国文史出版社2010

年版。

章开沅等主编:《中国近代史上的官绅商学》，湖北人民出版社 2000 年版。

刘厚生著:《张謇传记》，上海书店出版社 1985 年版。

杨逸编:《上海市自治志》，成文出版社 1974 年版。

章开沅著:《张謇传稿——开拓者的足迹》，中华书局 1986 年版。

陈祖恩、李华兴著:《白龙山人王一亭传》，上海辞书出版社 2009 年版。

穆家修、柳和城、穆伟杰编著:《穆藕初先生年谱》，上海古籍出版社 2006 年版。

来新夏主编:《北洋军阀史稿》，湖北人民出版社 1983 年版。

宋钻友著:《广东人在上海（1843—1949 年）》，上海人民出版社 2007 年版。

林美莉著:《西洋税制在近代中国的发展》，台湾“中央研究院”近代史所 2005 年版。

寿充一等编:《近代中国工商人物志》(第 1、2 册)，中国文史出版社 1996 年版。

张宪文主编:《中华民国史纲》，河南人民出版社 1985 年版。

刘绍唐:《民国大事日志》(第一册)，台湾传记文学出版社 1978 年版。

潘君祥主编:《中国近代国货运动》，中国文史出版社 1996 年版。

张玉法:《中国现代史》(上、下册)，台湾东华书局 1977 年版。

虞和平著:《商会与中国早期现代化》，上海人民出版社 1993 年版。

丁日初:《近代中国的现代化与资本家阶级》，云南人民出版社 1994 年版。

马敏:《官商之间：社会巨变中的近代绅商》，天津人民出版社 1995 年版。

朱英:《辛亥革命时期新式商人团体研究》，中国人民大学出版社 1991

年版。

朱英:《晚清经济政策与改革措施》,华中师范大学出版社 1996 年版。

许涤新、吴承明:《中国资本主义发展史》(第一卷),人民出版社 1985 年版。

复旦大学历史系编:《近代中国资产阶级研究》,复旦大学出版社 1984 年版。

复旦大学历史系编:《近代中国资产阶级研究续辑》,复旦大学出版社 1986 年版。

夏东元:《郑观应传》,华东师范大学出版社 1985 年版。

上海市政协文史委编:《上海文史资料选辑》(第 49 辑),上海人民出版社 1985 年版。

上海市政协文史委编:《旧上海的帮会》,上海人民出版社 1986 年版。

上海市政协文史委编:《上海文史资料存稿汇编》(工商经济),上海古籍出版社 2001 年版。

宁波市政协文史委编:《宁波文史资料》(第 1 辑),浙江人民出版社 1983 年版。

宁波市政协文史委编:《宁波文史资料》(第 11 辑),浙江人民出版社 1991 年版。

**图书在版编目(CIP)数据**

上海总商会纪事. 综述/徐惠明主编;王昌范编著
. —上海:上海人民出版社,2020
ISBN 978 - 7 - 208 - 13634 - 2

Ⅰ. ①上… Ⅱ. ①徐… ②王… Ⅲ. ①商会-商业史
-上海-民国-通俗读物 Ⅳ. ①F729.6 - 49

中国版本图书馆 CIP 数据核字(2020)第 200565 号

**责任编辑** 李 远 王继峰
**封面设计** 范昊如 夏 雪 等

**上海总商会纪事**
——综述
徐惠明 主编 王昌范 编著

**出　　版** 上海人民出版社
(200001 上海福建中路 193 号)
**发　　行** 上海人民出版社发行中心
**印　　刷** 上海商务联西印刷有限公司
**开　　本** 720×1000 1/16
**印　　张** 42
**插　　页** 6
**字　　数** 563,000
**版　　次** 2020 年 12 月第 1 版
**印　　次** 2020 年 12 月第 1 次印刷
ISBN 978 - 7 - 208 - 13634 - 2/K・2491
**定　　价** 168.00 元(全三册)